Conflits

Edward de Bono

Conflits
Comment les résoudre

Traduit de l'anglais par Anne Terrier

EYROLLES

Sommaire

Troisième partie
CRÉATIVITÉ, CONSTRUCTION ET RÔLE DU TROISIÈME PARTICIPANT

Quatrième partie
LE CONFLIT

Cinquième partie
STRUCTURES DE RÉSOLUTION DES CONFLITS

Prologue

Nous devons accepter cette réalité : les méthodes que nous utilisons pour résoudre les crises et les conflits majeurs sont grossières et primitives, inadaptées et coûteuses, dangereuses et destructrices. La complexité du monde s'accroît, ainsi que la puissance de notre force de frappe. Cela nous oblige à repenser nos méthodes de résolution des conflits.

Même si l'on utilisait ces méthodes traditionnelles avec la meilleure volonté du monde et le maximum d'intelligence, cela ne suffirait pas. Il est devenu nécessaire de modifier fondamentalement notre approche du problème.

Je ne prétends pas que ce livre apporte une réponse toute faite ; mon but est d'indiquer la route qu'à mon avis nous devons suivre, et de suggérer quelques-unes des premières étapes.

Parmi celles-ci figure la nécessité de réexaminer notre mode de pensée. Celui-ci se fonde sur la méthode critique, dont nous sommes si fiers. J'essayerai de montrer les attraits, les dangers et les limites de cette méthode. Je montrerai qu'il est absurde d'appliquer aux conflits un raisonnement lui-même de type conflictuel, et dirai pourquoi nous devons désormais utiliser la pensée constructive, génératrice de créativité.

Les hommes sont intelligents mais se trouvent enfermés, par la logique de leurs positions et leur incapacité à les faire évoluer, dans des débats de nature contradictoire. Malheureusement, ce sont ceux qui sont le plus directement impliqués dans un conflit qui sont le plus mal placés pour le résoudre — comme si les surveillants de la plage de Biarritz ne savaient pas nager.

Il y a trois façons de résoudre les conflits : combattre/intenter des procès ; négocier/marchander ; élaborer une issue. Seules les deux premières sont accessibles aux adversaires. La dernière option exige l'intervention d'une tierce personne qui puisse envisager la situation sous un autre angle. Pour cette raison, j'ai introduit le concept de « pensée triangulaire ». Le troisième participant n'est ni un juge ni un négociateur, mais un créateur.

Pour faire avancer une balle lourde sur une surface spongieuse, vous poussez la balle — ou bien vous appuyez sur la surface juste devant la balle, et la faites ainsi rouler.

C'est cela, le pouvoir des idées.

Même si nous appliquons nos méthodes de résolution des conflits avec la meilleure volonté du monde et avec le plus haut degré d'intelligence, elles ne seront pas satisfaisantes. Il est nécessaire de modifier fondamentalement notre démarche.

Introduction

Un prêtre aztèque fend, avec un couteau de lapis-lazuli, la poitrine de sa victime encore vivante. Celle-ci est maintenue courbée en arrière au-dessus de l'autel de pierre, afin que les côtes s'écartent d'elles-mêmes. Le prêtre y plonge la main, et arrache le cœur qu'il brandit vers le ciel. Le cœur continue à battre et à tressauter dans la main du prêtre. Puis le corps disloqué de la victime est jeté en bas des marches de la pyramide.

De notre point de vue contemporain, ce comportement peut sembler cruel et primitif. Du point du vue de cette époque, il s'agissait d'un comportement glorieux, noble et empreint d'un grand enthousiasme (au vrai sens du terme : « avec Dieu »).

Peut-on imaginer qu'un jour nos descendants regarderont le passé exactement ainsi, jugeant cruelle et primitive la façon dont nous cherchons actuellement à résoudre les conflits, c'est-à-dire en tuant un grand nombre de gens? La sophistication technologique avec laquelle cela est mis en pratique ne leur dissimulera pas la grossièreté du principe sous-jacent.

La prochaine et dernière guerre est, en toute logique, inévitable. Ce sera la dernière parce qu'il y aura destruction quasi totale, et parce qu'elle sera la dernière d'une série.

Il y eut un temps où les familles combattaient les autres familles. Puis les tribus s'opposèrent aux tribus et, en Grèce puis en Italie, les villes aux villes. Ensuite ce furent les nations qui devinrent les unités de combat. A mesure que les armes devenaient plus puissantes, ces unités devinrent plus grandes : les dépenses en matière d'armement augmentant, seules les plus grandes unités pouvaient se procurer le matériel. Et à mesure que la technologie en matière de communication se développait, les cultures et les valeurs morales se firent plus uniformes.

Aujourd'hui, en Europe, il serait impensable que la Grande-Bretagne déclare la guerre à la France ou que l'Allemagne envahisse l'Autriche. Et pourtant, il y a à peine une génération, les guerres à cette échelle étaient tout à fait imaginables. La super-puissance constitue donc, logiquement, la phase suivante. Après cela, la technologie de la communication, l'interdépendance des économies et le coût de la guerre devraient rendre obsolète la notion de guerre sur toute échelle d'une certaine importance.

Sommes-nous irrémédiablement condamnés à perpétuer cette logique, ou pouvons-nous modifier notre trajectoire?

Imaginez qu'une grosse bille d'acier soit suspendue par une corde juste au-dessus d'un verre en Baccarat. La corde prend feu. Logiquement, le verre doit se briser. Tous les éléments sont en place, et s'ils accomplissent leur destin en fonction de la situation présente, la bille tombera sur le verre et le cassera. Mais un événement inattendu peut se produire : un courant d'air peut éteindre le feu. Si le verre vous appartenait, attendriez-vous que quelque chose d'inattendu vienne le sauver, ou préféreriez-vous être plus constructif?

De même, tous les éléments sont en place pour que des conflits désastreux, y compris une guerre nucléaire, se produisent. Il y a la logique de la technologie des armes et la logique de la course aux armements. Il y a la logique de la force de dissuasion. Il y a la tension, l'hostilité et le manque de communication. Il y a les méthodes rudimentaires et primitives avec lesquelles nous traitons ces questions par l'intermédiaire d'institutions comme les Nations unies, institution inapte, de par sa structure, à remplir ce rôle. Il y a des concepts et des modes de pensée totalement dépassés qui contribuent à attiser les conflits plutôt qu'à leur trouver une issue.

Nous ne pouvons pas produire des idées neuves avant d'avoir les moyens de les imaginer.

Pendant des milliers d'années les grandes civilisations de l'Egypte, de Carthage, de la Grèce et de la Rome antique furent incapables de mesurer le temps. Elles disposaient d'une technologie appropriée sous la forme de l'horloge à eau, mais il leur manquait un concept très simple. Ces civilisations tentaient de diviser d'une part le jour en heures égales, d'autre part la nuit, elle aussi en heures égales. Mais à la latitude de la Méditerranée la durée du jour et de la nuit est variable ; aussi la tâche était-elle fort difficile. Ce ne fut que lorsque l'homme conçut l'idée de diviser en heures égales l'ensemble du cycle de vingt-quatre heures, que la mesure du temps devint simple : un concept évident qui mit longtemps à émerger. Existerait-il des concepts tout aussi fondamentaux auxquels nous serions orgueilleusement aveugles ?

J'ai écrit un jour que le plus grand espoir de la race humaine réside dans sa relative stupidité.

Si je devais croire que l'humanité exploite au maximum son potentiel intellectuel sans autre résultat que les crises, le gâchis et les dangers du monde actuel, alors il y aurait peu d'espoir. Mais je suis plus optimiste, précisément parce que je prends en compte l'heureuse stupidité de la race humaine.

Comment se fait-il que notre intelligence nous ait enfermés dans des habitudes, des notions et des institutions qui nous empêchent d'en faire un meilleur usage ?

Cela vient de ce que le système de pensée que nous utilisons et qui était, lors de sa naissance, approprié à notre situation, est maintenant dangereusement inadapté. Ce système de pensée nous a rendu de grands services dans de nombreux domaines — sauf dans celui de la résolution des conflits, où il est totalement inutile. Cela s'explique par le fait que notre système de pensée (fondé sur une logique verbale et sur le principe de contradiction) est lui-même conflictuel. Nous avons donc recours à un conflit pour résoudre un autre conflit.

Nous en savons aujourd'hui assez long sur le fonctionnement du cerveau pour concevoir des systèmes de pensée plus adaptés. Nous savons en particulier que la perception est un système d'information auto-organisé, très différent des systèmes d'information « passifs » que nous utilisons habituellement. Faute d'avoir compris cela plus tôt, nous n'avons jamais été capables de travailler dans le domaine, si important, de la perception ; nous avons dû travailler en aval, dans le domaine de la logique (ou des mathématiques), domaine qui ne peut qu'étudier des perceptions déjà formées.

C'est pourtant dans ce domaine de la perception que la créativité et l'inventivité fonctionnent.

Je montrerai donc dans ce livre que nos systèmes de pensée les plus vénérés sont dépassés, inadaptés et dangereux lorsqu'il s'agit de résoudre des conflits. Nous devons substituer la méthode constructive à la critique, ou argumentation dialectique, qui constitue le système de base de notre civilisation. Nous devons renoncer au principe de contradiction pour pouvoir utiliser de nouvelles logiques.

Deux adversaires, quel que soit l'objet de leur dispute, sont logiquement incapables d'imaginer une solution. La participation d'une troisième personne est donc un besoin fondamental. Cela nous amène au concept de « pensée triangulaire », que voici.

La structure actuelle de nos gouvernements et celle des Nations unies les empêchent, par nature, de remplir un rôle créatif. Même avec la meilleure volonté du monde, ils s'en tiendront toujours à un rôle de représentation et à la méthode critique. Nous avons donc besoin d'une nouvelle organisation, indépendante des nations, et qui aurait un rôle conceptuel. Il s'agit du S.I.T.O., dont j'expliquerai le fonctionnement.

Qu'on ne se méprenne pas : il n'est pas question de se plaindre d'un système pour la énième fois, ni de l'attaquer en soulignant ses défauts dans l'espoir qu'en corrigeant ceux-ci les choses s'arrangeront. C'est une illusion. Tout changement effectué à l'intérieur du système est inefficace. Il faut changer de système. C'est pourquoi j'insisterai sur l'inefficacité du système de pensée et des structures actuellement utilisés pour résoudre les conflits, puis proposerai des solutions concrètes.

Ce changement nécessaire est encore plus fondamental que la plupart d'entre nous ne l'imaginent. Notre mode de pensée est dramatiquement en retard, quels que soient l'orgueil et la fierté que nous en tirons. Il est parfaitement inutile de s'en servir pour résoudre un conflit. Vous ne réussirez jamais à parler espagnol en perfectionnant votre anglais. Il faut nécessairement changer de langue.

Il n'y a dans ce livre ni exhortation ni jérémiades. Vous y trouverez une méthode de pensée concrète destinée aux conflits, la méthode constructive, ainsi que la description d'une structure indépendante des nations, le S.I.T.O.

Edward de Bono　　　　　　　　　　　　　　　Palais Marnisi
　　　　　　　　　　　　　　　　　　　　Marsaxlokk, Malte

Premières définitions

CONFLIT

Affrontement entre des intérêts, des valeurs, des actes ou des procédures. Le conflit est directement lié à l'existence d'un tel affrontement. Le mot conflit peut être appliqué dès l'instant où il y a affrontement. Même lorsque nous parlons de conflit potentiel, nous sous-entendons qu'il y a déjà conflit sur la procédure à adopter, alors même qu'il n'y a pas encore eu d'affrontement.

CONFLITION

Il s'agit d'un mot nouveau. La conflition est l'action de bâtir, de promouvoir, d'encourager ou de préparer un conflit. Remarquez que la conflition s'applique à l'effort qu'il faut réellement fournir pour créer un conflit. Ce mot recouvre donc toutes les actions entreprises délibérément avant que le conflit ne s'instaure. Il implique un processus volontaire, un effort accompli pour créer le conflit. Nous n'avons pas à nous intéresser ici aux motivations de celui qui voudrait établir un conflit.

DÉ-CONFLITION

Autre mot nouveau inventé par moi. La dé-conflition est encore plus importante que la conflition. Pour que ce mot ait un sens nous avons besoin du mot conflition. La dé-conflition est l'inverse de la conflition. Il s'agit de défaire, ou de dissiper, ce qui est à la base du conflit. Ce n'est pas la même chose que de négocier, de conclure un accord ni même de résoudre un conflit. La dé-conflition est l'effort exigé pour éliminer un conflit. Exactement comme la conflition est l'action de bâtir un conflit, la dé-conflition est le processus inverse : la démolition du conflit.

Ce livre a pour sujet la dé-conflition.

FONCTIONNEMENT DU CERVEAU ET MODES DE PENSÉE

1
Pourquoi il est important de connaître le fonctionnement du cerveau

Une histoire horrible raconte qu'une femme, pour sécher son caniche tout mouillé et frissonnant, l'a mis dans le four à micro-ondes. Je doute que l'histoire soit vraie mais elle attire l'attention sur un fait important : nous devons savoir comment fonctionne un système.

Permettez-moi de dire qu'à mon avis, examiner le résultat de la pensée humaine n'est pas suffisant si l'on ne prend pas en compte la nature de cette pensée.

La pensée humaine est l'activité d'information qui se déroule dans cet environnement particulier appelé cerveau. Nous ne connaissons pas encore en détail le mécanisme du cerveau, mais nous avons une vue globale du type de système d'information dont il s'agit. A partir de là, nous pouvons étudier certains types d'activité précis et concrets, et appliquer directement à la pensée humaine les observations que nous en avons tirées.

Vous objecterez peut-être que des millions de personnes conduisent parfaitement leur voiture sans avoir la moindre idée du fonctionnement du moteur. Alors pourquoi faudrait-il comprendre le mécanisme du cerveau pour pouvoir l'utiliser efficacement ? La réponse est que le moteur à combustion interne a été mis au point par quelqu'un qui en comprenait parfaitement le principe, qui connaissait sa fiabilité ainsi que les réglages de base à effectuer. Par ailleurs, si votre voiture ne marche pas bien, il vous suffit de la confier au garagiste. En fait, l'essentiel est que quelqu'un – le garagiste à défaut de l'utilisateur – comprenne le système ; on l'a créé dans ce but : être un instrument efficace et fonctionnel.

Nous sommes vis-à-vis de notre cerveau sur le point d'atteindre ce stade.

Je sais bien que nous disposons d'excellents systèmes mathématiques et logiques. Nous sommes d'ailleurs en passe de devenir de grands experts dans le domaine des matériels et logiciels informatiques. Mais les processus mentaux impliqués dans ces activités se situent au deuxième stade de la pensée.

En effet, le premier stade de la pensée est la perception. C'est dans la perception que la confusion du monde extérieur est traduite en symboles, ou en mots, que l'on peut ensuite manipuler au niveau des excellents systèmes secondaires que nous avons inventés. De tels systèmes peuvent être parfaitement artificiels et ne présenter aucune similitude avec la façon dont le cerveau fonctionne réellement. Mais *la perception, elle,* dépend directement du fonctionnement du cerveau. C'est pourquoi nous étions incapables de traiter de la perception : nous ne comprenions pas la nature du système. Comme je l'expliquerai brièvement, nous commençons maintenant à comprendre que la perception est un « système d'information auto-organisé ». C'est très différent des systèmes d'information auxquels nous sommes habitués.

La plus grande partie de notre pensée est fondée sur le langage. De tels systèmes de pensée sont également des systèmes secondaires. Nous héritons de mots, et avec le temps notre expérience permet à d'autres mots de se former. Les règles de manipulation des mots sont dictées par la grammaire et les usages. Nous sommes très fiers de ce système de pensée, et nous pensons que c'est une chose merveilleuse — ce qui est effectivement le cas. C'est un système unique au monde, et notre culture en dépend à ce point que nous ne pouvons absolument pas imaginer autre chose.

Pourtant, la pensée fondée sur le langage comporte de sérieuses lacunes et de grands dangers, surtout lorsqu'elle s'applique aux conflits, thème de ce livre. Par nature, la pensée fondée sur le langage a tendance à établir des distinctions, des séparations et des catégories. Cela n'est guère surprenant puisque c'est le but même du langage. La pensée fondée sur le langage a également tendance à fixer une fois pour toutes l'identité et l'étiquette attribuées aux choses. De là découle une certaine logique associée à ce type de pensée, logique basée sur l'identité, l'équivalence, l'enfermement et, par-dessus tout, sur le principe de contradiction. J'expliquerai au cours de cet ouvrage que ces éléments ont un effet profondément négatif sur notre façon de penser les conflits.

Comment pourrions-nous penser autrement ? Imaginez une planète effectuant son travail de planète. Elle passe constamment par des relations, des phases de transition et des états temporaires différents. Mouvements et changements sont constants, contrairement à la sectorisation et à la permanence du langage basé sur la pensée. Les mathématiques se rapprochent de ce type de pensée, ainsi que la cybernétique. Mais ces deux disciplines ne nous sont pas d'un grand secours dans le cadre d'un usage quotidien !

Pour l'instant, nous sommes obligés de continuer à utiliser la pensée fondée sur le langage, ce que je ferai moi-même dans ce livre. Cependant, nous pouvons adopter trois mesures pour limiter les risques de ce type de pensée (il est intéressant de constater que ces risques surgissent plus de la prose que de la poésie). Ces décisions sont les suivantes :

1. Comprendre la nature de la perception.
2. Etre conscient des pièges du langage.
3. Introduire dans le langage quelques nouveautés (par exemple, le mot « po » que j'ai inventé il y a quelques années, et dont nous parlerons plus loin).

LA NATURE DE LA PERCEPTION

Prenez trois hommes tenant chacun dans la main un petit morceau de bois. Chacun laisse tomber son bout de bois.

Celui du premier homme tombe à terre.

Celui du deuxième se dirige vers le haut.

Celui du troisième homme reste sur place.

Dans le premier cas, le comportement du morceau de bois est parfaitement normal, logique et attendu. Dans les deux autres cas, il est bizarre, extraordinaire et totalement incroyable. Mais c'est uniquement parce que nous supposons que le deuxième et le troisième hommes se trouvent dans le même *univers d'action* que le premier.

L'univers d'action est le système, ou l'ensemble des circonstances, dans lequel quelque chose a lieu. Par exemple, toute la géométrie d'Euclide prend place dans l'univers d'une surface plane à deux dimensions. Dans un tel univers, la somme des angles d'un triangle est toujours égale à 180°. Mais dès que nous passons de l'univers d'une surface plane à celui d'une sphère, le théorème d'Euclide ne tient plus : la somme des angles d'un triangle est alors supérieure à 180°.

Nous supposons que les trois hommes ci-dessus se tiennent debout à la surface de la Terre. Malgré nos efforts, nous ne pouvons pas expliquer le comportement étrange des deuxième et troisième morceaux de bois dans l'univers « normal ». Mais le mystère est instantanément résolu dès que je précise que les trois hommes sont dans des univers différents. Dans le premier cas, l'homme se tient à la surface de la Terre, aussi le bout de bois tombe-t-il, comme on s'y attend. Dans le deuxième cas, l'homme se tient sous l'eau ; il est donc naturel que dans cet univers, le bois remonte à la surface et flotte. Dans le troisième cas, l'homme est dans un vaisseau spatial en orbite, aussi le bois en apesanteur reste-t-il sur place.

Par ce simple exemple, nous pouvons voir qu'un comportement étrange et inexplicable devient soudain évident et logique – dès que nous avons compris qu'il prend place dans un univers différent.

Cette question est extrêmement importante. Pourquoi n'avons-nous pas compris plus tôt le phénomène de la perception ? Parce que nous avons toujours supposé que la perception prenait place dans le même type d'univers d'information qu'écrire ou dessiner. Nous utilisons des univers d'information « passifs », dans lesquels nous traçons des marques sur une feuille de papier ou sur un disque magnétique, et ces marques restent à l'endroit où elles ont été faites. L'univers de la perception est très différent : c'est un univers d'information « actif ».

COMMENT TRAVERSE-T-ON UNE RUE ?

Si vous prenez une simple grille de neuf cases et placez dans n'importe quelle case le numéro un, puis le numéro deux, et ainsi de suite jusqu'à ce que vous ayez placé les neuf numéros, vous

vous apercevrez qu'il y a un assez grand nombre de possibilités pour distribuer les numéros. Il y a en réalité 362.880 possibilités différentes. Cela n'est qu'une illustration de l'énormité des nombres produits par les mathématiques combinatoires.

Si votre cerveau devait, lorsque vous attendez de pouvoir traverser une rue, tester toutes les informations qui lui arrivent selon différentes combinaisons afin de reconnaître les conditions de circulation, cela vous prendrait au moins un mois avant de traverser. En fait, étant donné que ces conditions changent constamment, il vous serait impossible de jamais le faire.

Il est donc évident que dans le domaine de la perception, le cerveau doit donner très rapidement un sens au monde qui nous entoure. C'est là qu'interviennent les « systèmes d'information actifs ». De tels systèmes permettent à l'information entrante de s'organiser elle-même en *structures*.

Lorsqu'une telle structure est formée, il suffit ensuite d'un simple élément d'information pour l'activer. C'est ainsi que nous « reconnaissons » les situations quotidiennes, et traversons la rue avec un délai d'attente normal pour l'être humain. La vie serait totalement impossible s'il n'était pas dans la nature de la perception de fabriquer et d'utiliser des structures. C'est l'objectif intrinsèque de la perception. Les informaticiens donneraient cher pour que leurs ordinateurs possèdent intégralement cet aspect fondamental et tellement utile du cerveau. Cependant, le fait d'élaborer des structures conduit fatalement à la rigidité et au stéréotype. C'est pourquoi il est nécessaire d'avoir recours à la créativité et à la pensée latérale, dont nous reparlerons.

SYSTÈMES D'INFORMATION ACTIFS

Imaginez une serviette de toilette posée sur une table. Dans une bouteille située à proximité on prend une cuillerée d'encre que l'on verse sur la serviette. Il en résulte une tache d'encre. La serviette n'a fait qu'enregistrer fidèlement la marque de la cuillerée d'encre. Elle constitue le prototype de la surface d'information « passive » ; tout se passe comme lorsqu'on laisse des traces sur une feuille de papier ou une bande magnétique.

Considérons maintenant une surface « active ». A la place de la serviette mettez une assiette de gélatine. Cette fois on chauffe la bouteille d'encre sur une petite flamme. Lorsqu'on répand dans l'assiette une cuillerée d'encre chaude, celle-ci fait fondre la gélatine. Lorsqu'on vide l'encre refroidie et la gélatine fondue, il reste à la surface une petite dépression. Cela correspond à la tache d'encre sur la serviette.

On répète maintenant la même opération plusieurs fois (en vidant le liquide entre chaque cuillerée d'encre). A la longue il se forme un tunnel dans la gélatine. Cela est dû au fait que l'encre de la seconde cuillerée, se répandant sur la surface, renforce la dépression formée par la première cuillerée et s'y infiltre. Le tunnel se forme par érosion.

Le modèle de la gélatine est un exemple très simple d'environnement permettant à l'information entrante de s'organiser elle-même en « structure ». En bref, il s'agit d'un « système d'information auto-organisé ».

Par structure nous entendons un tunnel, ainsi fait que ce qui est entré à un bout circule jusqu'à l'autre bout. Il s'agit donc là d'une séquence dans le temps caractérisée par différents états se succédant l'un après l'autre — exactement comme s'ils s'échelonnaient le long d'un tunnel.

Bien sûr, la nature offre un exemple beaucoup plus simple de système d'information auto-organisé. Les premières pluies forment de petites rigoles qui se rejoignent ensuite pour former des ruisseaux, et finalement des rivières. Dès lors que ces structures sont formées, toutes les chutes de pluie ultérieures suivront ces chemins.

D'un point de vue intellectuel il s'agit là d'un système extraordinaire. C'est un système qui donne un sens au chaos, qui permet de reconnaître quelque chose et de réagir très rapidement.

LE MÉCANISME DU CERVEAU

Il est possible de montrer comment les réseaux nerveux du cerveau peuvent se comporter comme des systèmes d'information auto-organisés. J'ai relaté tout cela en 1969 dans *The Mechanism of Mind**, livre qui contribua à modifier considérablement le système éducatif du Venezuela (grâce au Dr Luis

* Publié chez Penguin Books Ltd, Londres.

Alberto Machado). Le modèle décrit dans cet ouvrage a été simulé sur ordinateur et se comporte en grande partie comme prévu.

A l'époque ce livre fut pratiquement ignoré, et aujourd'hui encore le comportement des « systèmes d'information auto-organisés » constitue le domaine de pointe en matière de technologie de l'information. Il n'y a pour moi aucun doute : des progrès considérables vont être faits dans cette voie. Mes propres idées ont évolué bien au-delà de ce que j'ai exprimé dans *The Mechanism of Mind*.

L'important est que nous n'avons pas besoin d'attendre d'être en possession de tous les détails du fonctionnement du cerveau pour tirer de ce genre de système des déductions utiles.

Le comportement des structures auto-organisées semble simple et évident ; leurs implications sont pourtant d'une importance considérable. Par exemple, il est devenu évident que l'humour est la caractéristique principale de l'esprit humain. L'humour est ce qui nous en apprend le plus sur la façon dont notre esprit traite l'information. Le fait que les philosophes traditionnels aient complètement négligé l'importance de l'humour prouve à quel point ils se préoccupaient peu de l'aspect perceptuel de la pensée. Par tradition les philosophes ont toujours apprécié les joutes oratoires. Il est grand temps de s'intéresser au système qui constitue la base même de la pensée.

Le lecteur qui connaît bien mes travaux estimera peut-être que ce qui vient d'être dit n'est que la répétition du contenu de mes autres livres. J'en suis parfaitement conscient, mais je suis face à un dilemme : me répéter, ou passer sous silence les découvertes fondamentales qui sont à l'origine des idées présentées ici. Comme je ne peux pas partir du principe que tout lecteur de cet ouvrage aura lu les précédents – notamment *The Mechanism of Mind* – je n'ai pas d'autre solution que de demander pardon à ceux qui connaissent déjà mes travaux. Et de leur demander de faire plus particulièrement attention aux aspects nouveaux, que je n'ai peut-être pas mentionnés auparavant.

CONSÉQUENCES

Comme je l'ai déjà dit, le fait de comprendre la nature auto-organisée de la perception a des conséquences considérables.

Dès lors que nous pouvons comprendre les structures, et notamment leur nature asymétrique (j'en parlerai dans un autre chapitre), nous pouvons comprendre ce que sont l'humour et la créativité. Nous pouvons même aller plus loin et concevoir de véritables outils, pratiques et concrets, de créativité.

Nous pouvons aussi comprendre l'un des plus extraordinaires dilemmes culturels, qui est lié à la créativité. J'en parlerai plus en détail dans le chapitre consacré à la créativité, mais je voudrais le mentionner brièvement ici. Ce dilemme est le suivant. Pour être valable, une idée créative doit toujours, rétrospectivement, être logique. Par conséquent il nous a toujours semblé que nous avions besoin d'une meilleure logique plutôt que d'une plus grande créativité. Il s'agit là d'une erreur totale, et tout-à-fait dramatique, qui illustre parfaitement les dangers inhérents à la méconnaissance des systèmes. Nous verrons plus loin qu'il y a de très bonnes raisons pour qu'une chose ne puisse être évidente, du point de vue de la logique, que rétrospectivement.

Comprendre la nature de la perception a également des conséquences importantes sur l'élaboration d'une « méthode scientifique ». Par tradition nous formulons l'hypothèse la plus raisonnable, puis (si nous suivons l'exemple de Karl Popper) nous nous attachons à la réfuter afin d'en trouver une meilleure. Il y a dans cette démarche une sérieuse lacune. Pendant que nous envisageons une hypothèse, si raisonnable soit-elle, les preuves que nous voyons sont celles qui ont déjà été structurées, perceptuellement, par cette hypothèse. En d'autres termes, nous sommes aveugles à la plupart des preuves qui se trouvent sous nos yeux. C'est pourquoi il arrive souvent, dans le domaine scientifique, que l'on s'aperçoive au bout d'un certain temps que les preuves d'une théorie récente étaient disponibles depuis longtemps. On ne les voyait pas car la vision était déterminée par « l'hypothèse raisonnable ». Nous pourrions donc nous fixer pour règle qu'il ne devrait jamais y avoir qu'une seule hypothèse, si évidente et raisonnable soit-elle. Il devrait toujours y en avoir au moins une deuxième, même hautement improbable, pour fournir une autre structure. Cela a des conséquences, notamment sur la quantité de recherches qu'il convient de faire sur certains sujets avant de se consacrer à la réflexion sur ces sujets. Si l'on pousse la recherche trop loin, l'innovation devient plus difficile. Des domaines entiers doivent être repensés, dans lesquels les réponses pourraient bien se révéler très différentes de celles données traditionnellement.

J'examinerai plus loin les rapports entre la perception et les systèmes de croyance. La réalité des croyances est bien différente de la réalité de l'expérience ou de celle de la science, et pourtant il s'agit d'autant d'aspects de la réalité. La nature des croyances a manifestement un impact extrêmement significatif sur la façon dont on aborde les conflits, puisque de nombreux conflits éclatent uniquement par suite de croyances qui s'affrontent.

L'HUMEUR

Le sujet dont nous allons parler maintenant est d'ordre spéculatif, du moins par rapport aux précédents. Mais c'est un sujet relativement important et qui a des conséquences assez fâcheuses. La recherche commence à nous fournir des preuves dans ce domaine. D'un point de vue théorique (celui des systèmes d'information) il existe de solides arguments qui, j'en suis certain, finiront par être confirmés par des découvertes scientifiques.

Autrefois, les Grecs croyaient naïvement et bizarrement que les humeurs étaient contrôlées par les liquides du corps. Si vous étiez de mauvaise humeur, c'était parce que votre corps était envahi par la « bile noire » — origine du mot mélancolie.

Eh bien, ils avaient peut-être raison. Nous commençons à en savoir beaucoup plus sur le rôle complexe et subtil exercé par les substances chimiques du cerveau, en plus de leur fonction de transmetteurs, grâce à laquelle l'influx nerveux se propage d'un nerf à l'autre. De nombreuses variétés de neuro-peptides messagers libèrent d'autres messagers, et ainsi de suite. En certains endroits, de tels messagers inhibent ou facilitent l'activité nerveuse. Ainsi donc, c'est dans un contexte délicat de transformations chimiques que prend place le comportement nerveux.

D'un point de vue théorique, tout système auto-organisé souffre de rigidité, puisque c'est pour être rigide qu'il a été créé. Un état nerveux particulier suivra toujours, de façon prédéterminée, tel autre état, conformément à la séquence de leur structure ; et cela se déroulera immanquablement ainsi. Supposons maintenant que le contexte chimique se modifie. L'état neural initial sera alors suivi par un état totalement différent, qui se reproduira toujours dans les mêmes conditions chimiques. Tout se passe donc comme si un cerveau différent intervenait dans ce contexte chimique différent. Dès lors la souplesse et la richesse du système sont nettement améliorées, et le comportement devient mieux adapté.

Cet environnement chimique représente ce que nous appelons, en langage courant, les émotions (elles sont probablement plus nombreuses que nous le croyons, certaines n'ayant pas encore été identifiées comme telles). Il est intéressant de penser que lorsque nous commencerons vraiment à créer des ordinateurs intelligents, nous devrons peut-être les doter d'« émotions ».

Nous savons tous, bien sûr, que les émotions influencent la pensée. Mais c'est bien plus fondamental qu'il n'y paraît. Il ne s'agit pas de choisir les pensées qui s'accordent avec nos émotions du moment ; il semblerait plutôt que dans certains états émotionnels l'être humain soit tout simplement *incapable* d'avoir certains types de pensées. Ce n'est pas une question de choix. Son incapacité serait du même ordre que celle de la personne qui, n'ayant jamais été à New York, est parfaitement incapable de rassembler ses souvenirs de New York. Les modifications chimiques du cerveau peuvent momentanément rendre le cerveau *différent*. Cela a d'importantes conséquences sur la morale, ainsi que sur l'approche des conflits.

Je me souviens qu'un homme déprimé m'a écrit un jour pour me faire part de l'observation suivante : lorsqu'il était déprimé il était incapable d'avoir les mêmes pensées que lorsqu'il était joyeux. Cela ne veut pas dire qu'il choisissait simplement de ne pas les avoir ni que ces pensées ne surgissaient pas.

JUSTIFICATIONS

Laissons de côté pour le moment la logique discursive, celle qui permet de résoudre un problème mathématique. Dans ce cadre, dès que le monde a été traduit en symboles, ce sont les règles du comportement symbolique qui s'appliquent. Mais laissons les ordinateurs manipuler les symboles (est-il nécessaire de rappeler au lecteur le grand danger d'une fausse traduction du monde en symboles, et d'une confiance aveugle dans le résultat sous prétexte qu'il est juste?), et étudions plutôt toutes ces situations que nous ne pouvons pas encore traduire en symboles de façon adéquate.

Nous en savons davantage maintenant sur ce que l'on appelle la pensée du « cerveau droit ». Celle-ci s'oppose à la pensée du « cerveau gauche », qui concerne essentiellement le langage et la pensée symbolique. Avec le cerveau gauche, la pensée permet à l'attention de se concentrer sur un détail et de l'isoler de l'ensemble. Avec le cerveau droit, la pensée prend en compte la totalité d'une structure, ou bien une impression générale, sans pouvoir la décomposer en éléments. De ce fait on peut réagir à une pensée de cette nature, mais on ne peut ni la décrire ni la communiquer — sauf, peut-être, par l'intermédiaire de l'art. Il est possible que l'expérience du cerveau droit soit simplement plus primitive et n'ait pas eu l'occasion de s'articuler ni de se différencier. Cela n'a pas d'importance.

Supposez que nos émotions et que l'« impression générale » de notre cerveau droit marquent toujours le point final de notre pensée, et que lorsque nous croyons être en train de nous concentrer sur quelque chose *cela ne puisse être* qu'un processus de « justification » ou de rationalisation *a posteriori*.

Sur un plan théorique, il est très probable que dans un système tel que le cerveau la pensée fonctionne toujours par réminiscences. On peut prévoir et démontrer que l'apprentissage se fait beaucoup plus facilement à partir de choses déjà connues et accumulées.

Supposez — simple provocation de ma part pour l'instant — que j'affirme qu'il est physiologiquement impossible à quelqu'un d'examiner quelque chose logiquement? Lorsque nous croyons penser, nous ne faisons que nous laisser duper par la belle ordonnance et la cohérence de notre production mentale.

RÉSUMÉ

Ce premier chapitre était, bien entendu, très important. Néanmoins la suite sera compréhensible même si le lecteur ne comprend pas, n'accepte pas ou ne croit pas ce que j'ai dit. A l'autre extrême se trouve le lecteur qui lira entre les lignes et comprendra les conséquences importantes, auxquelles je n'ai fait que des allusions, de mes propos.

Résumons donc. Nous avons développé d'excellents systèmes secondaires de pensée, qui permettent de manipuler des symboles après que la perception a décodé le monde pour le traduire en symboles. Une grande part de ce qui est important dans la pensée (et particulièrement dans les conflits) se déroule au niveau de la perception. Nous devons comprendre que la perception est un système générateur de structures auto-organisées. C'est donc un système « actif », très différent des systèmes « passifs » d'information auxquels nous sommes habitués. De très nombreux phénomènes sont la conséquence de l'activité des systèmes générateurs de structures.

Notre système de pensée fondé sur le langage comporte des limites aussi nombreuses que sérieuses, dues essentiellement à la classification et à la permanence. Assurément, la confiance que nous accordons à notre système de pensée est mal placée.

Comment se fait-il alors que ce système nous ait plutôt bien servi ? En réalité, il ne l'a pas fait. Il nous a même très mal servi. C'est vrai, il nous a été utile pour traiter de la pensée secondaire et des objets finis, ainsi que de la perception en « situation ouverte », puisque dans ce cas la façon dont nous structurons les choses n'a pas beaucoup d'importance. Mais il nous a très peu servi pour traiter de la perception en situation fermée, là où des perceptions et des croyances peuvent s'affronter. L'état de nos recherches dans de tels domaines est consternant. Il fallait s'y attendre.

2
Les inconvénients de la méthode critique

Critiquer est la plus sacrée des traditions occidentales. C'est sur cette notion que repose une grande partie de notre civilisation, notamment le fonctionnement des gouvernements et de la justice. Que nous appelions cela critique, argumentation, dialectique ou affrontement, il s'agit de la même chose.

Je consacrerai donc ce chapitre à attaquer la notion même de critique. Je le ferai avec véhémence et, paradoxalement, j'utiliserai probablement pour cela la méthode critique.

Cela dit, je reconnais beaucoup de valeur à cette méthode. Mais je suis obligé, du fait de la polarisation induite par la dialectique, de l'attaquer comme si elle était inutile et dangereuse. En réalité, je crois qu'elle est effectivement dangereuse mais pas inutile.

Un médecin ayant reçu une formation insuffisante — et inconscient de son incompétence — prescrit un médicament inadapté et tue son patient. Ce n'est pas un meurtrier. Ce n'est pas le diable. Ce n'est pas un monstre. Mais parce qu'il se surestime, cela produit les mêmes effets. C'est exactement ce que je pense à propos de la méthode critique : qu'elle est surestimée et suremployée. Je crois qu'on s'en sert, en toute innocence, parce qu'à première vue on s'y sent à l'aise, et parce que rien ne semble s'y opposer. Pourtant, il s'agit d'une méthode dangereuse en raison de son insuffisance ; la fausse impression de satisfaction qu'elle donne risque d'empêcher le développement de méthodes bien meilleures.

Sans entrer dans l'analyse historique de la dialectique, disons qu'elle remonte au dialogue socratique, qui semble relever davantage du défi agressif que de la recherche sereine. La méthode fut ensuite adoptée et affinée par les penseurs chrétiens du Moyen Age, car elle correspondait exactement à leurs préoccupations. Ils avaient besoin d'une méthode efficace pour repousser les nombreux hérétiques. A la limite, le système était un système clos en ce sens que les concepts de base tels que, notamment, Dieu, l'éternité, la justice et la perfection étaient généralement acceptés, ce qui constituait une base idéale — et légitime — pour établir le raisonnement de type sémantique. Cela fonctionnait à merveille, même si saint Augustin eut en certaines occasions besoin d'inventer des concepts tels que la « grâce divine » lorsqu'il était à court d'arguments. L'Eglise donna le ton à la pensée occidentale, à la culture et à l'éducation, et c'est ainsi que nous avons pris l'habitude de pratiquer l'argutie. De nombreuses autres raisons ont justifié l'utilisation de ce mode de pensée, y compris le fait qu'il était la raison d'être des philosophes polémistes.

Il va sans dire que le mode polémique est à la base de la pensée conflictuelle, et qu'il est en lui-même un modèle de pensée conflictuelle.

COMMENT EST CENSÉE FONCTIONNER UNE ARGUMENTATION

Supposons une idée qui doit, selon vous, être modifiée. Une idée que vous croyez être fausse. Supposons maintenant une situation, une revendication, un point de vue ou une activité auxquels vous souhaitez vous opposer. Vous vous préparez donc à attaquer ce que l'on vous présente. Il y a une thèse, et vous fournissez l'antithèse.

La « synthèse », combinant le meilleur des deux, est censée émerger du choc de la confrontation. Il serait absurde de ma part de dire que cela n'arrive jamais, mais c'est vraiment très rare. Il n'est pas difficile de voir pourquoi. Rien, ou presque, n'incite chaque protagoniste à retenir le meilleur du point de vue de l'autre. La synthèse est, au mieux, un compromis réalisé à contre-cœur ou une retraite par rapport aux positions initiales.

En théorie, la thèse et l'antithèse constituent depuis toujours un procédé séduisant du fait de sa clarté et de sa dynamique. En pratique cela fonctionne rarement, sauf parfois dans le domaine scientifique. L'histoire des sciences est pourtant truffée d'exemples de batailles inutiles livrées pour défendre des idées dépassées.

Ce qui se passe le plus souvent, c'est que l'une des parties triomphe et que l'autre est vaincue — il s'agit donc d'une simple épreuve de force. Le résultat final est que le point de vue le plus fort, mais pas nécessairement le meilleur, l'emporte.

Mais avant d'en venir à ces notions de victoire et de défaite, voyons ce qui arrive aux adversaires.

Le défenseur devient beaucoup plus rigide et plus déterminé à défendre ses positions. Toute tentative pour envisager d'autres possibilités est abandonnée. La rigidité s'aggrave.

L'attaquant devient plus virulent et plus acharné. Il doit aussi se concentrer davantage, et ne peut se permettre de laisser son esprit vagabonder.

Nous pouvons donc résumer ainsi la situation :

1. Chaque partie se raidit.
2. Aucune des parties ne tente de proposer une idée différente de celles qui s'affrontent.
3. Chacun restant sur son quant-à-soi, le temps est figé pour une durée indéterminée, d'où une perte d'énergie et d'argent.
4. La créativité et l'ingéniosité de chacun des participants sont utilisées non pas dans le but d'améliorer leur propre idée, mais dans celui de détruire l'idée de l'autre.
5. Finalement, l'idée qui triomphe est l'idée la plus forte, mais pas nécessairement la meilleure.

Autrement dit, l'énergie créative n'est, hélas, pas utilisée pour développer de meilleures idées.

LA MÉTHODE EXPLORATOIRE

Bien qu'ayant des points communs avec le système de pensée japonais, la méthode exploratoire représente un idéal. Mais ce n'est pas parce qu'elle possède un léger parfum japonais que je lui trouve des mérites : elle se justifie par elle-même.

Les Japonais n'ont jamais développé l'habitude occidentale de la dialectique. La société japonaise fut longtemps une société féodale, exigeante à l'égard des rites, du respect pour autrui et des bonnes manières. Il aurait été extrêmement mal élevé de dire à quelqu'un qu'il avait tort, ou que son idée était mauvaise. Il aurait même été criminel de suggérer que quelque chose eût pu être modifié. C'est pourquoi la notion d'attaque verbale n'est, semble-t-il, jamais apparue.

« C'est merveilleux, parfait, il n'y a rien à redire — maintenant, envisageons d'autres possibilités. »

Pour un esprit occidental cela paraît contradictoire, car si quelque chose est merveilleux et parfait, pourquoi chercher ailleurs ?

Je parlerai plus loin de la difficulté créée par le concept occidental de contradiction, sur lequel repose en grande partie notre logique fondée sur le langage. Pour l'instant, continuons à examiner le système japonais sans nous laisser perturber par ses apparentes contradictions.

Ainsi *les deux parties* prennent en charge l'exploration, recherchent de meilleures idées et s'attachent à dégager les points positifs contenus dans l'idée de l'autre. En résumé, il y a exploration et non pas affrontement.

Il est intéressant de noter que dans une situation d'affrontement, le temps passé à s'affronter est totalement improductif. Dans le mode exploratoire, le temps pris par l'exploration est entièrement productif.

Pour peu que cette exploration commune aboutisse à une idée appréciée par les deux parties, il y a des chances pour que se produise un retournement de situation en faveur de cette idée. L'ancienne idée n'a été ni mise en doute ni démolie. On ne l'utilise tout simplement plus. Notre compréhension de la perception nous suggère d'ailleurs que la meilleure façon de se débarrasser d'une idée est de l'ignorer. L'attaquer ne fait que la rendre plus réelle.

Nous en arrivons maintenant à un phénomène particulièrement intéressant pour la société occidentale. Si les Japonais *ne trouvent pas* de meilleure idée, ils reviennent à leur idée de départ qui est restée intacte. Comparez cela au système dialectique dans lequel toute l'énergie de la pensée est consacrée à détruire et à discréditer l'idée de départ. Si l'on y parvient et que l'on ne dispose d'aucune idée de rechange, alors la société sombre dans le chaos car elle a complètement détruit son ancienne base sans avoir encore adopté l'état d'esprit qui lui permettrait d'en élaborer une autre. Ce système de pensée occidental, qui veut que l'attaque soit une méthode productive et constructive, est totalement absurde.

Le système japonais présente encore un autre avantage. Dans le système occidental vous ne pouvez demander des modifications que si vous avez, d'une façon ou d'une autre, montré que ce qui existe est inadéquat. Pourtant, il existe de nombreuses choses valables et impossibles à renier : ainsi en est-il de nombreuses disciplines scolaires qui sont valables en elles-mêmes, mais occupent un temps considérable qui pourrait être employé plus utilement. Il est évident que dans le système japonais, vous pouvez considérer qu'une chose est réellement bonne tout en cherchant à l'améliorer. C'est précisément cette notion qui a donné naissance à la recherche de la qualité et aux cercles de qualité.

Qu'on me comprenne bien : je ne suis pas en train de chanter les louanges de la culture japonaise en tant que telle. Afin de montrer que notre système fondé sur les affrontements n'est jamais qu'une façon parmi d'autres de procéder, il me fallait prendre pour exemple un système qui ne pratiquait pas la dialectique. Les Japonais ont eu, comme tout le monde, des guerres, des conflits et des affrontements causés par la soif de pouvoir, la cupidité et l'égoïsme. Mais n'ayant pas de tradition dialectique, ils sont plus avancés que nous sur la voie de la « pensée constructive », dont traite ce livre.

Vous allez me dire que si les Japonais sont si bons lorsqu'il s'agit de changements, pourquoi semblent-ils si pauvres lorsqu'il s'agit d'inventions et de découvertes scientifiques ? Les Japonais sont forts pour réaliser de petites avancées conceptuelles, et pour ce qu'ils appellent les « inventions combinatoires », mais ils ne le sont pas lorsqu'il s'agit d'effectuer de véritables bonds en avant. En effet cela exige que l'individu soit en proie à une sorte de contestation permanente, poursuivant sa propre logique sans se soucier des critiques d'autrui. Lorsque Frank Whittle proposa de construire le moteur à réaction, ses collègues se moquèrent de son idée — mais il persista et réussit. Marconi naquit en Italie mais vécut suffisamment longtemps en Angleterre pour devenir contestataire. En tant que physicien il savait que les ondes radio suivaient une ligne droite et non pas la courbe de la Terre. Néanmoins il projeta de transmettre des signaux sans fil de Terre-Neuve jusqu'en Cornouailles. Ses amis le traitèrent de fou. Il était tout simplement obsédé par son idée. Il réussit parce que l'ionosphère renvoyait les ondes vers la Terre. Ce type de contestation est une forme de logique interne qui n'a de sens que pour la ou les personnes possédant cette logique, pas pour les autres. En Angleterre on lui doit un haut degré d'inventivité mais aussi d'agitation sociale. Mais dans une culture telle que la culture japonaise, cette contestation individuelle ne peut pas exister, car si vos collègues vous croient fou, il ne vous reste plus qu'à rentrer dans le rang.

Il est vrai que la dialectique occidentale est responsable de notre progrès technique. Il est vrai que l'affrontement entre théorie et contre-théorie est l'essence même de ce progrès technique. Mais, à mon avis, tout cela n'a joué que très peu. La clé du développement technologique de l'Occident est la notion d'hypothèse — la spéculation sur ce qui pourrait être qui fait progresser la pensée vers l'exploration. Il y a des siècles, à une époque où les techniciens pratiquaient l'expérimentation, la technologie chinoise était très avancée. Puis elle tomba aux mains de savants et de théoriciens qui donnèrent une explication à tout, supprimant tout besoin d'expérimenter. La technologie chinoise ne développa jamais le concept d'hypothèse et sa progression fut stoppée net. On a dit que l'Occident a développé le concept d'hypothèse à cause de sa croyance en Dieu. Dieu possédant pour le monde un dessein caché, poser une hypothèse revenait à essayer de deviner ce dessein. La culture chinoise n'a jamais été théiste : sans Dieu il n'y a pas de dessein caché à deviner — et donc pas d'hypothèse.

Nous verrons plus tard comment l'individu « contestataire » et le concept général d'hypothèse peuvent tous deux être récupérés, de façon délibérée et systématique, pour former les aspects provocateurs de la pensée latérale. En effet, le concept de « po » autorise une certaine forme, temporaire et maîtrisable, de folie qui permet au penseur de transcender les relations logiques contenues dans une idée afin d'en trouver une autre.

Faisons maintenant le point sur les caractéristiques de la notion d'exploration :

1. L'idée de départ n'est pas attaquée ; on peut y revenir plus tard sans qu'elle ait souffert de discrédit ni subi de préjudices.
2. Dès le début, les deux parties sont impliquées dans l'exploration et la construction créatives.
3. Tout le temps disponible est utilisé de façon créative et positive.
4. Puisqu'il n'est pas nécessaire de montrer qu'il y a une faille, on peut proposer de modifier une idée que l'on sait être bonne.
5. L'idée est conçue en commun et évaluée en commun.
6. Il n'y a pas de problème de possession : *ton* idée contre *mon* idée.

APPROUVER À CHAQUE ÉTAPE

Mais ne faut-il pas évaluer cette idée nouvelle ? Effectivement, il faut à un moment quelconque, procéder à un examen rigoureux, qui permettra de dire si l'idée est raisonnable, si elle va marcher, si elle offrira les avantages promis. Est-ce donc à ce moment qu'intervient la dialectique ? Je n'en suis pas sûr. Je ne vois pas pourquoi une évaluation commune (ou même individuelle) ne serait pas meilleure. Cependant, disons pour le moment que j'ai moins d'objections envers la pensée critique lorsqu'on l'utilise à cette étape-là.

Le danger est qu'en fait nous nous imaginons que critiquer est une façon de créer, de concevoir et de construire une idée. C'est un non-sens pur et simple. Si l'affrontement est le seul comportement possible lors de situations conflictuelles normales, alors il ne faut pas s'étonner qu'il y ait si peu de conceptions créatives.

Par définition, argumenter vous oblige à avoir raison à chaque étape. Cela suppose que vous soyez constamment logique, que vous ne vous contredisiez pas ou que les faits ne vous contredisent pas. Cela exige également de vous que vous fournissiez des preuves à chaque étape. La spéculation et l'intuition sont bannies en toutes circonstances.

Nous savons maintenant qu'au cours du processus créatif, les provocations ont un sens en tant que provocations, et non pas en tant que vérités (et qu'elles se justifient dans le cadre du système structuré de la perception). Apparaissent aussi des demi-vérités, des suggestions, des possibilités de progrès. Rien de tout cela, passé au crible de la logique et sommé de se justifier, ne résisterait. Mais ce n'est pas ce que l'on veut. Le but recherché est le bouillonnement auto-organisé propre à la créativité, qui permet à l'idée finale de surgir. On pourra alors demander que cette idée finale se justifie, d'un point de vue logique.

Croire qu'une idée doit être juste à chaque étape pour que le résultat final soit juste est une notion complètement dépassée. Cela dénote un manque total de compréhension de la perception et des systèmes structurés.

CONDAMNATION

L'un des buts principaux de la critique est d'être négative, et ce pour deux raisons. La première est qu'il faut éliminer les affirmations et les idées incorrectes ou injustifiées. La seconde, peut-être plus importante, est que cela oblige les gens à réfléchir soigneusement à ce qu'ils vont dire, puisque leurs propos sont susceptibles d'être attaqués. Il existe un moyen très simple d'éviter cela. Nous disposons d'une grande variété de mots abstraits, imprécis et à forte connotation morale. Ils sont très commodes car on peut les utiliser presque partout. Ils sont également à l'abri de toute attaque. Ce sont des mots tels que les droits, la liberté, l'oppression, la justice, l'humanité, la souffrance. Ce n'est jamais un tort de les utiliser ; ils peuvent aider à faire avancer n'importe quel point de vue (j'y reviendrai ultérieurement). Tout, ou presque, dépend des intentions de ceux qui brandissent ces termes. Etant donné que les conflits à base d'arguties ne se déroulent pas dans un état d'esprit amical, il est évident que les protagonistes ne vont pas adhérer totalement aux règles propres à la critique.

Toute critique est donc une condamnation sans appel. Qui va relever les points positifs contenus dans l'argumentation de l'adversaire ? Evidemment pas les combattants. De toute évidence cela est, comme nous le proposerons plus tard, le rôle du troisième partenaire, un des acteurs du concept de « triangularité », forgé pour la résolution des conflits.

Un comportement négatif engendre un état d'esprit négatif, lui-même susceptible de limiter les perceptions ; c'est ce que j'ai suggéré dans le paragraphe précédent. Lorsque vous êtes dans cet état d'esprit négatif, vous êtes probablement incapable d'avoir des pensées constructives. De plus, un état d'esprit négatif peut influer négativement sur le comportement et sur la façon dont chaque participant traite les autres. Marquer ou perdre des points devient en soi un conflit, et non plus le reflet d'une discussion conflictuelle. Essayer de résoudre un conflit au moyen d'un autre conflit est une absurdité.

Il est théoriquement possible aux deux adversaires de rester très courtois dans leur argumentation, lorsque celle-ci atteint un haut degré de sophistication et que les deux parties connaissent les règles du jeu. Cependant, l'exemple des tribunaux laisse supposer que même des adversaires très expérimentés et habiles sont vite emportés par l'obsession de gagner ou de perdre, et oublient que l'argumentation peut être remplacée par l'exploration. L'avocat pense qu'il est de son devoir de s'acharner sur les points faibles de la partie adverse et d'essayer de détourner l'attention de ses points forts.

Il ne s'agit pas ici d'être créatif, mais constructif — de réussir en construisant quelque chose plutôt qu'en attaquant. Il s'agira peut-être d'une réalisation tout à fait ordinaire, sans fioritures créatives ; mais même une telle construction banale n'a aucune chance de naître si elle se fonde sur le négativisme de l'affrontement.

AVOIR RAISON

Etre négatif pour avoir raison : tel est l'objectif principal de la méthode critique. Avoir raison, c'est prouver que l'on est inattaquable et en même temps que l'on dispose d'une argumentation cohérente et soigneusement organisée. Le sentiment d'avoir raison peut également provenir de la satisfaction d'avoir mené une attaque dévastatrice. Jusqu'à quel point est-ce important d'avoir raison ?

« Avoir raison » recouvre tout un éventail de situations. Cela va des calculs complexes nécessaires pour qu'un homme atterrisse sur la Lune en un point précis, jusqu'aux prévisions de l'homme de la rue qui se demande s'il pleuvra en fin d'après-midi. Avoir raison est une sorte de paradis qui, lorsque vous y êtes, vous procure toutes sortes de délices : la sagesse, le caractère, le prestige, la compétence, etc.

Nous attachons une grande valeur à la fiabilité du diagnostic de nos médecins et du comportement de nos pilotes de ligne. Il existe des tests permettant de s'en assurer. Avoir raison de cette façon est pourtant très différent de la façon dont a raison un politicien ou l'un des protagonistes d'une dispute.

Toute personne raisonnablement intelligente est capable de construire une argumentation cohérente pour défendre son point de vue, quel qu'il soit. C'est ce que nous appelons « le piège de l'intelligence ». Une personne intelligente utilise sa pensée pour défendre un point de vue plutôt que pour en explorer d'autres — et se retrouve piégée par l'excellence de la défense qu'elle a préparée.

Avoir raison n'est pas trop difficile. Vous choisissez vos perceptions, vous sélectionnez vos informations, vous laissez tomber ce qui ne vous convient pas, vous truffez de mots abstraits quelque propos d'ordre général, vous jetez un ou deux sarcasmes à la tête de votre adversaire, et vous êtes quelqu'un de bien qui a fait un beau discours. Bien que le sarcasme n'apporte strictement aucune information ayant un quelconque rapport avec le sujet, c'est une arme très efficace car elle fait de l'effet sans qu'il soit nécessaire de dire quoi que ce soit. En un sens, le sarcasme est l'essence même de la condamnation.

LES RÈGLES DU JEU

Une fois entré dans le jeu, vous devez en respecter les règles. C'est une donnée essentielle sur laquelle je reviendrai à plusieurs reprises. Elle explique l'intérêt qu'il y a à élaborer des structures et des systèmes de pensée autres que la critique. Les joueurs apprennent à jouer selon les règles, et s'aperçoivent ensuite qu'ils pensent d'une façon différente.

Prenez un groupe de gens pleins de bonne volonté, raisonnables, et demandez-leur de simuler une polémique ; le résultat sera de type conflictuel, et ce n'est guère surprenant. Il y a des positions à défendre, des victoires à gagner et des défaites à infliger. Pourquoi en serait-il autrement ?

Ainsi, la bonne volonté des participants ne constitue pas une protection contre la pensée critique.

LA CRITIQUE : OBJECTIFS GÉNÉRAUX

Nous manions constamment la critique. A quoi cela nous sert-il ?

1. A prouver que quelqu'un a tort. A prouver qu'une chose ne découle pas d'une autre. A prouver que l'autre se contredit, qu'il est incohérent. Et en général à souligner toutes les autres sources d'erreur possibles : la partialité, la généralisation, et toutes les erreurs que j'ai mentionnées çà et là dans mes livres.
2. A démasquer la stupidité et l'ignorance d'autrui, et par conséquent à démontrer que tout ce qu'il dit est sans valeur. A démontrer à l'autre qu'il est irrespectueux, insensible ou tyrannique : bref, qu'il est détestable. Ou encore malhonnête, sournois et peu fiable. Dans tous les cas il s'ensuit que ses idées, ou sa logique, ne peuvent valoir mieux que sa personnalité.
3. A faire impression sur les autres comme c'est le cas aux Nations unies, au Parlement, devant un jury ou des téléspectateurs.
4. A créer un état émotionnel qui pèsera par la suite sur la négociation. Il peut s'agir d'un état de dureté, de tension, d'inflexibilité, d'intimidation. Cela contribue effectivement à soutenir l'argumentation et, comme je l'ai dit plus haut, influence le genre d'idées que l'on utilise.
5. A faire douter d'une interprétation particulière (devant un tribunal, par exemple) et à suggérer qu'il existe une alternative aux explications données. C'est ici que le débat contradictoire est le plus proche de la créativité.
6. A faire en sorte qu'une question soit *explorée*. A exposer son point de vue et à obtenir celui de l'autre. A pousser chacune des opinions plus loin (dans le futur) et plus profondément (du point de vue du système de valeurs

sur lequel elles se fondent). A montrer qu'il existe différentes opinions sur une situation donnée, et ce que peuvent être les conséquences de nos actes. A montrer comment deux points de vue peuvent coexister en différentes circonstances. A enrichir et à approfondir l'ensemble de la question.

7. A provoquer un revirement. A aider quelqu'un à voir soudain les choses sous un autre angle.

Il est tout à fait évident que l'objectif le plus souhaité est le revirement (point 7). Si cela se produisait couramment, cela justifierait amplement ce type de pensée. Malheureusement, c'est extrêmement rare. Dans tous les cas, si c'est un revirement que nous voulons provoquer, alors la pensée « cartographiée », que je décrirai dans le prochain chapitre, serait bien plus efficace.

Prenez l'exemple suivant.

Une personne se plaignait du manque d'eau et de la façon dont l'approvisionnement était interrompu sans avertissement. Elle pensait que l'on devait prévenir les gens que des coupures d'eau interviendraient à certaines heures. Son interlocuteur admit que ce serait très utile, mais demanda si les gens ne risquaient pas alors de stocker l'eau dans leurs baignoires et leurs lavabos, et d'en consommer ainsi davantage. La personne vit tout de suite la justesse de cette remarque, car c'était exactement ce qu'elle avait fait durant une coupure d'eau qui avait eu lieu à Hong Kong, quelques années auparavant. Dans ce cas le revirement fut déclenché par le souvenir d'une expérience personnelle.

On peut aussi avoir l'impression que l'exploration est l'objectif réel de l'argumentation (point 6). En fait l'exploration peut en être une conséquence, mais pas l'objectif principal. Si cela était il y aurait discussion et non polémique. Une polémique suppose des opinions déjà arrêtées échangées sur le mode attaque/défense. Par définition, l'exploration met en évidence des questions nouvelles. Une fois encore, si l'exploration était réellement le but de l'argumentation, nous pourrions y parvenir de façon plus directe et efficace avec le type de pensée décrit dans le prochain chapitre. Argumenter n'est pas la seule solution ; il en existe une autre.

LA PENSÉE PARALLÈLE ET LES SIX CHAPEAUX DE LA RÉFLEXION

Imaginez quatre personnes positionnées autour d'un bâtiment de telle sorte que chacune d'elle se trouve devant une face de ce bâtiment. Chaque personne, communiquant avec les autres à l'aide de son téléphone portable, soutient qu'elle voit la plus belle face du bâtiment.

Dans la « pensée parallèle », les quatre personnes examinent ensemble une face du bâtiment. Puis, elles examinent ensemble une autre face, et ainsi de suite. Dans la « pensée parallèle », à l'inverse de la méthode argumentaire, chacun regarde et pense en même temps dans la même direction.

Afin de synchroniser la pensée des participants, nous utilisons le symbole d'un « chapeau de la réflexion ». Il y en a six.

Lorsque le chapeau blanc est en service, chacun examine les faits – ceux qui sont disponibles et ceux qui manquent. Quelles questions faut-il poser ? Comment allons-nous obtenir ces informations ?

Avec le chapeau rouge, chacun est autorisé à exprimer ses sentiments, ses émotions, ses intuitions etc., sans qu'il soit nécessaire de les expliquer ou de les justifier.

Le chapeau noir sert à envisager l'aspect négatif des choses, les problèmes, les ratés, les risques et les raisons d'un possible échec. Ce projet correspond-il à nos ressources, à notre éthique, à nos valeurs, etc. ?

Le chapeau jaune sert à évaluer positivement la situation. Quels bénéfices peut-on en tirer ? Quelles valeurs sont impliquées ? Comment ceci peut-il être réalisé ?

Le chapeau vert est celui de la créativité, des idées nouvelles, des possibilités, des alternatives et des changements de perspective.

Le chapeau bleu est comme un chef d'orchestre : il organise la pensée. Le chapeau bleu détermine les priorités et décide de l'ordre d'utilisation des différents chapeaux. Le chapeau bleu recentre sur l'objectif et indique l'étape suivante.

Cette méthode est très largement utilisée. Un prix Nobel d'économie m'a dit un jour qu'il se trouvait à Washington la semaine précédente, pour un congrès d'économie de haut niveau ; les participants avaient utilisé les six chapeaux de la réflexion. Une autre fois, une femme rencontrée en Nouvelle-Zélande me raconta comment elle avait enseigné les six chapeaux dans les Highlands de Papouasie Nouvelle-Guinée (l'une des régions les moins développées du monde). Lorsqu'elle y revint un mois plus tard, les participants lui dirent que cette méthode avait changé leurs vies.

Une entreprise canadienne raconte comment l'utilisation des six chapeaux lui a fait économiser vingt millions de dollars dès la première année d'exercice. Une entreprise finlandaise consacrait généralement trente jours à discuter de ses projets multinationaux. Maintenant qu'ils utilisent la méthode des six chapeaux, ils le font en deux jours. Une compagnie pétrolière avait un problème avec un derrick qui lui coûtait 100000 dollars par jour. Ils réfléchissaient au problème depuis deux semaines quand l'un de mes formateurs introduisit la méthode des six chapeaux. En douze minutes, ils avaient résolu le problème en économisant 10 millions de dollars.

Aux États-Unis, Grant Todd expérimenta cette méthode avec les jurés d'un tribunal. Ces derniers parvinrent à prendre des décisions à l'unanimité très rapidement. Les juges furent si impressionnés que maintenant, dans certains États, le juge peut recommander aux jurés d'utiliser la méthode des six chapeaux.

Il est étonnant que nous soyons, depuis 2400 ans, satisfaits de l'argumentation comme méthode d'exploration d'un sujet. C'est pourtant une méthode primitive, rudimentaire, inefficace et qui n'utilise pas toute la puissance disponible de notre cerveau. Être coincé dans un mode de pensée « pour » ou « contre » constitue une limite à l'exploration.

3
Cartographie, pensée et pensée-2

Attaquer la notion même de critique ne serait jamais qu'un autre exemple de critique, si l'on n'avait pas autre chose à proposer. On peut effectivement envisager une autre possibilité : la pensée « constructive ». Celle-ci implique que l'on explore la situation de façon constructive dans le but de dégager une issue. A certains égards c'est comme si l'on dessinait une carte qui montrerait les différentes routes possibles et finalement permettrait d'en choisir une. Les instruments de cartographie décrits dans ce chapitre sont des instruments de base d'une grande simplicité. Ce sont ceux que l'on utilise dans les programmes scolaires pour l'enseignement des méthodes de pensée. Il faudra peut-être les affiner, mais ils suffisent à montrer la différence entre pensée critique et pensée cartographiée.

Un explorateur pourrait faire un croquis des nouvelles contrées s'étendant devant lui en regardant vers le nord et en dessinant ce qu'il voit ; puis en se tournant vers l'est, vers le sud et finalement vers l'ouest. A la fin il aura une simple carte de ces territoires. Le nord, le sud, l'est et l'ouest sont simplement des directions vers lesquelles il dirige son attention. Il peut dessiner la carte morceau par morceau.

Nous pouvons appliquer à la pensée un processus tout à fait semblable.

Un homme d'affaires négocie depuis des mois avec une importante compagnie pétrolière. Les échanges de lettres, les visites des hommes de loi et tout le dispositif habituel dans ce type de négociation interminable ont déjà été utilisés. Un jour, l'homme d'affaires se trouve dans un groupe connaissant la méthode P.M.I*. Celle-ci est la première des leçons, que j'ai conçues il y a bien des années, du programme d'enseignement de la pensée pratiqué dans les écoles. Le P.M.I. est un outil utilisable dans une grande variété de situations, au cours desquelles il génère un savoir-faire qui peut ensuite être appliqué à de nouvelles situations. C'est une façon de résoudre le problème primordial du transfert, d'une situation à une autre, des techniques de pensée.

Dans un P.M.I. on demande à la personne de regarder d'abord dans la direction Plus (faire la liste des points positifs), puis dans la direction Moins (liste des points négatifs), et enfin dans la direction Intéressant (liste de toutes les choses intéressantes qui valent la peine qu'on s'y arrête mais ne sont ni positives ni négatives). Il faut également respecter la règle suivante : une seule chose à la fois. Ainsi la personne examine minutieusement les aspects Plus, Moins et Intéressant. A la fin c'est une carte simple qui se dessine. La (ou les) personne n'a plus qu'à regarder sa carte et à prendre sa décision.

L'objectif du P.M.I. est, bien entendu, de contrecarrer la tendance naturelle de l'homme à envisager les choses en fonction de ses émotions, puis à utiliser sa pensée uniquement pour étayer ce point de vue — comme dans le « piège de l'intelligence » mentionné plus haut.

Ainsi le P.M.I. oblige à sonder sa propre pensée ou à fabriquer une carte simple.

Au cours de la première réunion qu'il eut ensuite, l'homme d'affaires expliqua le principe du P.M.I. et ses interlocuteurs acceptèrent de l'essayer. L'affaire qui durait depuis des mois fut alors résolue en une vingtaine de minutes.

Cela n'est pas surprenant. Au lieu que chaque partie pense « contre » l'autre, comme c'est le cas avec la méthode critique, les deux parties se sont retrouvées en train de dresser une carte. Au cours de cette première étape elles ont essayé, comme tout bon cartographe, de dresser une bonne carte. Et une fois la carte établie, on ne peut plus nier les pensées exprimées. Il s'agit ensuite de réagir à cette carte en fonction de ses besoins, de ses valeurs et de ses objectifs.

---

* Le P.M.I., de même que les autres outils mentionnés ici, est une marque déposée de matériel éducatif publié par Pergamon Press Ltd.

Une mère de famille avait décidé de quitter la Californie pour s'installer en Arizona. La question avait été préparée et débattue avec ses deux fils depuis deux ans. Elle et ses deux enfants participèrent à un cours de P.M.I. Rentrés à la maison, ils décidèrent de « faire un P.M.I. » au sujet de leur départ. Une demi-heure plus tard, la mère décida d'annuler ses projets.

Le directeur d'une importante chaîne de supermarchés décida d'utiliser le P.M.I. (et certains autres outils) au cours de la réunion annuelle de négociation sur les salaires. Il me dit que jamais auparavant cela ne s'était passé si rapidement et si simplement.

N'importe quelle personne assistant à de telles réunions voit l'énorme différence qui existe entre la méthode critique habituelle et ce type d'exploration structurée. Elle est semblable à la notion japonaise d'exploration, dont nous avons parlé au chapitre précédent : les deux parties font de leur mieux pour *explorer* le territoire et en *dresser une carte*.

Au cours d'une démonstration dans une école de Sydney, j'ai demandé à une classe de trente garçons (âgés d'une dizaine d'années) s'ils aimeraient recevoir chacun l'équivalent de 30 francs par semaine pour aller à l'école. Tous pensèrent que c'était une idée formidable et donnèrent leurs raisons : ils pourraient acheter des bonbons, des bandes dessinées, etc. Ensuite j'expliquai brièvement ce qu'était le P.M.I. : un instrument de sondage. Puis je leur demandai d'appliquer le P.M.I. à ma suggestion d'une allocation hebdomadaire, ce qu'ils firent par groupes de cinq. Au bout d'environ quatre minutes de discussion, ils m'exposèrent la situation. Les points positifs étaient sensiblement les mêmes qu'auparavant. Cependant, il y avait maintenant quelques points négatifs (des garçons plus âgés pouvaient leur prendre leur argent, il y aurait moins d'argent pour les professeurs, etc.) et quelques points intéressants (est-ce que leurs parents leur donneraient toujours de l'argent de poche ?). A la fin de ce simple exercice, je leur posai à nouveau la question. Cette fois, vingt-neuf des trente enfants avaient complètement changé d'avis et pensaient que recevoir 30 francs par semaine pour aller à l'école était une mauvaise idée.

L'important dans cette histoire est qu'un simple instrument de sondage, utilisé directement par les personnes concernées, les a amenées à revenir sur leur décision et à réagir à l'encontre de leur penchant naturel. Je tiens à souligner que cela est à l'opposé d'une argumentation. Je n'ai pas souligné les problèmes ni les difficultés que posait ma question, ni ne leur ai demandé de justifier leur choix. Je leur ai simplement laissé le soin de dresser une carte, puis de l'utiliser.

Tout cela paraît très simple — et ça l'est effectivement. Mais c'est aussi très efficace.

L'ENSEIGNEMENT DE LA PENSÉE DANS LES ÉCOLES

Le P.M.I. n'est que la première des soixante leçons du programme appelé Co.R.T., destiné à faire de l'enseignement de la pensée une discipline scolaire. Co.R.T. signifie *Cognitive Research Trust* (Fondation pour la recherche cognitive), et ses leçons sont le fruit de plus de treize ans d'expérience. Efficaces et pratiques, elles sont destinées à être utilisées par des enseignants aux compétences diverses avec des jeunes (et des adultes) d'âges et de niveaux d'intelligence différents. Bien que la méthode soit en fin de compte très simple, sa conception ainsi que celle du matériel est directement fondée sur la nature de la pensée issue de la perception (décrite au chapitre précédent), ainsi que sur le besoin de disposer d'outils faciles à adapter.

Mon programme semble être à l'heure actuelle celui que l'on utilise le plus largement dans le monde pour apprendre à penser aux enfants des écoles — domaine qui prend rapidement une importance grandissante. Au Venezuela, chaque écolier doit obligatoirement suivre deux heures par semaine d'enseignement de la pensée. Assez largement utilisée au Canada, et de plus en plus aux Etats-Unis, cette méthode est également employée dans différentes écoles de Grande-Bretagne, d'Irlande, d'Australie et de Nouvelle-Zélande. J'ai élaboré des projets pilotes en Bulgarie, en Malaisie et à Malte, et ai été invité à préparer d'autres projets. Les premiers résultats me parvenant de Bulgarie montrent un accroissement statistiquement significatif de l'intelligence et de certaines autres qualités, aisément mesurables. Les résultats en provenance du Canada, d'Australie et des Etats-Unis font également ment état de conséquences mesurables.

Je ne donne ces informations que parce qu'elles me paraissent dignes d'intérêt, et permettent de replacer le P.M.I., et les autres outils, dans leur contexte. Il ne s'agit pas d'un nouveau gadget. Cette méthode a été testée pendant de nombreuses années et dans des conditions très variables (depuis l'école la plus élitiste du Canada jusqu'à la jungle de l'est du Venezuela). Elle est efficace !

LA PENSÉE DÉLIÉE

A une certaine époque I.B.M. vendait les machines, les logiciels et même certains contrats de prestation de services comme un seul et même produit. Puis ce fut l'éclatement. Chaque élément en vint à être vendu indépendamment des autres.

En général, nous essayons, avec notre pensée, d'en faire trop d'un seul coup. Notre esprit nage en pleine confusion. Nous finissons par ne plus faire qu'une seule chose : lancer des attaques négatives dans le cadre de la méthode critique.

Le P.M.I. est un outil. Le C.&S. (Conséquence et Séquelle) en est un autre : il consiste à faire la liste des conséquences susceptibles de découler de telle ou telle suggestion. Nous devons faire une seule chose à la fois, et le faire bien. Nous pouvons choisir les outils dont nous avons besoin en fonction de chaque circonstance. C'est ce que nous faisons lorsque nous envisageons les conséquences à court et à long terme d'une action.

Comment tout cela cela finit-il ? Cela finit par former une carte.

QUADRICHROMIE

A une certaine époque j'ai été tenté de baptiser cela « mosaïque de la pensée », parce qu'au bout du compte tous les éléments distincts se rassemblent pour former un tout. L'analogie avec la quadrichromie est probablement meilleure.

Chaque couleur est, au départ, distincte des autres et imprimée séparément. De la superposition des quatre couleurs de base naît un tableau complet, qui pourrait être la reproduction fidèle d'un Rubens. Le procédé de la photographie en couleurs est similaire.

C'est exactement de cette façon que chacun des outils de pensée du programme Co.R.T. traite du sujet : en le couvrant d'une « couleur ». A la fin toutes les couleurs se rassemblent pour former la totalité de la carte.

Cette notion de quadrichromie, réalisée par étapes successives jusqu'à l'obtention d'un tableau polychrome, s'applique parfaitement au concept des « six chapeaux pour penser » dont je parlerai au cours de cet ouvrage (et qui est à la base d'un autre livre*).

LES OUTILS DU MENUISIER

Dans certaines circonstances l'analogie avec les outils du menuisier est tout indiquée. Le menuisier apprend à quel moment utiliser le marteau, les tenailles ou le rabot, et acquiert le savoir-faire propre à chaque outil. Lors de la fabrication d'un meuble particulier, il utilise ses outils selon un ordre subtil déterminé par le résultat recherché. Il peut se passer exactement la même chose avec les outils de pensée du programme Co.R.T.

Comparez la richesse de l'activité consistant à faire un choix dans une vaste gamme d'outils de pensée, à la pauvreté des processus mentaux mis en jeu lorsqu'on veut simplement prouver, au cours d'une argumentation, que l'autre a tort. Le type de pensée qui produira la meilleure carte n'est que trop évident.

PENSER, UN PROCESSUS À DEUX ÉTAPES

Ce que nous avons dit jusqu'à présent sous-entend que la pensée par cartographie est un processus à deux étapes :

1. Dresser la carte.
2. L'utiliser.

Au lieu de nous contenter de penser à quelque chose, ou de discuter avec quelqu'un, nous avons une tâche à accomplir (qui peut être du type A.P.C., Alternatives, Possibilités et Choix). Le penseur s'en acquitte, puis réagit à ce qu'il vient de réaliser : il/elle réagit à ce qui est maintenant sur la carte.

---

* *Six chapeaux pour penser*. InterEditions, Paris, 1987.

PENSÉE-2

Il y a plusieurs années, dans un livre intitulé *Practical Thinking**, j'ai inventé le terme de « Pensée-2 ». Je ne l'ai jamais beaucoup utilisé. Ce terme avait pour fonction d'opposer la pensée exploratoire, ou cartographiée, à la pensée critique couramment utilisée dans un raisonnement de type vrai/faux. Celle-ci, par définition, s'appelait Pensée-1.

Il s'avère que « Pensée-2 » peut aussi symboliser un processus de pensée à deux étapes : dresser la carte et l'utiliser. Tout l'intérêt réside dans le fait que dresser la carte est un processus neutre. C'est très différent du type de pensée conflictuel que l'on trouve dans une argumentation.

CARTES SUBJECTIVES

Mais qui songerait jamais à dresser honnêtement une carte dans laquelle il serait à son désavantage ? Je doute fort qu'on puisse s'attendre à ce qu'un voleur inscrive ses méfaits sur la carte. Compte tenu de ces réserves, la carte est en général honnête car elle est subjective. Elle reflète toujours le point de vue de celui qui l'a dessinée.

Dans un P.M.I. dont le thème était l'avantage (du point de vue de la sécurité et de la visibilité) de peindre toutes les voitures en jaune, un garçon inscrivit en tant que point Plus le fait qu'on aurait tendance à garder plus propres de telles voitures. Un autre mentionna exactement le même point dans la rubrique Moins : il lui faudrait laver la voiture de son père plus souvent qu'avant. Bien entendu, les enfants avaient tous deux raison.

On peut comparer et opposer différentes cartes subjectives. Les similitudes et les différences apparaissent de façon évidente. Lorsque l'on dresse une carte commune, il est possible de mentionner un élément qui serait à la fois positif et négatif ; et, même si cela semble contradictoire, on peut le faire simultanément.

Dans l'étape d'élaboration de la carte on ne prend pas position au sens où cela exclut toute autre prise de position. A l'inverse du principe de contradiction, deux positions s'excluant l'une l'autre

---

* Publié par Penguin Books Ltd., Londres.

peuvent coexister. C'est ce qui fait en partie la richesse de la carte.

PENSÉE-2 ET PENSÉE CONFLICTUELLE

Tout au long de ce chapitre j'ai présenté la pensée cartographiée comme une alternative à la critique et aux affrontements. J'ai suggéré d'explorer les idées plutôt que de tenter de les tailler à coups de hache.

Bien évidemment, je suis convaincu que le mode de pensée cartographiée a un rôle important à jouer dans la résolution des conflits. Je ne vois pas pourquoi nous devrions nous restreindre au modèle critique.

On pourrait croire que deux adversaires en train de polémiquer ne voudront pas être distraits par des exercices de cartographie du genre de ceux que nous proposons ici. En réalité cela se produit rarement, car chacune des parties croit que son propre raisonnement est si juste qu'une carte ne fera qu'en souligner les mérites. Il y a toujours des cas extrêmes où les combattants apprécient le conflit pour lui-même et ne tiennent pas vraiment à ce qu'il soit résolu. Mais c'est en général une phase temporaire.

Il n'est pas nécessaire que les deux parties se mettent préalablement d'accord. L'une d'elle peut, de son propre chef, commencer à effectuer les exercices de cartographie : elle peut faire un P.M.I. à tel moment, un A.P.C. à tel autre. L'autre partie sera contrainte de participer à l'exercice car, sinon, la seule carte existante sera celle dressée par l'adversaire.

LE RÔLE DU TROISIÈME PARTICIPANT

Nous parlerons plus en détail, au cours des prochains chapitres, du rôle joué par le troisième participant. Je crois pour de nombreuses raisons qu'il s'agit là d'un rôle essentiel, et non pas d'un simple rôle d'intermédiaire. La nature de la pensée conflictuelle fait de l'intervention d'une troisième personne un impératif, et induit l'idée de « pensée triangulaire ». Sans la participation d'une tierce personne, la pensée conflictuelle reste à une seule dimension. Aucun élément réel ne permet d'élaborer une solution. Au mieux il y a compromis — ce qui est fort éloigné d'une conclusion satisfaisante.

Il sera donc question de ce rôle ultérieurement. Si néanmoins je le mentionne maintenant, c'est parce que le troisième participant est dans la situation idéale pour proposer de temps en temps des exercices de cartographie. Au pire, les adversaires réagiront avec mauvaise humeur ou maladresse ; les deux sont de toute façon des positions peu enviables. Nous l'avons déjà dit : le refus de participer à l'élaboration d'une carte signifie simplement que la carte sera dessinée sans vous, par une tierce personne si nécessaire. Il ne vous restera plus alors que la possibilité de la modifier. La refuser n'aurait aucun effet. Prétendre qu'une carte géographique est fausse n'a aucun sens si vous ne montrez pas où se trouve l'erreur. Du même coup, vous donnez votre version de la carte !

Le troisième participant n'est donc ni un président neutre ni un juge. C'est quelqu'un qui prend une part active à la réflexion et à la recherche de solutions.

JEUX DE RÔLES

Si vous jouez à être un penseur vous deviendrez un penseur.

Cela paraît étonnant, mais c'est vrai. Si vous faites semblant d'être un penseur vous vous retrouverez effectivement en train de penser. Ce n'est pas vraiment difficile ; il suffit pour cela de s'astreindre à faire un P.M.I. dans les règles. A la longue cela deviendra une habitude, et vous deviendrez le penseur que vous avez essayé d'être.

Mais pourquoi les outils de pensée que j'ai décrits ont-ils des noms aux résonances aussi artificielles que P.M.I. ou A.P.C. ? La raison en est simple. Exhorter quelqu'un à faire quelque chose n'est pas constamment efficace ; cela n'a pas la valeur d'un outil ni celle d'un jeu de rôle. Vous pouvez exhorter quelqu'un à avoir une vue plus nuancée sur telle question, et cette personne s'efforcera de le faire — pendant un certain temps. Des années de formation auraient un effet plus durable. En revanche un P.M.I. s'apprend en quelques minutes et peut par la suite être utilisé délibérément comme un outil. Or pour être distinct et efficace, un tel outil doit avoir une identité. Notre esprit étant encombré de concepts descriptifs (table, chaise, repas, etc.), nous devons introduire dans notre conscience quelques « concepts opérationnels ». Aussi notre esprit héberge-t-il un nouvel et étrange animal, le P.M.I., qui possède une identité propre.

Nous nous sommes aperçu que lorsque les enseignants tentaient d'inculquer les mêmes notions mais en refusant d'utiliser le « jargon », l'effet était trop faible.Les élèves effectuent les exercices mais il n'y a pas de permanence, pas de valeur de référence. Et, par-dessus tout, pas de valeur de transfert. Il faut donc créer les outils dont on a besoin.

INVERSION DES RÔLES

Il s'agit d'un autre type de jeu de rôle. Dans les situations conflictuelles chaque partie s'intéresse essentiellement à son propre point de vue. Le point de vue opposé n'est examiné qu'à la façon dont un général examine les défenses de l'adversaire : pour en repérer les faiblesses. Cependant, comprendre le point de vue de l'autre est une des étapes les plus utiles pour résoudre un conflit.

L'inversion des rôles est une technique bien connue de résolution des conflits : chaque partie doit adopter la position de l'autre. Dans les outils cartographiques du programme Co.R.T., trois opérateurs spécifiques ont trait à ce thème.

A.D.I. : *Accord, Désaccord et Indifférence*. Les adversaires entreprennent de dessiner une carte montrant les points sur lesquels ils se sont mis d'accord, ceux sur lesquels ils sont en réel désaccord, et ceux qui interviennent sans arrêt dans le conflit mais que l'on peut considérer comme neutres par rapport à l'objet du conflit. On constate souvent avec surprise que les points de désaccord sont peu nombreux après que l'on a échangé le mode conflictuel contre le mode « cartographié ».

E.D.V. : *Examiner les Deux Versions*. C'est la classique inversion des rôles, dans laquelle chaque partie doit défendre — avec honnêteté et enthousiasme — la position de son adversaire.

P.V.A. : *le Point de Vue des Autres*. L'objectif de cet outil est plus général que celui des précédents. Les situations conflictuelles concernent généralement un grand nombre de personnes, et pas uniquement celle qui réfléchit à la situation. Le P.V.A. est un exercice qui consiste à identifier ces autres personnes, puis à regarder le monde en se plaçant du point de vue de chacune d'entre elles. Cet exercice est moins détaillé que l'E.D.V. mais il a une portée plus large, puisqu'il inclut des personnes ne prenant pas part au conflit mais susceptibles d'être affectées par lui.

UTILISATION DES OUTILS CARTOGRAPHIQUES

Au cours de ce chapitre j'ai présenté « Pensée-2 », ou la pensée cartographiée, comme une alternative à la pensée critique. Ayant consacré le chapitre précédent à attaquer cette dernière, je ne pouvais faire moins que de proposer une solution. C'est très brièvement que j'ai présenté la méthode cartographique, ainsi que les outils du programme Co.R.T. Cette méthode doit être apprise dans les moindres détails et développée comme une technique. Pour cela il existe un matériel spécifique*. Je n'ai fait qu'indiquer comment fonctionne la pensée cartographiée en m'efforçant de l'opposer à la pensée critique. Celle-ci n'est en fait que l'un des aspects de la pensée conflictuelle dont il sera question tout au long de ce livre. Cependant, je n'aurais que trop bien illustré la stérilité de la méthode critique si je m'étais contenté de l'attaquer sans rien proposer en échange.

DE L'UTILITÉ D'UNE CARTE

Une fillette de treize ans effectuait toute seule un P.M.I., sous une forme écrite (généralement cela se fait sous forme de discussion en groupe). Voici ce qu'elle écrivit à la fin :

> Au début je pensais que tout cela était plutôt idiot, car je savais très bien ce que je pensais du problème. Je n'avais pas besoin d'un P.M.I. pour me l'apprendre. Puis j'ai commencé à noter des choses dans la colonne P, puis sous le M et finalement sous le I. Lorsque j'eus terminé je m'aperçus, à ma grande surprise, que j'avais complètement changé d'avis en fonction de ce que j'avais moi-même inscrit sur le papier.

* Disponible chez Pergamon Press Ltd.

Cela montre très clairement que l'objectif de l'exploration est d'avoir une vue plus nette des choses. En dressant un schéma clair de ses propres pensées, la fillette en est arrivée à une conclusion différente, et ce sans aucune aide extérieure. Cet exemple illustre également l'utilité d'un « outil » d'analyse destiné au penseur lui-même, outil extrêmement simple permettant d'obtenir des résultats concrets.

4
Combattre, négocier, résoudre le problème ou construire?

Il faut absolument que la manière d'aborder les conflits soit claire. Dans quelle action s'engage-t-on: combattre, négocier, résoudre le problème ou construire?

Je suis prêt à admettre que les situations exigeant d'appliquer une — et une seule — de ces quatre possibilités sont assez peu fréquentes. Ce sont celles qui correspondent à un problème très précis à résoudre, comme par exemple la pollution d'un lac. Ou bien il s'agit d'une situation typique de négociation: par exemple, les facteurs complexes à prendre en compte lors de négociations salariales. Je laisserai de côté ces exemples très particuliers pour avoir une vue d'ensemble de la façon dont nous abordons les conflits.

Mises à part les quelques exceptions mentionnées, nous pouvons choisir d'envisager toute situation conflictuelle sous l'angle qui nous convient le mieux.

Nous pouvons choisir de traiter tous les conflits comme des combats. Cela s'applique à la fois au conflit lui-même (qui est parfois réellement un combat) et aussi au mode de pensée adopté pour résoudre le conflit. C'est de ce type de pensée qu'il est ici question. Lorsqu'un conflit est un combat, est-ce que cela implique que la manière dont on y pense doive aussi être combative? Cela semblerait évident et naturel. Pourtant, il n'y a aucune raison valable pour qu'il en soit ainsi, excepté peut-être pour des raisons de continuité dont nous parlerons plus loin.

La notion de « combat » évoque tout un jargon guerrier. Il y a des tactiques et des stratégies, des positions offensives, défensives et des positions de repli. On gagne du terrain et on en perd. Il y a des points faibles à découvrir. Cela peut être la méthode employée dans un tribunal où l'enjeu est de gagner ou de perdre un procès, la justice étant supposée en résulter.

La démarche combative a toujours été celle utilisée dans les conflits, peut-être parce que les parties engagées sont toujours dans ce type d'état d'esprit. Mais il me semble que c'est parce que nous admirons tellement, et utilisons constamment, les débats contradictoires où les participants sont forcés d'être en permanence d'humeur combative, que cela leur plaise ou non. Il y a là réalisation automatique d'une prédiction★. La méthode et le langage que nous utilisons créent un état d'esprit qui, à son tour, détermine notre méthode et notre langage. Nous nous attendons à combattre ; par conséquent, nous nous tenons en position d'attaque. Parfois, les dirigeants et les négociateurs estiment qu'il est de leur devoir de refléter l'état d'esprit de ceux qui doivent monter en première ligne. Il pourrait sembler inconvenant que des négociateurs se montrent amicaux dans une salle de réunion confortable, climatisée, pendant que, sur le front, les troupes risquent leur vie dans d'épouvantables conditions.

Néanmoins il faut poser cette question : la méthode combative utilisée dans le cadre d'un conflit constitue-t-elle le meilleur moyen de le résoudre ? A mon avis, certainement pas. Aucune raison logique ne permet d'en attendre un quelconque effet créatif. Il est temps que nous admettions que c'est un *non-sens*.

Il n'y a aucune raison pour que la nature du conflit se répercute sur la façon dont nous abordons ce conflit.

NÉGOCIER

Avons-nous donc atteint le bon état d'esprit ? Je n'en suis pas si sûr. La négociation sous-entend le compromis, c'est-à-dire une position qui se situe quelque part entre les deux positions existantes. En 1984, lors de la longue et coûteuse grève des

---

★ Il s'agit de l'« effet Pygmalion » dont il est question dans l'ouvrage de Robert Rosenthal et Lenore Jacobson, *Pygmalion à l'école*. Paris, Editions Casterman, 1971.

métallurgistes allemands, le compromis final aboutit à la semaine de trente-huit heures et demie. Les syndicats voulaient que l'actuelle semaine de quarante heures soit ramenée à trente-cinq. Les limites qui sont établies sont souvent d'ordre matériel.

Il y a une faille dans tout cela. Du point de vue de la pensée, nous nous restreignons à ce qui existe déjà. J'ai opposé la même objection à la méthode fondée sur la discussion. En argumentant, nous passons notre temps à attaquer les idées existantes plutôt que d'en concevoir de nouvelles. En négociant, nous travaillons à l'intérieur des limites existantes sans en imaginer de nouvelles.

Il y a aussi quelque chose qui ne va pas dans le rôle du négociateur. Il est censé être l'humble serviteur des deux camps. Il doit faire la navette pour transmettre le dialogue qu'ils refusent d'avoir directement entre eux. Il doit s'efforcer de les contenter tous. Il est une sorte de lubrifiant. Nous reparlerons de cela dans les prochains chapitres, et je dirai pourquoi ce rôle est, à mon avis, inadéquat.

La négociation est une méthode préférable à la méthode combative, car au moins elle s'éloigne de l'essence même du conflit. Il existe cependant un danger : être trop *conciliant*. Négocier implique que l'on échange des valeurs. Il n'y a là rien de mal. Mais si la méthode est bien rodée, les combattants auront des exigences superflues simplement pour avoir une monnaie d'échange.

La négociation est toujours une amélioration par rapport à l'argumentation ; cependant je ne préconiserais le recours à la négociation qu'en dernier ressort. J'estime que la négociation est une méthode moins bonne que la résolution d'un problème et l'élaboration d'une issue.

Les négociations sont généralement menées par des hommes de loi, comme si elles étaient un prolongement de leur fonction d'argumentateurs. L'idée sous-jacente est toujours la même : amusons-nous avec ce qui existe plutôt que d'élaborer quelque chose de nouveau.

Un client avait commandé une sculpture pour la cour d'entrée du siège de sa société, à Philadelphie (cette ville a judicieusement décidé qu'une partie du coût de la construction de tout nouveau bâtiment devait être affectée aux œuvres d'art qui feraient partie du bâtiment). Le sculpteur proposa deux modèles.

« Lequel préférez-vous ?

— Je ne les aime pas vraiment, ni l'un ni l'autre.

— Ce sont les deux seuls possibles. L'inauguration a lieu le 5 mai, et tout est planifié. Les sculptures doivent être en place pour cette date. Pensez à tout l'argent que vous perdrez si vous les refusez. De plus, votre société est parvenue à la place qu'elle occupe sur le marché en respectant les délais — donc en ouvrant à la date prévue.

— Mais je ne suis toujours pas satisfait.

— Parlons-en. Qu'est-ce qui vous déplaît ? Nous pouvons peut-être arranger cela. Par exemple, ces éléments anguleux qui sont très à la mode en ce moment, ils ne durent pas. Ils auront de l'allure sur la photo de couverture du premier bilan annuel, mais dans quelques mois ils auront l'air de vrais morceaux de ferraille. Regardez ces courbes harmonieuses. Elles, elles dureront.

— Peut-être, mais cela me laisse froid.

— Alors réagissez-y intellectuellement. Elles sont d'un bon prix. Mon nom est une valeur sûre. Faites-moi confiance. Après tout, qui les connaît mieux, vous ou moi ?

— Peut-être que si nous réduisions un peu le prix je pourrais les considérer comme une acquisition temporaire, que nous pourrions remplacer d'ici quelques années.

— Vous verrez, tout le monde voudra les garder.

— J'aime assez ce truc recourbé, là, sur celui-ci. Mais je préfère la couleur gris-bronze de l'autre — cela donne une impression de puissance. C'est tout à fait le genre d'image que nous recherchons. Et ce truc recourbé évoque le risque, l'esprit d'entreprise.

— Voilà ce que je vous propose : je vais réaliser celui-là, mais nous allons le peindre de la couleur gris-bronze que vous aimez sur l'autre.

— Vous pouvez faire ça ?

— Ça ne sera pas parfait, mais notre monde n'est pas parfait non plus. C'est en tout cas réalisable. Et vous l'aurez à temps.

— Et nous parlerons du prix... »

Je sais que ce dialogue est caricatural. Néanmoins, il permet de faire ressortir la phase de compromis, inhérente à toute négociation mais si frustrante.

La négociation est une méthode d'approche des conflits qui ne donne pas satisfaction.

RÉSOUDRE LES PROBLÈMES

Vous voulez faire quelque chose? Bon, voilà un problème. Maintenant, résolvez-le.

« Résoudre un problème » est une notion d'ordre général qui est devenue très populaire aux Etats-Unis dans les milieux d'affaires, gouvernementaux, dans les cercles académiques et dans la vie privée. Il existe toutes sortes de livres sur la façon de résoudre les problèmes de la vie quotidienne, de gagner, et de parvenir à l'épanouissement individuel.

Mais je ne suis pas non plus satisfait de cette méthode qui consiste à résoudre les problèmes.

Un médecin est appelé au chevet d'une femme apparemment malade; elle ressent une douleur dans la poitrine et respire rapidement. Le premier « problème » auquel est confronté le médecin est de découvrir ce qui ne va pas: de diagnostiquer le mal. Il entreprend de l'ausculter et soupçonne une pneumonie. La femme est transportée à l'hôpital, et une radiographie confirme le diagnostic. Le problème suivant consisterait à identifier avec précision le microbe responsable de l'infection. C'est alors qu'un autre problème pratique apparaît. Identifier le microbe peut prendre du temps, et la femme est très malade. Aussi le médecin prescrit-il un antibiotique à spectre large pendant qu'on essaye d'identifier l'agent infectieux.

Nous avons là une succession de problèmes auxquels on apporte des solutions. Il y a le problème primordial de l'agent infectieux qui a causé la pneumonie. Si nous pouvons nous débarrasser de cette « cause », nous pouvons guérir la maladie et rétablir la santé du patient. Il s'agit d'un type de problème très courant: telle chose va mal; pouvons-nous faire en sorte qu'elle aille bien?

Ce type de problème est une « déviation » par rapport à la normale. La santé est normale, la maladie est une déviation, alors éliminons la maladie. « Résoudre un problème » est en fait très simple: il n'y a qu'à identifier la cause et la supprimer. Pendant très longtemps cette méthode a remporté d'énormes succès en médecine. La tuberculose, autrefois un fléau, est maintenant une maladie bénigne dans les pays développés. On a trouvé les médicaments qui permettent de combattre et d'éliminer la cause de l'infection.

Analyser le problème, trouver la cause, rétablir la situation est une méthode simple et séduisante. Elle a un sens, et est orientée vers l'action. Malheureusement elle est inadéquate. On retrouve exactement le même risque qu'avec la méthode critique : celui de vénérer une méthode inadéquate. Nous la croyons satisfaisante alors qu'elle ne l'est pas.

Pourquoi cette méthode qui consiste à éliminer la cause est-elle inadéquate ? Pour de nombreuses raisons. Dans une situation complexe d'interactions, nous ne sommes pas toujours en mesure d'isoler la cause du fait du très grand nombre de facteurs qui sont en jeu. C'est pour cela que les progrès de la médecine se sont brusquement ralentis : une fois vaincues les maladies les plus simples dont il suffisait d'éliminer l'agent, la médecine doit maintenant affronter des problèmes plus complexes comme la pression sanguine, les troubles cardiaques et le cancer.

Dans les situations conflictuelles, comme en médecine, il est dangereux de se précipiter sur une cause précise sous prétexte qu'elle est facile à identifier ; en cherchant uniquement à éliminer cette cause nous ignorons le reste de la situation. Même si cela satisfait notre sens de l'ordre, ce n'est pas ainsi que les systèmes complexes fonctionnent.

Nous pouvons très bien ne jamais trouver la cause. Ou nous pouvons ne jamais réussir à prouver que l'agent suspecté est réellement celui qui est en cause. En médecine, nous pouvons faire des expériences. Dans les situations conflictuelles, nous devons compter dans une large mesure sur notre expérience et notre intuition.

Supposons que nous ayons bien identifié la cause, mais que nous ne pouvions pas l'éliminer. Que faire alors ? S'arracher les cheveux en proclamant le problème insoluble — comme cela se passe souvent ?

Il est également sous-entendu que lorsque la cause sera éliminée, le problème sera résolu et tout ira bien. Tuez le pneumocoque responsable de la pneumonie, et votre patient sera guéri. Nous croyons souvent que si un dictateur est destitué, la démocratie s'instaurera — la cause du problème ayant été éliminée.

Mais nous devons constater qu'au cours de son existence, la cause produit des conséquences et des prolongements si étendus qu'il n'est plus question de simple problème à résoudre « par élimination de la cause ».

La méthode simpliste consistant à résoudre un problème en s'attachant à identifier la cause et à l'éliminer comporte donc de sérieuses limites.

Remarquez qu'avec cette méthode, nous savons toujours *à quoi nous voulons aboutir*. C'est ce qui se passe avec les problèmes de type « déviation ». Nous savons où nous sommes et ce qui est normal. Eliminons la déviation et nous reviendrons à la situation normale. Dans le cadre de l'approche des conflits, cela sous-entend que si nous arrivons à éliminer le conflit, les choses redeviendront telles qu'elles étaient auparavant. Ce qui, comme je l'ai dit précédemment, n'est généralement pas le cas.

Nous abordons maintenant un second type de problèmes. Là nous savons exactement où nous voulons aller — mais nous devons trouver un moyen d'y parvenir. Nous avons examiné plusieurs problèmes de ce type avec l'exemple du médecin et de la pneumonie de son patient : besoin d'établir un diagnostic, besoin de confirmer le diagnostic, besoin de prescrire immédiatement un traitement, besoin d'identifier l'agent infectieux. Possédant à la fois un plan d'action et un problème, nous savons à quoi nous voulons aboutir. Avec le plan nous savons comment ; avec le problème nous ne le savons pas encore. C'est là qu'intervient la méthode de résolution des problèmes.

De même qu'on peut utiliser la méthode « identifions la cause-éliminons le problème » pour l'approche des conflits, de même on peut appliquer la variante « comment-en-arriver-là ». Il nous suffit de définir où nous voulons aller, puis de trouver le meilleur moyen d'y parvenir. Je veux aller à Lyon vendredi : comment m'y rendrai-je ? Je veux stopper les tirs de missiles sur les chars : comment vais-je faire ?

Nous en arrivons à un point très important concernant la résolution des problèmes, qui est celui-ci : quel degré de précision devons-nous utiliser lorsque nous définissons notre destination ?

« Je veux être à Lyon jeudi soir à neuf heures » est une exigence précise.

« Je veux effectuer un voyage » est vague et imprécis.

Si nous acceptons que la définition soit vague et imprécise, il n'y a guère de raisons de parler de « problème ». Nous pourrions aussi bien parler de besoin, d'intention ou de souhait. Aussi, sauf si nous voulons jouer à des jeux sémantiques, nous devrions réserver l'expression « résoudre un problème » aux situations pour lesquelles nous pouvons définir de façon très précise l'endroit où nous voulons aboutir. Dans la pratique c'est très important car une définition très large d'un problème n'est en réalité qu'un « désir de créer ». Les types de pensée mobilisés pour résoudre un problème ou pour élaborer quelque chose ne sont pas les mêmes. Définir les problèmes en termes très larges est dangereux, parce que nous finissons par appliquer les techniques de résolution des problèmes là où nous devrions en réalité utiliser les techniques de construction.

La résolution des problèmes a certainement sa place dans l'approche des conflits. Sa principale limite réside dans le fait que nous risquons de nous forger une opinion trop précise de ce que devrait être la solution, avant même d'avoir réellement réfléchi à la question. Dès que nous disons « voilà le problème », nous avons défini le type de solution auquel nous nous attendons. J'ai exposé précédemment les limites de la méthode par élimination de la cause.

CONSTRUIRE

Le lecteur aura compris, avant la fin de ce livre, que j'ai une préférence marquée pour la pensée constructive. J'y reviendrai à maintes reprises, car c'est le mode de pensée que réclament implicitement les situations conflictuelles.

Avec la méthode constructive nous entreprenons de créer quelque chose. Il y a une production. Il y a quelque chose à réaliser.

Il ne s'agit pas simplement d'éliminer un problème ou de parvenir à un compromis. Il y a élaboration de quelque chose qui n'existait pas auparavant.

Il y a une notion de but et une notion d'adaptation. On rassemble ou on façonne les choses de manière à atteindre un objectif ; il peut s'agir d'un bateau, d'une maison ou d'une chaussure d'enfant.

Critiquer, négocier et analyser un problème impliquent toujours de se pencher sur le passé, sur ce qui existe déjà. Construire, c'est toujours se tourner vers l'avenir, vers ce qui pourrait être créé.

Construire fait plus appel à la pensée auto-organisée et à la perception qu'analyser, qui met en jeu des références et des vérités.

Dans la construction il peut se produire des provocations, des faux départs, des percées conceptuelles importantes et un développement irrégulier. Cela n'a rien à voir avec la comptabilité, où les choses progressent pas à pas, après vérification de chaque étape.

Dans l'approche des conflits nous avons besoin de *dégager des issues*. Je n'aime pas le terme dégager des « solutions », qui implique l'existence d'un problème.

Un conflit est une situation qui nécessite un effort constructif.

Même si nous ne trouvons pas la cause, ou si, après l'avoir trouvée, nous n'arrivons pas à l'éliminer, nous pouvons toujours tenter de trouver une issue.

Ce que je suis en train de suggérer, c'est en fait d'abandonner le mot « conflit ». Au lieu de traiter l'approche des conflits comme quelque chose de très spécial à cause de la notion même de conflit, nous disons : « Voilà une situation qui nécessite une réflexion constructive pour parvenir à un résultat ». L'élément de conflit devient alors l'un des éléments clés de la construction.

Le mérite de cette approche est le suivant : nous ne nous sentons plus contraints de croire que réfléchir aux conflits constitue une réflexion conflictuelle. Dans la méthode de négociation, la notion de deux camps opposés (on échange, on marchande, on donne et on prend) est toujours présente. Cette notion n'existe plus lorsque nous substituons la notion de construction.

Mais alors, où se situe l'élément particulièrement « conflictuel » de la situation ? Il se situe à deux niveaux. Il intervient en tant qu'*élément d'information* ; celui-ci fait fondamentalement partie de toute construction. Il intervient à nouveau dans l'étape d'« adaptation » inhérente à une construction, puisqu'il faut s'adapter à l'objectif recherché autant qu'aux besoins du client.

La pensée cartographiée décrite au chapitre précédent fournit précisément les renseignements nécessaires. C'est dans un environnement riche en informations (et en sensations) que la construction commence à prendre forme. Cela ne se produira jamais en polémiquant, ni en tournant autour du problème. Un artiste qui aurait toute la vie devant lui pourrait se permettre d'attendre indéfiniment ; mais dans une situation où l'on cherche délibérément à construire, il faut s'assurer que les informations adéquates seront fournies. On établit donc le dossier de la construction.

Nous en arrivons maintenant à la question de l'adaptation.

Lorsque Ben Lexcen conçut la nouvelle quille du bateau australien qui enleva la coupe de l'America au New York Yacht Club, il y eut trois sortes d'adaptation. Tout d'abord, une adaptation des compétences. Cela signifie se conformer aux normes en vigueur sur un bateau (la résistance, la navigabilité, etc.) ainsi qu'au règlement de la course. C'est la moindre des choses. Un architecte doit construire un bâtiment stable et répondant à des normes de sécurité. Puis il y eut adaptation à une exigence particulière. Le bateau devait être légèrement plus rapide que tous ceux qui avait été construits jusqu'alors. Ce genre d'objectif est tout à fait respectable, mais parfaitement déplacé lorsqu'il s'agit de résoudre des conflits, où il devrait faire place à la fiabilité. Enfin, il dut y avoir adaptation au client. Ben Lexcen devait savoir qu'Alan Bond était suffisamment téméraire et non conformiste pour prendre le risque d'un nouveau projet, et en apprécier l'image de marque.

Le concepteur d'une campagne publicitaire doit traverser plusieurs niveaux d'adaptation. La campagne doit faire vendre des produits. Elle doit s'adapter à l'image de la société cliente. Elle doit s'adapter à l'image de l'agence de publicité. Elle doit s'adapter au budget, et à la position des concurrents.

La construction est une question d'adaptation.

Evidemment, il est important de s'adapter à une situation de conflit, puisque l'issue doit être acceptable par les deux camps ainsi que par les autres parties concernées. En réalité, l'adaptation est la seule alternative à la notion de victoire/défaite (dans laquelle il n'est pas nécessaire de s'adapter).

Inutile de préciser que la créativité joue un rôle très important dans l'approche constructive. Mais il s'agit d'une créativité prudente, conceptuelle, et non d'une approche frénétique de la nouveauté pour le seul plaisir de la nouveauté. On baptise du nom de créativité ce qui n'est parfois que pure aberration, rien de plus. Nous reparlerons plus loin de la créativité.

L'essentiel à retenir de la méthode constructive est qu'elle débouche sur un résultat. Nous nous proposons de parvenir à une issue. Au début nous ne savons pas exactement de quoi sera constituée cette issue, même si nous sommes fermement résolus à atteindre notre but. L'alpiniste doit escalader un col, mais le danseur possède l'énergie qui le pousse à exécuter des pas.

Nous connaissons des constructeurs d'immeubles, de bateaux, de voitures, d'usines et de vêtements. L'élaboration d'idées est un processus tout aussi constructif. Il me semble que j'ai été toute ma vie un constructeur d'idées et de concepts.

RÉSUMÉ

Dans l'approche des conflits, nous devons toujours essayer d'abord la meilleure méthode — la méthode constructive — car c'est celle qui offre le plus d'avantages. Ensuite vient la méthode par résolution des problèmes. La négociation, qui devrait être considérée comme une position de repli (elle n'est pas suffisamment créative pour figurer en tête) vient en troisième position. Enfin, si tout le reste a échoué, nous pouvons nous rabattre sur la méthode combative. C'est tout à fait différent de ce que nous faisons habituellement en cas de conflit — du fait que notre esprit est encombré par ce non-sens qu'est la dialectique — à savoir commencer par la méthode combative et s'y tenir.

Je ne pense pas que les combattants et les négociateurs actuels vont soudain se découvrir des talents de penseurs constructifs (encore que ce serait possible dans un contexte approprié). Il faut donc faire intervenir le troisième participant du concept de pensée triangulaire. Mais celui-ci intervient en tant que constructeur, et non comme messager.

DEUXIÈME PARTIE

POURQUOI LES GENS NE SONT-ILS PAS D'ACCORD ?

5
Pourquoi les gens ne sont-ils pas d'accord? Parce qu'ils voient les choses différemment.

Tout conflit implique que deux personnes se trouvent dans la même situation, tout au moins en ce qui concerne leurs activités de nature conflictuelle. Mais il va de soi que deux individus s'entraînant à la boxe dans deux pièces contiguës ne se combattent pas mutuellement.

Les deux protagonistes d'un conflit se trouvent donc dans la même situation — sauf que la situation n'est pas identique pour chacun d'eux. Un enfant a été renversé par une voiture. Telle est la situation. Mais la situation n'est pas la même pour la mère de l'enfant, pour le conducteur de la voiture, pour un témoin et pour le policier qui intervient.

Les conflits surgissent parce que les gens ont à intervenir dans une même situation qu'ils voient de façon très différente.

Dans *Practical Thinking*, j'ai énoncé en plaisantant la « première loi de Bono » :

> « Chacun a toujours raison. Personne n'a jamais raison. »

Cela signifie que quelqu'un peut avoir raison dans la limite de sa propre perception, mais qu'en termes de perceptions plus globales ce n'est pas le cas, et qu'en termes de perceptions absolues cela ne le sera probablement jamais.

Il y a de nombreuses raisons pour lesquelles les gens voient la même situation différemment. Il est important de les relever, car le fait de comprendre de telles différences est essentiel pour la résolution des conflits.

L'ÉTAT D'ESPRIT

J'ai déjà mentionné dans ce livre les répercussions que peuvent avoir, sur notre perception des choses, des modifications dans la composition chimique du cerveau. Si nous sommes dans un certain état d'esprit, d'une certaine humeur, il est possible que nous ne puissions faire autrement que de voir les choses d'une certaine façon.

On connaît l'anecdote de l'optimiste pour qui la bouteille est à moitié pleine et du pessimiste qui maintient fermement qu'elle est à moitié vide. Cette histoire est amusante parce qu'on se rend compte que les deux points de vue sont équivalents. De nombreuses situations conflictuelles sont presque aussi dérisoires, mais il n'y a pas moyen de montrer que les deux façons d'envisager la situation sont équivalentes. C'est dans des situations de ce genre que la méthode constructive serait nécessaire.

Que pouvons-nous donc faire ? Nous pouvons déceler chez les autres les variations d'état d'esprit et observer leurs effets sur la façon de penser. Nous pouvons essayer de changer délibérément d'état d'esprit, en changeant de cadre et en fréquentant d'autres personnes. Nous ne pouvons pas faire usage de substances chimiques — excepté lorsqu'il s'agit de soigner certains états, tels que la dépression, par des médicaments.

Nous pouvons également tenter de modifier nos états d'esprit en pratiquant volontairement des jeux de rôles. Il s'agit d'adopter délibérément un rôle afin que se greffe un état d'esprit conforme au comportement déterminé par ce rôle. Dans un livre récent j'ai exposé le concept des « six chapeaux pour penser »* :

> Chapeau blanc : neutralité, information, faits et chiffres sans commentaires.
> Chapeau noir : logique négative, pourquoi ça ne peut pas marcher, pourquoi on ne peut pas faire ça, pourquoi ça ne cadre pas avec notre expérience.
> Chapeau jaune : spéculation positive, ce qui peut marcher, ce qu'on peut espérer, les bénéfices auxquels on peut s'attendre.
> Chapeau rouge : émotion pure sans aucune nécessité de s'expliquer ou de se justifier, sentiments actuels librement exprimés concernant le sujet.

---

* *Six chapeaux pour penser*. Paris, InterEditions, 1987.

Chapeau vert : fertilité, créativité, idées nouvelles, suggestions, provocations.

Chapeau bleu : chapeau du contrôleur général ; contrôle l'utilisation des autres chapeaux, et organise le déroulement de la réflexion.

Ce sont là des états d'esprit artificiels mais qui peuvent, à l'instar des masques du théâtre Kabuki, conduire à des états d'esprit authentiques.

Je n'ai pas l'intention d'examiner ici tous les effets possibles d'un état d'esprit sur la nature de nos pensées, ni les questions pratiques que cela soulève ; notamment lorsque nous faisons, dans un accès de bonne humeur, une offre à quelqu'un, et n'y donnons pas suite parce que notre humeur s'est assombrie. Cela représente assurément une source de difficultés.

On croit parfois que tirer parti de l'état d'esprit de quelqu'un est une sorte d'escroquerie (comme si on l'avait saoulé et rendu irresponsable). C'est évidemment l'inverse qui est vrai. Toute pause survenant temporairement dans un état d'esprit belliqueux et soupçonneux contribue véritablement à enrichir la réflexion constructive.

LE CONTEXTE

C'est une notion assez vaste qui recouvre l'ensemble d'une situation. Par exemple, quiconque a jamais visité l'Argentine sait que les Malouines ont toujours été fortement présentes dans la conscience des Argentins : même avant la guerre, on en parlait de temps en temps dans les journaux. Ce contexte est très différent du contexte anglais et de ce que représentaient les Malouines pour l'Angleterre (avant la guerre).

Il est remarquable de constater qu'en Union Soviétique le souvenir de la Seconde Guerre mondiale est toujours vivace. Les vingt millions de morts, les héros, les anciens combattants et les journées commémoratives sont ancrés dans les consciences. Les traces laissées par la Seconde Guerre mondiale sont très différentes dans les pays de l'Ouest. De plus les médias soviétiques insistent réellement sur l'éventualité d'une attaque venant de l'Ouest.

Les contextes historiques illustrent parfaitement la façon dont une même situation peut être vue différemment. L'Irlande du Nord est un exemple classique. Et si les mineurs anglais n'avaient pas réussi à faire tomber le gouvernement de Mr Heath, se seraient-ils tant acharnés à essayer de destituer le gouvernement de Mme Thatcher ?

Le chômage peut représenter un contexte différent pour les dirigeants du Parti travailliste, qui ont connu la Grande Dépression des années trente, et pour les jeunes.

Nous devons donc poser régulièrement ces questions : quel est le contexte actuel ? En quoi le contexte est-il différent pour chacune des parties ?

Lorsqu'un nouveau chef de publicité arrive dans une grande entreprise, le contexte dans lequel il s'apprête à envisager le travail des agences est différent de ce qu'il était dans les derniers jours de son prédécesseur. L'histoire immédiate peut se révéler aussi importante que l'histoire lointaine et culturelle.

UNE VISION LIMITÉE

C'est un mélange de myopie et d'esprit de clocher. Cela signifie que quelqu'un ne *peut* tout simplement pas voir au-delà d'une certaine distance. C'est toujours assez difficile pour celui qui possède une vue globale des choses de comprendre que la « vision limitée » est une chose bien réelle, et non une question de choix. Un villageois européen sera peut-être plus impressionné par son ami qui rachète la seule boutique du village que par son frère qui reprend une grosse entreprise américaine. Pas parce que la boutique du village est plus proche, mais tout simplement parce qu'il ne comprend pas ce qu'est une grande entreprise.

Celui qui ne peut voir qu'une partie d'un triangle risque de décrire une ligne. Celui qui a une vue plus large décrira un angle, et celui qui a une vue globale décrira le triangle. S'ils comparent leurs notes, ils auront du mal à croire qu'ils ont décrit la même chose.

Il est inutile de dire : « Crois-moi, si tu voyais mieux c'est ça que tu verrais. » La perception d'une personne possédant une vision limitée est comme une pièce sans ouvertures. Elle est réduite et s'organise en fonction de sa vision limitée. La perception n'est pas extensible à volonté. Celui qui possède une vision limitée ne sait pas qu'il est entouré d'un haut mur ; il n'éprouve donc nulle envie de jeter un coup œil de l'autre côté. Il se tient dos au mur et regarde vers l'intérieur : il n'a conscience ni du mur, ni de la possibilité de voir au-delà.

Tout ce qui n'a pas encore de sens ne pourra en avoir que dans le cadre de sa vision limitée.

UNE LOGIQUE LOCALE

A première vue, cette idée ressemble au concept de « vision limitée ». Mais elle en est très différente. Un penseur peut suivre une logique locale tout en possédant une vision réellement large des choses. Néanmoins, si l'on choisit telle action, c'est parce qu'elle a un sens sur un plan strictement local. En d'autres termes, il existe derrière telle action ou tel choix une « logique locale ». Remarquez que je parle de « logique » et non pas de « vision ».

Bien souvent cette action qui s'inscrit dans une logique locale est tout sauf logique sur un plan plus général.

Un couple échoue sur une île du Pacifique après le naufrage de son voilier. Il n'y a sur l'île qu'un seul point d'eau. La femme, géologue, pense que l'eau est fortement polluée au plomb. Le mari, médecin, sait qu'à la longue l'accumulation de plomb dans le corps provoquera un empoisonnement au plomb, dont les symptômes sont terribles, et, à terme la folie. La logique locale veut qu'ils boivent l'eau pour survivre. Mais la logique à long terme veut que l'eau soit empoisonnée. Et, comme cela se produit presque toujours dans de telles situations, la logique locale l'emporte : ils espèrent que le temps les protégera des effets désastreux de leurs actions.

Les grèves des journaux sont dramatiques car le manque à gagner sur les ventes et les recettes publicitaires ne se rattrape jamais. On redoute aussi que le tirage ne chute. Aussi la logique locale impose-t-elle de céder aux exigences sur les salaires, et d'espérer qu'une hausse ultérieure des tarifs publicitaires assainira la situation.

Une femme souhaite dépenser son argent tant qu'elle est encore assez jeune pour en profiter ; de plus elle est sûre qu'avec le temps son mari en gagnera encore plus. Lui n'en est pas si sûr et veut faire des économies pour la retraite. Elle menace de le quitter ; il se dit alors que même s'il cédait à son injonction, elle pourrait fort bien le quitter après avoir dépensé son argent. Ils sont chacun dans une logique locale différente.

Il manque dans le langage un terme pour exprimer ce qui est porteur de bénéfices sur un plan local, mais est en même temps préjudiciable dans un contexte plus général. Lorsque nous faisons référence au temps, nous disposons d'expressions telles que « gains à court terme ». Il faudrait un mot pour désigner ce qui est simultanément bon et mauvais selon que l'on suit une logique locale ou une logique plus générale.

SPHÈRES DE LOGIQUE

Lorsque nous ne sommes pas d'accord avec ce que fait l'autre, nous avons le choix entre deux attitudes fondamentales. Nous pouvons considérer l'autre personne comme stupide et/ou malveillante, ou bien nous pouvons estimer qu'elle est très intelligente mais fonctionne dans une sphère de perceptions et de circonstances qui lui dictent ses actions. En d'autres termes cette personne agit intelligemment dans le cadre de la sphère de logique dans laquelle elle se trouve. Prendre des initiatives n'est pas un comportement logique pour un fonctionnaire, car les risques inhérents à toute innovation l'emportent, et de loin, sur les avantages éventuels. De même cela n'a pas de sens pour un mineur de défier ses collègues en grève, parce que les risques qui pèsent sur sa famille, et sur sa vie familiale future, surpassent probablement les bénéfices.

Prenez la peau d'un homme ; elle contient son âme. Imaginez une autre peau, plus grande que l'autre de quelques centimètres. Continuez à l'imaginer de plus en plus grande. A la fin nous pourrions imaginer quelque chose comme un espace sphérique dans lequel la personne vit, comme si cet espace était une partie d'elle-même. Le concept de sphère de logique ne définit pas un espace physique, mais un ensemble de circonstances et de conditions.

Le concept de logique locale recouvre en grande partie celui de sphère de logique. Ils sont d'ailleurs parfois identiques. La sphère de logique est toujours personnelle, et fait référence à tel ou tel individu particulier. La logique locale est relative. La réserve fédérale des Etats-Unis peut augmenter les taux d'intérêts pour protéger la monnaie américaine et pour maîtriser l'inflation. Bien que le monde entier soit concerné par l'économie américaine, il s'agit là encore d'une logique locale : il ne faut pas oublier l'économie du reste du monde et la dette des pays d'Amérique Latine, l'une et l'autre affectées par la hausse des taux d'intérêts.

Pourquoi fait-on cela ? La réponse à cette question se trouve dans une logique locale.

Pourquoi fait-il cela maintenant ? La réponse à cette question se situe dans le cadre de la sphère de logique de la personne.

C'est dans mon livre *Future Positive*★ que j'ai utilisé pour la première fois l'expression « sphère de logique ».

DES UNIVERS DIFFÉRENTS

J'ai mentionné ces univers différents dans le chapitre où il était question de la différence entre l'univers d'information actif de la perception et l'univers d'information passif des manipulations. Souvenez-vous également de l'histoire des trois hommes qui lâchaient chacun un morceau de bois.

Ces différences entre univers sont extrêmement importantes ; tous les progrès réalisés dans le domaine scientifique l'ont été grâce à un déplacement de l'attention vers d'autres univers d'action (ce que Kuhn appelle un « déplacement de paradigme »). Communiquer dans des univers différents est pire que de communiquer dans des langages différents. Si vous parlez français à un Japonais qui ne vous comprend pas, il n'y a pas de communication — mais vous avez conscience de cette absence de communication. Tandis que si vous communiquez dans un univers donné et que votre auditeur est branché sur un autre univers, non seulement il n'y aura pas de compréhension réelle entre vous, mais en plus il croira avoir compris. C'est extrêmement frustrant. Un astronaute essayant d'expliquer l'apesanteur à quelqu'un qui ne connaît rien aux voyages dans l'espace aura bien du mal à communiquer son expérience, même si des

★ Publié par Penguin Books Ltd., Londres.

mots comme « flotter » se réfèrent à des expériences connues. J'ai parfois le même genre de sentiments lorsque je m'adresse à des philosophes traditionnels.

L'univers de l'économie n'est pas le même que l'univers de la politique. L'univers de la technologie n'est pas le même que celui de l'Etat-nation. Ce sont là quelques-uns des mouvements de bascule dans des univers différents que nous ne réalisons pas avec la pensée conflictuelle. Un univers est un ensemble de circonstances et de règles d'action qui déterminent le comportement des choses dans cet univers — l'univers détermine la « loi de la nature » en vigueur. Comme nous l'avons vu, dans un univers aquatique le bois remonte à la surface, tandis qu'à la surface de la Terre, il tombe.

La confrontation entre cultures et idéologies différentes fait partie de ces situations nécessitant un déplacement d'univers. Par culture je n'entends pas uniquement les gestes de politesse, tels que ne pas montrer, en Orient, la plante de ses pieds lorsque l'on s'assied par terre. Je parle des caractéristiques culturelles fondamentales. Par exemple, les Occidentaux ont du mal à comprendre que la culture japonaise soit une culture compartimentée, et non une juxtaposition de comportements individuels (à chaque instant le Japonais s'adapte au cadre, ou compartiment particulier, dans lequel il se trouve).

Je dois préciser qu'il est assez difficile pour un capitaliste de comprendre l'idéologie marxiste autrement que comme une caricature du capitalisme ou une attaque contre lui. De même, il doit être tout aussi difficile pour un marxiste de comprendre l'étrange mélange d'égoïsme et d'humanité qui a cours dans la société capitaliste, même si cela ne constitue pas un des principes fondamentaux du système.

L'essentiel à retenir de ces changements d'univers est que chaque univers doit être traité comme une entité distincte et complète. Il développe alors sa propre logique et sa propre cohérence ; sachant cela, il devient possible de le comprendre de l'intérieur. Faire des comparaisons point par point, puis essayer de se souvenir des différences ne fait que compliquer la situation. Mais on peut comparer les éléments fondamentaux : cela fera ressortir les différences. C'est autour de ces points fondamentaux que se fera ensuite la compréhension du nouvel univers. Par exemple, l'un des éléments-clés de la culture japonaise est le fait qu'elle repose sur le groupe.

Un militant syndical travaille dans un univers différent de celui d'un cadre d'entreprise. Ce dernier aimerait qu'on lui attribue le mérite des initiatives qu'il prend, mais il est prêt également à en assumer la responsabilité en cas d'échec: il a besoin, pour recevoir une promotion, de se démarquer. En revanche le militant syndical sera d'autant plus apprécié qu'il ne connaîtra pas d'échecs et que son équipe aura fait du bon travail ; il n'a donc pas la même notion du mérite que le cadre d'entreprise.

En théorie un changement d'univers est beaucoup plus profond qu'un changement de système. Après tout, il peut exister plusieurs systèmes à l'intérieur d'un même univers. Cela signifie que la gamme s'étend du changement d'univers aux différences entre systèmes.

Pour comprendre les comportements, les valeurs et ce qui peut s'ensuivre, toutes les actions doivent se référer à l'univers dans lequel elles prennent place.

INFORMATION

Vous savez que le ministre des Affaires étrangères assis en face de vous, de l'autre côté de la table, va être remplacé à la fin du mois. Personne d'autre à cette table ne le sait encore. Vous êtes de toute évidence dans une position différente de celle des autres.

Les Rothschild communiquant à leurs amis (par pigeon voyageur) le résultat de la bataille de Waterloo, avant tout le monde, les mettent en situation de gagner beaucoup d'argent.

Deux personnes dans une vente aux enchères font une offre pour un tableau intéressant. L'une des deux aime simplement le tableau. L'autre agit sur les conseils d'un ami, expert en matière d'art, selon lequel ce tableau a une grande valeur.

Il est relativement facile de trouver des exemples de ce genre : deux personnes sont apparemment dans la même situation mais chacune est en possession d'une information différente. Elles ne sont donc manifestement pas dans la même situation.

Nous pourrions nous demander si l'information est vraie ou provient d'une source digne de confiance ; s'il s'agit d'un fait ou d'une simple spéculation ; si les autres auront bientôt cette information — ou s'ils ne l'auront jamais. Nous étudierons plus loin la place du secret dans l'approche des conflits. Les protagonistes doivent-ils partager l'information afin de rapprocher le plus possible leurs situations respectives, ou doivent-ils garder leur secret pour en tirer le maximum?

Que se passe-t-il si vous savez que l'autre sait que vous savez qu'il sait que vous ne pouvez pas dire ce que vous savez? Tels sont les miroirs de la diplomatie classique. Permettent-ils d'intéressants développements, ou sont-ils la source d'une inutile complexité?

Si vous apprenez soudain qu'on prévoit de construire un aéroport à côté de la maison que vous venez juste de mettre en vente, allez-vous en informer le futur acheteur, ou estimer que c'est à lui de le découvrir? Voilà le genre d'avantage dont se prévaut une diplomatie qui se réserve de n'être pas complètement ouverte.

Mais que se passerait-il si le vendeur que vous êtes se trouvait une seconde fois confronté au même acheteur? Vous ferait-il confiance? La « logique locale » de la première situation aboutirait peut-être à un échec.

Ces différents niveaux d'information constituent une des principales sources des différences de perception ; mais comme ils font partie des différences les plus faciles à combler techniquement, il convient de réfléchir sérieusement aux vertus du secret. Evidemment il peut toujours y avoir des limites à la confiance, mais la question clé est de savoir si l'on doit partager le maximum d'informations ou le minimum.

Il est probable que celui qui privilégie la pensée cartographiée et l'approche constructive plutôt que la pensée conflictuelle préférera révéler ses informations, tandis que celui qui privilégie l'argumentation dialectique et le mode conflictuel préférera le secret.

Sachez cependant que s'il n'y a rien d'important à cacher, vous susciterez la méfiance par votre attitude secrète, sans récolter aucun bénéfice — sauf peut-être le bluff.

LE CHOIX DU DÉTAIL

Le travail des professionnels qui tournent des images télévisées consiste à sélectionner habilement dans l'action les moments qui en feront un bon « scoop », mais donneront une image déformée de la réalité : la bagarre isolée dans une foule disciplinée. Une tête ensanglantée par un jet de pierre occupant tout l'écran semble refléter l'ensemble d'une scène sanglante. Ce qui compte, c'est l'intérêt suscité : un visage ensanglanté attire davantage l'œil que quatre-vingt-dix-neuf visages intacts.

Deux économistes discutent pour savoir si tel pays fait partie des pays les plus imposés du monde. C'est ce qu'affirme l'un ; l'autre n'est pas de cet avis. Il apparaît que le total des impôts en pourcentage du produit national brut est très faible car les impôts indirects sont faibles. Cependant le taux des impôts directs augmente brutalement de sorte que la tranche des hauts revenus est effectivement lourdement imposée. Ils ont donc tous deux raison. Tout dépend de ce que l'on prend en considération.

Les deux parties peuvent voir l'ensemble de la situation, mais chacune choisit ensuite de mettre l'accent sur un aspect particulier auquel elle attache davantage d'importance. Dans une demande d'augmentation de salaire l'accent peut être mis sur le niveau bas, en valeur absolue, des salaires ; sur leur progression plus lente que celle du coût de la vie ; sur les salaires plus élevés accordés à d'autres groupes ; sur les conditions de travail ; sur des promesses qui pouvaient être interprétées favorablement.

C'est ce choix délibéré d'un détail qui déclenche la plupart du temps les hostilités.

Il est bien connu que dans les discussions sur le désarmement, on modifie constamment les données du problème. Parle-t-on des têtes nucléaires ou des missiles ? S'agit-il de l'endroit où ils sont stationnés ou de la personne qui a le pouvoir de les envoyer ? Ces nouveaux missiles doivent-ils être comptabilisés avec les autres ? La précision de leur tir a-t-elle de l'importance ? Leur âge en a-t-il également ?

Il est curieux de constater que nous acceptons si facilement les raisonnements fallacieux provenant de cette sélection des détails. Sommes-nous réellement persuadés que pour être valable, une idée doive être parfaite ? Nous nous sentons obligés de répondre à chaque attaque, alors que nous pourrions répondre :

« Oui, c'est sans doute vrai. Mais cela n'a guère d'importance dans le contexte actuel. »

Si l'on fait bon accueil à ce genre de critiques, c'est probablement parce qu'elles font partie du processus politique et de la conscience sociale, qui pousse la société à s'améliorer.

« N'y aurait-il qu'une seule famille affamée, ce serait une de trop... »

Il est facile de dissiper l'ignorance en faisant circuler l'information. Mais il est très difficile de modifier le choix du détail privilégié dans le but de servir un objectif. Si les gens voient les choses différemment, c'est parce qu'ils ont choisi de le faire. C'est très différent des situations dans lesquelles ils n'ont pas le choix.

L'EXPÉRIENCE

L'expérience est constituée d'informations personnelles, et elle contribue dans des proportions identiques à des visions différentes. Une personne expérimentée ne réagira pas de façon excessive à un ultimatum ; un novice peut très bien le faire. Celui qui, dans une négociation, connaît son adversaire acceptera comme un rituel une certaine brusquerie de sa part ; un novice peut en être affecté.

Comme nous le verrons dans le chapitre sur la créativité, l'expérience peut être à la fois une aide précieuse et un piège. C'est une aide dans la reconnaissance et l'interprétation de ce qui se passe. C'est un piège lorsqu'elle nous limite à des solutions toutes faites. Plus nous avons d'expérience, plus il est difficile d'innover et d'être original. Mais lorsqu'une personne expérimentée réussit à être créative, alors elle est doublement efficace : elle aura à sa disposition les structures d'une expérience lui permettant de mettre la créativité en action.

Nous l'avons vu au début de ce chapitre : l'expérience des adversaires forme le contexte dans lequel prend place la pensée conflictuelle.

LES PRÉVISIONS

Les prévisions, mélanges d'expérience et d'informations, sont vitales pour la pensée conflictuelle. Comment vont évoluer les choses ? Que se passera-t-il si je cède là-dessus ? Que se passera-t-il si nous nous mettons d'accord sur cela ? Comment cet accord sera-t-il accueilli à mon retour ? Que se passera-t-il si la négociation traîne en longueur ? Toute l'action va se dérouler dans le futur, qui s'étend de l'instant à venir jusqu'à, peut-être, une centaine d'années plus tard.

Un avocat habile verra que telle clause pourra fournir plus tard une porte de sortie, ou que telle autre sera inapplicable. Telle autre clause est si mal rédigée que « c'est une véritable passoire ». Et puis il y a celles dont on peut prévoir qu'elles poseront d'interminables problèmes, et qu'il vaut mieux les omettre.

La sagesse est généralement considérée comme la clé des prévisions. La sagesse est censée prévoir le comportement des êtres humains. La nature humaine est censée ne pas changer, et de ce fait être une référence pour l'étude de l'histoire. Cependant le contexte de la pensée (en termes d'économies modernes et de systèmes défensifs) est si changeant qu'il nous faudra peut-être penser en termes de changement d'univers. Dans ce cas l'histoire pourrait être plus trompeuse qu'utile.

Les gens devraient-ils être prévisibles afin d'aider les autres à prévoir leur comportement ? Devraient-ils signaler ce qu'ils ont l'intention de faire avant de le faire ? Les mêmes considérations que celles concernant le secret de l'information s'appliquent ici.

Si nous avions su que cela se terminerait ainsi, aurions-nous dépensé tant d'argent et d'efforts ? Rétrospectivement, la réponse doit bien souvent être négative. Parce que nous ne pouvons pas prévoir l'avenir, nous sommes tentés d'y placer tous nos espoirs, même les plus irréalistes.

L'inverse de l'espoir est la peur. Tout objectif doit passer le test de la peur : la peur que l'une des parties ne se trouve lésée. Echanger un espoir sans limites contre une peur limitée ne rime pas à grand-chose. Voilà pourquoi la logique locale du conflit consiste à se raccrocher à une espérance aussi longtemps que possible. L'objectif poursuivi, s'il veut être attractif, doit donc aussi contenir une espérance.

Personne ne peut prédire l'avenir mais nous pouvons imaginer toute une variété de scénarios. Cela peut constituer une stratégie constructive commune. Si aucun scénario n'est acceptable, il reste peu de place pour cet espoir illimité de réussir. Aussi il peut être utile de confronter avec les faits une gamme de scénarios conçus à partir des faits et des projections disponibles. Le but est de faire comprendre aux deux parties que seul un miracle peut leur donner ce qu'elles espèrent encore. Ce moyen permet de réduire l'écart entre des prévisions différentes qui nous font voir la même situation sous un angle très différent.

LA PERCEPTION

J'ai examiné dans ce chapitre les nombreuses raisons pour lesquelles les gens voient les choses différemment. Elles peuvent toutes être rassemblées sous le titre plus large de « différences de perception ». C'est pourquoi il est si important, pour comprendre la pensée conflictuelle, de prêter attention à la perception et d'en comprendre la nature. C'est aussi pourquoi le premier chapitre de ce livre était consacré au fonctionnement de la perception.

Enfin, et ce sera le dernier élément de ce chapitre, considérons la perception dans son sens le plus pur. Vous regardez un nuage et y voyez un visage ; votre compagnon y voit les contours d'un pays. Vous regardez un dessin dans un livre et y voyez une vieille femme ; un instant plus tard vous voyez dans le même dessin une jeune femme. Les mêmes données peuvent parfois être structurées différemment.

En pratique il est presque impossible de séparer ce type de différence perceptive « pure » des résultats de l'expérience, de l'émotion, de l'accent mis sur un détail et de tous les autres éléments dont il a été question au cours de ce chapitre.

Il suffit de noter qu'une même chose, regardée par des gens ayant les mêmes préoccupations et animés des mêmes motivations, peut malgré tout être vue différemment. Lorsqu'on admet cela, il est facile d'admettre qu'il y a souvent, à la base de la pensée conflictuelle, une manière différente d'envisager la même situation : les combattants se trouvent dans la même situation physique mais dans des situations perceptives différentes.

Dans un prochain chapitre, nous verrons comment l'un des objectifs clés les plus pratiques de la pensée triangulaire consiste à réconcilier ces différences de perception : en trouvant des points communs, ou en élaborant de nouvelles perceptions susceptibles d'être adoptées par les deux parties. De toute évidence, cela doit être fait par une tierce personne, puisqu'il est pratiquement impossible de modifier une perception de l'intérieur même de cette perception.

6

Pourquoi les gens ne sont-ils pas d'accord? Parce qu'ils veulent des choses différentes.

Il peut y avoir conflit du fait que les gens voient les choses différemment ou du fait qu'ils veulent des choses différentes — ou par combinaison des deux.

Les gens ont des valeurs et des objectifs différents. Ils veulent faire des choix différents. Il y a conflit là où leurs choix entrent en conflit avec ceux des autres.

Comme l'a si bien dit Henry Ford, les gens pouvaient choisir pour leur voiture la couleur qu'ils voulaient — du moment que c'était du noir. Ainsi leur liberté de choix ne contrariait pas les impératifs économiques de l'usine.

Dans ce chapitre je vais examiner comment les individus, les nations ou les civilisations font des choix dans la plupart des cas. Le système est très simple et très pratique. Il consiste à définir des modèles rigides, constitués de nos valeurs, croyances, principes et slogans. Une fois définis de tels modèles (cela peut se faire progressivement ou par décret), les choix deviennent simples. Les choix ne doivent jamais aller à l'encontre des modèles. Ils doivent s'y adapter.

Une décoratrice achète du papier peint. Elle doit choisir parmi des centaines d'échantillons. Elle pourrait les examiner un par un pour voir si l'un d'eux lui plaît et répond à ses besoins. Ce procédé serait interminable. Il existe une solution plus simple, qui consiste à établir dès le début quelques règles. Par exemple : le papier doit avoir des rayures ; il doit être à dominante jaune ; il ne doit pas contenir de rouge ; le prix ne doit pas dépasser le budget prévu. Ces règles aident alors la décoratrice à faire rapidement une sélection : elle peut rejeter immédiatement ce qui ne correspond pas, par exemple tout ce qui contient du rouge. Elle a également la possibilité de demander les échantillons possédant les caractéristiques voulues, et de concentrer ses recherches sur ceux-là. Elle peut demander qu'on lui montre exclusivement les papiers à rayures dans les tons jaunes et dans une certaine gamme de prix.

Cette méthode est évidemment très pratique. Elle simplifie la prise de décisions.

Elle comporte un autre avantage. Les modèles peuvent être enseignés et transmis aux autres, qui peuvent alors les utiliser. La décoratrice ne pourra jamais transmettre à quelqu'un d'autre son expérience ni son goût, mais elle pourra facilement envoyer un assistant acheter des échantillons de papier à rayures contenant du jaune.

De toute évidence, cette méthode efficace est à la base des religions, des idéologies et des civilisations. Elle a toujours très bien fonctionné.

Ce système est très commode, mais il est générateur de conflits. Lorsque les règles se heurtent ou se contredisent entre elles, il y a conflit.

LE STYLE

Comparez un politicien au style énergique (de Gaulle ou Mme Thatcher) avec un politicien dont le style n'est pas aussi aisément identifiable. Le premier donne de lui une image bien définie. Chaque action, chaque anecdote renforce cette image. Le politicien en vient à exister beaucoup plus fortement dans la conscience du public. Il est vrai que de tels politiciens risquent d'être davantage haïs, mais cela même souligne leur identité. On voit qu'ils défendent quelque chose. En revanche, le politicien sans style semble faible, indécis et mou. Grâce au style, la perception peut cumuler les images. En l'absence de style, chaque incident ou action ne fait que passer, et l'image de la personne reste la même par rapport à sa dernière prestation. On se souviendra d'un politicien sans style pour l'erreur qu'il a commise, car rien d'autre, chez lui, n'attire l'attention. Mais un politicien qui a du style survivra à de nombreuses erreurs, car son image repose sur une base différente. Voilà pourquoi Ronald Reagan a fini par être surnommé le « Président Téflon » : ses erreurs, qui auraient dévalorisé les autres, ne l'ont pas atteint pendant très longtemps.

Ce qui nous intéresse ici dans le style n'est pas tant son rapport avec l'image qu'avec la prise de décision. Le politicien dépourvu d'un sens accusé du style s'efforcera de prendre une décision uniquement en fonction du bien-fondé de celle-ci. Il (ou elle) analysera la question, en discutera avec ses collègues. Chaque décision est en soi un exercice de réflexion. La tâche du politicien qui a du style est beaucoup plus facile. Il lui suffit de poser la question en se référant au modèle dicté par son propre style. Car les principes cachés derrière le style permettent de prendre instantanément une décision. C'est aussi simple que la sélection effectuée par la décoratrice : quelle action le modèle que je me suis fixé détermine-t-il, dans le cas présent ? Il n'y a pas d'hésitation possible. Associer deux choses est une des opérations mentales les plus simples et les plus rapides. Il n'est pas nécessaire de débattre de la question avec d'autres, ni même d'envisager son degré d'importance. En discuter ne ferait en effet que perturber la décision, car les autres ne sont pas les garants de votre style. Cependant ils sont tout à fait libres d'apporter leur contribution en adoptant ce style en permanence. À la longue ils finiront peut-être par prendre eux aussi leurs décisions selon cette méthode : elles seront attribuées à leur chef et renforceront son style.

Le style permet d'être prévisible. On s'attend à ce qu'un politicien qui a du style agisse selon ce style. En un sens c'est le style qui indique au politicien les décisions et les choix à prendre. Par certains aspects on pourrait dire que le style devient un piège — mais alors tout engagement pourrait être considéré comme tel.

Il est évident que lorsque deux dirigeants au style fortement marqué entrent en conflit, la confrontation est brutale. Contrairement à ce que supposent de nombreuses personnes, cela n'est pas dû à la détermination ou à l'ambition politique, pas plus qu'à une certaine répugnance à céder ou à perdre. C'est bien plus simple. Un politicien qui prend des décisions en se fondant sur son style, érigé en modèle, n'a *pas d'autre moyen* de prendre des décisions. Lorsqu'une confrontation bloque ce type de prise de décision (à cause de la divergence entre les deux styles), aucune des parties n'a la capacité de prendre une quelconque décision. C'est donc l'impasse. Mais cette impasse est causée par un vide, et non par l'entêtement.

LES PRINCIPES

Le style d'un politicien inclut, entre autres, les principes qui guident visiblement son comportement, même si des éléments mineurs tels que la voix, l'habillement et les anecdotes qui circulent à son sujet contribuent fortement à le façonner. Aux Etats-Unis, les experts en marketing politique connaissent leur travail: ils savent qu'on peut créer et promouvoir une image de marque indépendamment des mérites du produit.

Par « principes » j'entends les modèles de décision implicites ou explicites. Il peut s'agir de principes tels que « la libre entreprise », « l'égalité des chances », ou « la croissance économique ». Certains d'entre eux seront exprimés sous forme de slogans. D'autres se feront connaître par leurs applications. Par exemple, dans tout choix entre la justice et le pragmatisme, on décidera par principe que la justice (ou le pragmatisme) l'emportera toujours.

Les principes de la Révolution française (liberté, égalité, fraternité) sont bien connus. Il y a peu de chances pour qu'ils aient été le véritable moteur de la Révolution. Mais ils se sont révélés bien pratiques pour cristalliser les objectifs.

Ce n'est que très rarement qu'une idéologie surgit réellement de l'application consciente de principes déclarés. Ceux-ci sont généralement résumés ultérieurement, pour répondre à la nécessité de donner une identité à cette idéologie. Le fait qu'ils puissent n'être formulés que plus tard ne signifie pas qu'ils étaient inopérants tant qu'ils revêtaient la forme non verbale. Par exemple, le « droit d'être malhonnête » et le « droit d'embêter le monde » sont des principes non formulés de la société occidentale. On les exprime plus poliment par le terme de « liberté ». Dans le monde marxiste le principe suivant lequel l'Etat a la priorité sur l'intérêt personnel est clair, mais pourrait être plus utile sous la forme de « la nécessité d'être constructif » (dans le sens où travailler au bien des autres est une bonne chose).

Au cours des négociations, les syndicats ont besoin d'établir tout un ensemble de principes car c'est la seule base dont ils disposent. « A travail égal, salaire égal » ; « Un jour de salaire correct pour un jour de travail correct » ; « Aucune réduction de salaire » ; « Maintien du niveau de vie ». De tels principes vont bien au-delà du simple modèle : ils expriment réellement une position. Ils n'ont pas besoin d'avoir un sens du point de vue économique. En réalité ils vont souvent à l'encontre des objectifs même qu'ils s'efforcent d'atteindre. Par exemple, le refus de réductions de salaires peut réellement conduire au chômage (à ce sujet les salariés américains sont beaucoup plus souples que leurs collègues européens). Il est cependant facile de voir pourquoi on doit adhérer à ces principes.

La continuité pure et simple de ces principes pose un problème. Les temps peuvent changer et les principes avoir besoin d'être réactualisés ou modifiés. Il n'existe cependant aucun mécanisme permettant de le faire. Il est nécessaire que la continuité se fasse sentir d'instant en instant. Personne ne s'aventure à changer un principe fondamental.

Par exemple, le double principe de sécurité de l'emploi et d'un salaire égal pour un travail égal peut avoir un effet pervers sur les niveaux de l'emploi. En temps de récession, on est obligé de licencier du personnel et cela peut coûter cher en indemnités de licenciement. Lorsque la situation s'améliore, les entreprises hésitent à embaucher de nouveaux employés ; elles préfèrent travailler en-dessous de leur capacité de production et refuser des commandes. Nous pourrions imaginer un système pour contrer cela. On embaucherait de nouveau du personnel à un salaire supérieur (par exemple de 10 %) à celui d'un employé ordinaire. Mais ces salariés ne bénéficieraient pas immédiatement de la sécurité de l'emploi. Ils seraient les premiers licenciés si on devait de nouveau débaucher — et ils ne toucheraient pas d'indemnités de licenciement. Après un certain laps de temps défini en commun, ils seraient intégrés au personnel normal. Une telle idée pourrait très bien marcher, et convenir à certains employés. Mais elle contredirait deux principes fondamentaux. Il y a donc peu de chances pour qu'on l'essaye.

Précisons que la stratégie des syndicats — établir des principes puis les défendre — a été d'une remarquable efficacité pour l'amélioration des conditions de travail des salariés.

Lorsque des groupes différents établissent leurs propres principes, il est évident que des divergences de principes risquent parfois de se produire. Mais même lorsque des principes ont été établis par un seul et même groupe, il peut toujours exister des circonstances dans lesquelles deux principes se contredisent sur un point particulier. Le principe de l'accès à la santé pour tous et le principe d'une saine gestion seront à tout jamais en conflit, car les besoins et le coût des soins augmentent plus rapidement que les moyens dont nous disposons pour les payer. Le principe, pour une entreprise privée, de « non-ingérence » dans les affaires est en conflit avec le besoin de protéger les actionnaires contre les malversations des responsables et les escroqueries.

Ce qui est étrange et absurde, c'est que nous établissons des principes censés être permanents et inviolables, et cependant nous savons parfaitement qu'ils vont un jour se trouver en conflit les uns avec les autres. Nous nous contentons de l'oublier et d'espérer qu'il sera encore temps, le moment venu, de s'en préoccuper. Pourquoi agissons-nous ainsi ? Parce qu'à l'origine nos principes étaient de nature religieuse. Ce qui signifie qu'ils étaient effectivement absolus, aussi sacrés que la vie humaine. Prendre en considération les divergences de principes ne présentait donc pas le moindre intérêt. Précisons également qu'elles étaient moins nombreuses. Nous avons continué à traiter tous les principes de cette manière irréaliste. Lorsqu'un conflit naît d'une divergence de principes, nous ne savons pas quoi faire. Là encore nous aurions bien besoin de recourir à la pensée constructive.

Lorsque les Britanniques envoyèrent la Marine reprendre les îles Malouines, certains principes fondamentaux étaient de toute évidence en jeu. Les Argentins avaient envahi les Malouines, et par principe « l'agresseur n'a pas le droit de triompher ». Au cours des négociations destinées à obtenir le retrait de l'Argentine prévalait le principe de « libre détermination des habitants des Malouines ». Ces deux principes sont clairs et inviolables et Mme Thatcher, soutenue par le Parlement britannique, a agi conformément à eux.

Modifions légèrement ces circonstances. Supposez que les Malouines aient été si proches du territoire argentin que l'Aviation argentine ait bénéficié d'une supériorité écrasante (alors qu'en réalité leurs avions pouvaient tout juste les atteindre sans être ravitaillés en carburant). Supposez que ce territoire se soit trouvé sur le continent. Supposez que la Flotte britannique ait déjà été réduite pour respecter ses engagements envers l'O.T.A.N. (mais pas ceux envers la Couronne). Supposez que les Etats-Unis aient catégoriquement refusé toute sorte de coopération concernant la logistique ou les informations par satellite.

Les principes, eux, seraient restés exactement les mêmes : la résistance à l'agression et l'autodétermination. Mais les chances de succès d'une expédition militaire auraient alors été gravement compromises, et auraient même été (si le territoire envahi s'était trouvé sur le continent) réduites à zéro. La poursuite d'un principe doit donc être tempérée par des considérations pragmatiques.

> « Nous maintiendrons fermement nos principes fondamentaux et les suivrons par tout moyen réalisable s'offrant à nous. »

Personne ne peut s'insurger contre cet aveu honnête. Qu'on le veuille ou non, il ne peut en être autrement. Mais qu'est-ce qu'une décision guidée par « ce qui est réalisable » ? Cette question est vitale. Si nous disons qu'aucune guerre d'importance majeure n'est possible, alors il nous faut inventer de nouveaux moyens pour défendre nos principes.

Nous pourrions formuler la situation un peu différemment :

> « Nous n'abandonnerons jamais ces principes fondamentaux de résistance à l'agression et de droit à l'autodétermination. »

Puisqu'il existe maintenant un principe de non abandon des principes, aucune action ne peut être lancée automatiquement : elle doit être décidée en fonction de ses mérites propres. C'est sans doute ce qui a été fait.

LES SLOGANS

Un slogan peut résumer un principe, une croyance ou une valeur. L'intérêt d'un slogan est qu'il présente sous une forme perceptive ingénieuse ce qui serait autrement trop vague pour nous pousser à agir ou à penser.

Un bon slogan se substitue à la réflexion car il fournit une conclusion à usages multiples, adaptable à de nombreuses situations différentes.

De nombreuses religions ont compris que la peur est l'émotion la plus utile, car elle peut être permanente. Vous pouvez avoir peur de quelque chose à chaque instant de votre vie consciente. En revanche des émotions telles que l'amour ont tendance à être passagères, sauf lorsqu'elles touchent les fanatiques les plus passionnés. De même, les slogans qui sont « contre quelque chose » sont les plus durables car leur existence est liée automatiquement à l'existence de ce qu'ils dénoncent. Il peut cependant y avoir une sorte de vide lorsque l'« ennemi » est vaincu et que le slogan n'a plus aucun sens. On risque alors d'être amené à créer de nouveaux ennemis pour maintenir l'objet de la lutte.

Il n'y a aucune raison pour que des slogans opposés ne puissent pas coexister. Cela choque notre besoin d'ordre et notre principe de contradiction, mais c'est tout. Il est clair qu'on ne peut pas prendre de décision conformément à deux principes opposés — mais un slogan n'est pas une décision. Les slogans qui sont en faveur de quelque chose peuvent coexister aussi facilement que des publicités pour des produits de marques différentes. Nous avons plus de difficulté avec les slogans qui s'insurgent contre une situation, car nous avons l'impression que l'action entreprise pour éviter cette situation doit avoir des retombées sur les situations dénoncées par les autres slogans. Mais ce n'est pas une obligation.

LES VALEURS

Toute vie humaine et toute civilisation humaine reposent sur des valeurs. Tout conflit n'est en réalité qu'une divergence de valeurs.

Les valeurs sont très étroitement liées aux principes et aux croyances. Elles se forment généralement à partir de croyances fondamentales, et sont ensuite présentées sous forme de principes.

Les unes sont des valeurs tabous, les autres des valeurs phares. Un tabou est une valeur que nous ne pouvons tout simplement pas nier. Il en est ainsi, par exemple, de la valeur de la vie.

Imaginez qu'un conflit coûteux en vies humaines puisse être évité si l'une des parties accepte que l'autre tue délibérément un individu que chacun sait être innocent. Ce sacrifice ne pourrait jamais être accepté même si, par manque de « pragmatisme », on condamnait des milliers d'autres vies tout aussi innocentes. Accepter une telle proposition serait en parfait accord avec une logique locale, mais violerait une valeur considérée comme fondamentale par notre société civilisée.

Les valeurs phares sont les directions générales dans lesquelles nous cherchons à nous orienter. Nous pouvons prendre la direction du nord même si, de temps à autre, notre chemin passe par l'est ou l'ouest. Ainsi les valeurs contenues dans les notions de « progrès », « santé », « augmentation du niveau de vie », « culture et arts », « bonheur », etc. sont d'ordre général.

Ces deux types de valeurs concernent les individus, les groupes spécifiques, les nations et (espérons-le) l'humanité. Certaines valeurs, fonctionnant à l'échelon de l'humanité, sont appelées « droits de l'homme ».

J'approfondirai ce thème dans un prochain chapitre, au cours duquel nous considérerons les valeurs comme l'un des éléments constitutifs de la conclusion d'un conflit (les valeurs interviennent à la fois au moment où l'on rassemble les informations et au moment où l'on juge si le résultat est adapté).

A ce stade je place les valeurs parmi les facteurs qui poussent les gens à rechercher des choses différentes. La plupart des gens aspirent à la vie, mais il y a des circonstances dans lesquelles ils semblent aspirer à la mort (le suicide, les martyres des Chrétiens, les guerres islamiques). Les systèmes de valeurs peuvent être extrêmement différents.

Nous sommes mieux préparés aux conflits de valeurs qu'aux conflits de principes (car comme je l'ai déjà dit, un principe ressemble à une vérité absolue). Nous reconnaissons tous à autrui le droit d'écouter la radio en plein air, dans un parc. Cela fait partie de nos valeurs. Mais il y a aussi, pour les autres usagers du parc, la valeur du silence et de la tranquillité. Aussi se produit-il une divergence de valeurs. La solution technique à ce problème (utiliser des écouteurs) est un bel exemple de conclusion apportée à un conflit.

Il peut y avoir divergence de valeurs entre le souhait des parents de pouvoir payer plus cher pour que leur enfant reçoive une meilleure éducation, et le souhait de l'Etat d'offrir à tous les mêmes possibilités d'éducation.

Nous traitons autant que possible ces conflits de valeurs par deux moyens. Le premier est une « hiérarchie des valeurs » qui sous-entend que toutes les valeurs ne sont pas égales. Dans l'ordre hiérarchique la valeur la plus haute aura la priorité sur la valeur la plus basse. Le second moyen est la « non-ingérence ». Le plaisir que vous tirez d'une valeur ne doit pas gêner autrui. L'aéroport de Sydney est fermé la nuit afin que le confort des passagers n'empiète pas sur celui des habitants des alentours qui veulent dormir.

Nous faisons également usage de la notion d'« intention ». Dans l'exemple suivant, cela revient à échanger la valeur d'une vie humaine contre certaines facilités de transport. Il y a en France environ 10 000 morts par an sur les routes. Ce chiffre pourrait être réduit si chacun roulait à la vitesse très réduite de 8 km/h. Mais puisque ces morts ne sont pas « intentionnelles », il peut y avoir échange. Cela devient très subtil. La différence entre brûler des populations avec du napalm jeté anonymement du haut d'un avion, et les torturer individuellement au cours d'un interrogatoire, n'est qu'une différence d'intention.

Il est à la fois effrayant et rassurant de constater que la perception peut souvent modifier les valeurs. Vue sous un certain angle, telle chose n'a rien d'attirant. Vue différemment, elle devient attirante. C'est effrayant parce que cette facilité ouvre la porte à toutes sortes d'abus (sauf si des codes aussi rigides que la convention de Genève l'évitent). C'est rassurant, parce que cela laisse penser que les divergences de valeurs peuvent généralement être résolues par un effort constructif. Les valeurs sont alors réconciliées.

Il est intéressant de voir comment les systèmes de valeurs ont tendance à conserver leur indépendance. Le système de valeurs des droits de l'homme est parfaitement indépendant du système de valeurs de l'économie. On ne peut par exemple attribuer aucun prix à une vie humaine. Cependant l'Allemagne de l'Ouest s'est montrée très efficace en réalisant avec l'Allemagne de l'Est des tractations financières, afin d'obtenir la libération des personnes désireuses d'émigrer et d'endiguer le flot des visiteurs accueillis par des parents, de l'autre côté de la frontière. Cela comporte évidemment des dangers — le chantage et l'extorsion de fonds — sans compter qu'il est tout à fait regrettable de limiter les droits de l'homme à un pouvoir économique (c'est comme si un directeur de prison touchait des pots-de-vin pour libérer un prisonnier). Mais avant de tirer des conclusions aussi évidentes que hâtives, cela vaudrait peut-être la peine d'étudier la question plus à fond. Parlons-nous de préférences (elles ont généralement une valeur marchande) ou de droits fondamentaux (eux n'en ont pas)?

Je voudrais mettre l'accent sur le fait que nous sommes prisonniers d'une sorte de dilemme. Nous sommes conscients du fait que la civilisation est la somme de nos croyances, de nos valeurs et de nos principes. Nous sommes également conscients du fait que si, au nom du pragmatisme, nous composons avec ces croyances, valeurs et principes, nous ouvrons la porte à toutes sortes d'horreurs. L'horreur naît de l'acceptation du principe que « la fin justifie les moyens », principe utilisé pour justifier le terrorisme. Cependant nous savons que les divergences de principes et de valeurs, lorsqu'elles sont très prononcées, nécessitent des méthodes plus imaginatives que notre façon actuelle de les transformer en conflits ouverts.

La méthode constructive est, à mon avis, notre seul espoir. Bien qu'il y ait encore un long chemin à parcourir, les méthodes actuelles sont tellement peu satisfaisantes que cela nous donnera l'énergie nécessaire pour faire nos premiers pas dans cette voie. Nous ne pouvons pas voir dans les divergences de principes et de valeurs une aberration pure, un simple problème à résoudre au moment où il se présentera. Nous avons établi des structures comme les Nations unies, qui font un bon travail. Mais pour des raisons que j'expliquerai plus tard, je pense que cela ne suffit pas. Il y a dans ces organisations des vices fondamentaux.

LES CROYANCES

Perceptions, comportements, valeurs et principes ont tous la même source : nos croyances sous-jacentes. Il faudrait un livre entier pour examiner leur rôle et leur importance. Je choisirai une approche plus originale, qui consiste à étudier la base physiologique de nos croyances. Pourquoi notre esprit a-t-il besoin de croyances ? Que sont les croyances ? Mon hypothèse est que les croyances se forment inévitablement à partir du type particulier de système d'information que nous avons dans le cerveau. C'est le système auto-organisé que j'ai décrit dans le premier chapitre de ce livre.

Examinons quelques types de « réalité » différents :

Réalité pragmatique : ce qui fait la « valeur monétaire » de quelque chose, comme aurait dit William James. Qu'est-ce que cela implique ? Qu'est-ce que cela rapporte ? La réalité de l'argent, c'est uniquement ce qu'il va permettre d'acheter.

Réalité de référence : quelque chose est décidé par référence à d'autres choses. On détermine sur une carte l'emplacement d'un lieu en fonction de la valeur de chacun de ses axes. On donne la position d'un bateau en mer par rapport à ses valeurs de référence maritimes. C'est par rapport aux limites d'un cadre que nous déterminons un emplacement.

Réalité d'équivalence : dans une équation mathématique, ce qui est à gauche du signe d'égalité est équivalent à ce qui se trouve à sa droite. C'est cette réalité que nous utilisons dans le langage courant : tout concept a une définition. Nous pouvons passer du concept à la définition, et inversement.

Réalité vérifiable : c'est ce que nous appelons parfois « réalité scientifique ». Il s'agit d'une vérité qu'on peut vérifier indéfiniment : on obtiendra toujours la même réponse. Cela signifie que dans des circonstances identiques, les mêmes causes produiront les mêmes effets.

Réalité autovalidante : c'est quelque chose qui trouve en soi sa propre justification. C'est la logique circulaire, la réalisation automatique d'une prophétie. Un signal éphémère passe, mais un signal qui se répète est permanent.

Dans les croyances, nous avons affaire à une réalité de type circulaire ou réalité autovalidante. Il y a une façon de regarder le monde qui donne du monde une vision telle qu'elle renforce notre façon de regarder le monde. Il y a là un enfermement de la perception.

Le cerveau, système d'information auto-organisé, a pour tâche de donner un sens au monde qui nous entoure. Cela implique de régler de nombreux points de détail. Lorsqu'il y a des manques, les concepts interviennent pour combler ces manques. L'ensemble devient alors de plus en plus cohérent.

Une simple illustration permet de montrer comment des

systèmes auto-organisés ont toujours tendance à former des structures (ou des réalités) autovalidantes.

Sur une feuille de papier, dessinez une vingtaine de petits cercles séparés les uns des autres. Puis reliez ces cercles comme vous le voulez par des lignes de la façon suivante : chaque cercle doit être le point de départ ou d'arrivée d'un minimum de deux lignes. Maintenant prenez un cercle : appelez « 1 » l'une des lignes touchant ce cercle et « 2 » n'importe quelle autre ligne touchant ce même cercle. Faites cela pour chacun des cercles, un par un.

Les cercles représentent des « états », et les lignes représentent un changement d'un état à un autre. Le nombre « 1 » indique la voie qu'emprunte de préférence le changement, le nombre « 2 » représente la seconde voie du changement, la voie « de rechange ».

Maintenant prenez un crayon d'une couleur différente, fermez les yeux, et pointez votre crayon au hasard sur la feuille de papier. Amenez ensuite votre crayon sur le cercle le plus proche. Sortez de ce cercle par la voie « 1 » et suivez cette ligne jusqu'au cercle suivant. Sortez également de là par la voie « 1 ». Si vous ne le pouvez pas, sortez par la voie « 2 ». Continuez de cette façon.

Vous découvrirez que quelle que soit la manière dont vous avez disposé les cercles, la nature du hasard avec lequel vous les avez reliés et avez numéroté les voies, vous aboutirez *toujours* à une voie circulaire qui se répète. En d'autres termes, cette figure apparemment due au hasard a généré une « réalité autovalidante » à partir d'informations données au hasard.

C'est de façon semblable que le cerveau permet à l'expérience de structurer nos croyances.

Ce type de réalité perceptive, interne et autovalidante est très différente de la réalité externe, vérifiable et objective que nous utilisons en science. Mais dans le monde de la perception, cette réalité interne est tout aussi réelle.

Du fait de leur nature autovalidante, il est difficile d'éliminer ou de modifier les croyances. Les gens préfèrent souvent conserver leur croyance plutôt que d'accepter les preuves données par leurs sens. Les croyances ne fonctionnent pas dans le système de la logique ordinaire. Elles ne peuvent s'éteindre que par atrophie. L'un des points du cercle faiblit, et une nouvelle voie se forme. Voilà pourquoi les religions les plus puissantes ont toujours accordé tant d'importance au rituel : les actes rituels permettent généralement d'empêcher une telle atrophie.

Bien que la plupart des conflits soient fondés sur des différences de croyances, il n'y a pas de raison pour que l'existence de telles différences conduise nécessairement à un affrontement. Un conflit surgit lorsqu'un système de croyances estime que les valeurs auxquelles il a donné naissance doivent être appliquées partout, et lorsqu'il se donne pour mission de le faire. Un conflit surgit lorsque la mission que se donne un système de croyances — propager ses valeurs et y convertir autrui — fait partie intégrante de sa structure. Un conflit surgit lorsqu'un système de croyances est établi précisément pour attaquer un autre système de croyances. Aucune de ces visées « expansionnistes » des systèmes de croyances n'est inhérente à la nature des croyances.

7
Pourquoi les gens ne sont-ils pas d'accord ? Parce que leur style de pensée les y encourage.

Notre style de pensée, orienté vers l'action, favorise la reconnaissance, la discrimination, la certitude et la permanence. C'est ce qui a permis à l'homme de réaliser, en tout temps et en tout lieu, de remarquables progrès techniques.

Il n'est pas difficile de comprendre qu'un tel style de pensée peut servir très efficacement certains objectifs, et être totalement inutile, ou, pis encore, dangereux face à d'autres enjeux. Nous savons que la culture sur coupe et brûlis appliquée sur une petite surface est parfaite pour une région à faible densité, mais désastreuse pour les régions surpeuplées.

Cette analogie illustre l'un des problèmes que pose notre système de pensée fondé sur le langage. En étiquetant les choses, nous leur attribuons une valeur permanente ; dès lors il devient extrêmement difficile de considérer qu'une chose puisse être bonne jusqu'à un certain point et mauvaise au-delà. C'est ce que j'appelle parfois la « courbe du sel ». Un peu de sel sur les aliments, c'est bon ; davantage, c'est très mauvais.

Notre besoin de certitude nous rend très malheureux lorsque nous sommes confrontés à des valeurs se référant à des circonstances contingentes ou à des niveaux variables. La plupart des discussions intellectuelles naissent de cette difficulté. Les protagonistes ont généralement tous deux raison, mais dans des circonstances différentes ou à des niveaux différents. La démocratie est une « bonne chose » ; elle doit par conséquent être appliquée partout où c'est possible. En revanche dans le cas où un pays n'est pas prêt pour la démocratie ou ne peut pas fonctionner démocratiquement, la démocratie est une « mauvaise chose ». Pourtant, quelles que soient les circonstances, suggérer qu'un pays puisse ne pas être prêt pour la démocratie c'est passer pour un colonialiste et un paternaliste. Alors que si nous avions fait un effort pour concevoir des étapes de transition et d'autres formes mieux adaptées aux différentes cultures, nous aurions pu obtenir davantage de résultats.

UNE PENSÉE VERBALE

Notre pensée est à base de mots. Dans un précédent chapitre, j'ai fait remarquer que la pensée fondée sur le langage comporte inévitablement certains inconvénients (tels que la classification, la permanence et la discrimination). Le langage n'a pas été créé pour être un véhicule de la pensée. L'objet du langage est la communication. Il est tout à fait erroné de croire que les nécessités du langage et les nécessités de la communication sont les mêmes. En vertu de quoi devraient-elles être identiques ?

Avec un moyen d'expression tel que le langage, nous nous efforçons d'éliminer le doute. Le but de chaque mot supplémentaire est de nous aider dans cette voie. Avec la pensée, nous devons découvrir des liens entre les choses dans le but de comprendre le monde qui nous entoure. La poésie est, davantage que la prose, du domaine de la pensée. La prose décrit ce qui est. La poésie indique ce qui peut être.

Les mots finissent par être chargés de valeurs émotionnelles et par ne plus pouvoir être épurés. Ils racontent notre histoire, et avec eux nous nous retrouvons piégés dans un vocabulaire qui a perdu toute utilité. Dans de nombreuses sociétés, il est impossible de réhabiliter le mot « profit » pour qu'il désigne le surplus nécessaire à un investissement de production. De même le mot « manipuler » ne pourra jamais indiquer l'utilisation avantageuse d'un individu de telle sorte qu'il puisse donner le meilleur de lui-même, et cela dans son propre intérêt.

Nous avons besoin de développer une foule de nouveaux concepts, mais nous n'y parvenons pas car nous n'avons aucun moyen de faire émerger le mot approprié. Tout mot nouveau sera traité comme un gadget par ceux qui ne voient pas que le langage est trop pauvre pour décrire le comportement d'un système. Dans un précédent chapitre, j'ai mentionné le besoin d'un mot nouveau pour décrire quelque chose dont le sens est positif sur le plan de la logique locale, et négatif sur un plan plus large.

Si j'ai, plusieurs années auparavant, inventé le terme de « pensée latérale », c'est parce que nous avons désespérément besoin de décrire la logique de la créativité et la logique d'un changement de structure dans un système d'information auto-organisé. Cette activité, qui consiste à changer de perception et de concepts, est hélas confondue avec la production artistique sous le terme vague de « créativité ».

Dans cet ouvrage, j'introduis l'expression « pensée triangulaire » pour décrire et définir le rôle que doit jouer une tierce personne dans la nouvelle approche des conflits.

LA POLARISATION

Puisque nous sommes forcés de faire des choix, nous n'aimons pas les gens qui s'abstiennent de prendre position. Nous n'aimons pas les économistes qui soutiennent un point de vue dans certaines circonstances, et le point de vue opposé en d'autres occasions. Le fondateur du christianisme n'était pas tendre envers les timorés.

Penser est un processus dynamique. Vous pouvez vous déplacer dans une direction, mais vous ne pouvez pas en même temps aller dans la direction opposée.

Il y a un moyen de contourner cet apparent dilemme dans lequel nous plonge toute polarisation. C'est la méthode des compartiments, utilisée par les Japonais dans leur vie quotidienne. Pendant la journée, le Japonais se comporte comme s'il était un cadre d'une entreprise occidentale. Le soir, dans son pays, il se conduit comme un cadre japonais typique. Chez lui, c'est un père de famille dans la tradition japonaise.

Au lieu de naviguer chaque jour de la semaine quelque part entre le socialisme et le capitalisme — et de vous faire traiter de centriste — vous pourriez être capitaliste le lundi, mercredi et samedi, et socialiste les autres jours. C'est, d'une certaine façon, ce que l'économie suédoise a eu le bon sens de réaliser.

Il ne fait aucun doute que de nombreux politiciens se sentent socialistes dans certaines de leurs décisions, et capitalistes dans d'autres (ce n'est pas aussi efficace que la méthode des compartiments, qui permet d'être totalement cohérent dans chaque compartiment). Mais cela ne colle pas avec le langage ; c'est pour cette raison qu'on ne trouve guère de partisans de cette attitude. Rien dans le langage ne nous permet de dire que les baies rouges sont empoisonnées le lundi et le vendredi, mais excellentes les autres jours.

VÉRITÉ ET ERREUR

J'ai déjà abordé ces questions dans le chapitre consacré à l'argumentation et à la pensée dialectique.

Une mauvaise logique conduit à une mauvaise qualité de réflexion. Cette affirmation ne pose aucun problème.

Une bonne logique conduit à une bonne qualité de réflexion. Cette affirmation pose un gros problème.

Une bonne logique est comme un ordinateur : rien de plus qu'un instrument dont on se sert pour donner un sens aux perceptions. L'excellence de la logique ne compensera jamais la médiocrité de la perception. Mais une logique excellente donne un sentiment parfaitement injustifié de certitude, de supériorité et de justesse. Nous croyons réellement qu'un raisonnement ne comprenant pas d'erreurs logiques est juste. Alors qu'il n'est que cohérent avec notre position de départ, elle-même déterminée par la perception.

On croit aussi qu'il n'existe qu'une seule vérité, comme il n'y a qu'un seul gagnant par course. Si vous croyez savoir qui est le gagnant, qu'est-ce que les autres peuvent bien vous offrir ?

J'ai déjà parlé de cette idée appauvrissante selon laquelle il serait nécessaire d'avoir raison à chacune des étapes de la réflexion. Cela n'est vrai que si vous vous apprêtez à justifier votre position finale uniquement par la voie indirecte (en retraçant l'itinéraire que vous avez suivi). Cependant, si la position finale doit se justifier, la voie empruntée n'a aucune importance. C'est toujours ce qui se passe avec la création. Vous ne pouvez pas justifier une création par les étapes de votre réflexion. La justification doit toujours prendre la forme d'une évaluation finale : ai-je par cette création réalisé mon dessein initial, et cadre-t-elle avec les critères d'acceptation ?

J'accorde à la vérité et à l'erreur autant de valeur que n'importe qui d'autre, mais je sais que l'obsession d'une vérité étape par étape ne peut fonctionner que dans un système clos.

Examinez toute la variété des réponses possibles au cours d'une discussion :

> « C'est intéressant. »
> « Cela implique que... »
> « C'est une possibilité. »
> « Pour l'instant, c'est de la spéculation. »
> « Là, c'est de la provocation. »
> « Il n'y a rien qui justifie d'envisager les choses sous cet angle, mais... »

Dès lors que nous avons compris la nature des systèmes structurants, nous avons *absolument besoin*, et c'est logique, de ce type de remarques. Un système structurant étant asymétrique, nous avons besoin de nous déplacer vers une autre partie de la structure : ce n'est que de là que nous pouvons voir ce qui, rétrospectivement, deviendra immédiatement logique. C'est tout simplement une erreur que d'insister sur la vérité à chaque étape. De plus, c'est dépassé.

LE PRINCIPE DE CONTRADICTION

Le principe de contradiction est à la base de notre système logique habituel. Deux affirmations s'excluant mutuellement ne peuvent être toutes deux vraies. Une chose ne peut être vraie et fausse en même temps.

En un sens, le principe de contradiction est transposé tel quel dans la pensée conflictuelle. Deux désirs s'excluant mutuellement ne peuvent être tous deux satisfaits en même temps. Vous ne pouvez vous diriger en même temps vers le nord et vers le sud. Aussi doit-il y avoir conflit pour que l'un des deux désirs triomphe.

On traite parfois les conflits comme s'ils étaient des courses. Il y a une course et un premier prix. Dans cette situation, Jean et Pierre ne peuvent pas tous les deux gagner la course. Les deux affirmations « Jean a gagné la course » et « Pierre a gagné la course » sont contradictoires. Notre style de pensée est tel que nous recherchons délibérément les contradictions, parce que c'est notre façon habituelle de faire progresser notre réflexion. Aussi, au lieu de les éviter ou de les réduire au maximum, nous essayons de définir chaque chose en termes contradictoires.

> « Tous les cygnes ont de longs cous. »
> « Cet oiseau n'a pas un long cou. »
> « Donc cet oiseau ne peut pas être un cygne. »

Les deux affirmations « cet oiseau est un cygne » et « le cou de cet oiseau est court » seraient contradictoires ; par conséquent, l'oiseau ne peut pas être un cygne. C'est ainsi que se comporte normalement notre pensée.

Afin d'appuyer ce type de pensée, nous devons utiliser des catégories complètes et exclusives. Nous devons dire : « Tous les cygnes ont de longs cous » — et cela nous est facile, car il nous suffit d'appliquer le terme de cygne uniquement aux oiseaux possédant un long cou. Le système ne fonctionnerait pas du tout si nous utilisions des termes tels que « le plus souvent », « habituellement » ou « d'une façon générale ».

> « D'une façon générale, les cygnes ont de longs cous. »
> « Cet oiseau n'a pas un long cou, il y a donc de fortes chances pour que ce ne soit pas un cygne, mais je n'en suis pas sûr. »

Cela paraît nettement moins satisfaisant.

Cependant, dans l'approche des conflits il pourrait être très utile de passer de termes rigides à des termes tels que « habituellement », « globalement » ou « d'une façon générale ». Ils véhiculent le même sens sans donner prise aux attaques. Et le principe de contradiction se trouve être immédiatement remplacé par celui de « probabilité ». Il n'y a absolument aucun mal à cela. Le seul mal provenait de ce qu'on utilisait la dialectique pour défendre une théologie. Dire « Dieu est probablement parfait », ce n'est pas la même chose que de dire « Dieu est parfait », car alors vous ne pouvez pas en tirer toutes les déductions nécessaires.

> « Ce vêtement est vert. »

« Non, il est bleu. »
« Regarde-le à la lumière du jour. »
« Il est toujours bleu. »

Il est tout à fait possible que ce vêtement soit iridescent : vert et bleu à la fois. Il n'y a aucune raison, si ce n'est l'habitude de la contradiction, pour que les habitants de l'Irlande du Nord ne puissent pas être à la fois anglais et irlandais. Berlin est un bel exemple de contradiction apparente : une ville au milieu d'un pays étranger, hostile même. Pourtant, cela marche très bien.

Nous craignons beaucoup trop les contradictions apparentes. Nous capitulons dès que nous tombons sur une contradiction. C'est ainsi que nous avons appris à penser. Accepter les contradictions apparentes, puis les dépasser, pourrait être l'une des techniques de la pensée constructive. Y a-t-il réellement contradiction ? N'y a-t-il aucun moyen de modifier la situation afin que la contradiction puisse exister ? A la fin nous pourrions faire disparaître la contradiction — mais seulement tout à la fin.

Nous pouvons toujours, si nécessaire, utiliser le nouveau mot « po » que j'ai inventé, et dont nous parlerons dans un autre chapitre. « Po » accompagne les affirmations provocantes pour indiquer qu'elles se situent en dehors de tout système de jugement. Nous pourrions dire « Po, les roues devraient être carrées » et continuer à développer quelques idées passionnantes.

La cohérence est étroitement liée à la contradiction. Les gens ne sont pas censés se contredire. Toutes leurs affirmations sont censées être cohérentes les unes avec les autres. Pourtant on devrait pouvoir changer d'avis et prendre des positions différentes. Les circonstances changent, de nouvelles informations apparaissent, ou on s'aperçoit que l'on exprime simultanément deux affirmations incohérentes. C'est ce que montrent bien souvent les sondages d'opinion. Il y a aux Etats-Unis une majorité favorable à l'engagement du pays en Amérique centrale. Cependant, dans le même temps, il y a une majorité hostile à toute forme d'engagement éventuel.

Une femme peut vouloir que son mari gagne plus d'argent, et en même temps ne pas vouloir qu'il parte en voyage d'affaires à l'étranger. Les deux désirs sont authentiques, même s'ils sont contradictoires d'un point de vue logique. Il nous faut examiner le fond même de ces propos, et non leur forme. C'est par une trop grande attention portée à la cohérence logique de la forme que l'on rend si souvent les conflits insolubles.

On peut avoir l'impression que sans le principe de contradiction ce serait le chaos total. Un chaos dans lequel rien ne fonctionnerait correctement, et où il serait impossible de parvenir à la moindre conclusion. Cela ne pourrait que se terminer par un dialogue de sourds, avec des slogans et des désirs qui ne se rejoignent jamais. Cette opinion n'est absolument pas fondée. En réalité il y a probablement des moments où la pensée conflictuelle n'est rien de plus qu'un brouhaha de slogans et d'accusations ; mais cela se produit lorsque c'est ce que veulent les adversaires.

Un menuisier qui fabrique une table travaille régulièrement, assemblant les diverses pièces jusqu'à ce qu'il obtienne la totalité de l'objet. Le menuisier n'utilise pas le principe de contradiction. Il s'aperçoit qu'on peut ajuster les pièces et qu'elles peuvent ensuite s'articuler d'une certaine façon. C'est un principe positif : cela cadre, cela fonctionne, c'est faisable. C'est le principe de construction, principe parfaitement utilisable.

Nous devrions savoir que notre obsession du principe de contradiction dérive de raisonnements théologiques utilisés *pour prouver que l'hérésie est une erreur*. Le principe de contradiction, à l'inverse de certaines autres approches des conflits, est essentiellement destiné à cela. Dans ce livre nous mettons l'accent sur la méthode constructive, méthode semblable à celle utilisée par le menuisier pour construire sa table.

Soyons clairs sur ce point. Si nous sommes obsédés par le principe de contradiction, nous sommes condamnés à un type de pensée discriminant et négatif. Nous devons fuir cette obsession et développer un type de pensée enrichissant et positif : le mode constructif.

8
Pourquoi les gens ne sont-ils pas d'accord? Parce qu'ils sont censés ne pas l'être.

Le conflit est, dans notre civilisation, un état auquel on s'attend et que l'on vénère. Je ne parle pas seulement de défendre héroïquement sa terre natale contre l'envahisseur ou de venir en aide aux victimes de persécutions. Si de tels comportements ont valu à l'homme honneur et gloire c'était peut-être, et c'est sans doute encore, nécessaire. Des sacrifices extraordinaires ont été accomplis. Ils doivent être correctement honorés. La gamme de nos attitudes envers le conflit s'étend donc de ce type de comportement jusqu'à la rivalité qui oppose, au cours d'un match, deux joueurs de tennis.

Les conflits sont parfois nécessaires. Parfois même on peut y prendre plaisir, comme lors d'une compétition. Je n'ai pas l'intention de débattre des mérites respectifs de chaque cas, pas plus que je n'ai, dans ce livre, condamné le conflit en tant que tel. Ce qui m'intéresse, c'est la façon de *penser les conflits*. Ce qui m'intéresse, ce sont les domaines dans lesquels surgissent des conflits que nous aimerions résoudre et pour lesquels les moyens dont nous disposons sont tout à fait insuffisants.

Ce que je veux souligner dans ce chapitre, c'est que notre civilisation est remarquablement équipée pour le conflit. Nos attitudes, nos attentes et notre langage en sont imprégnés. Il y a d'immenses lacunes dans notre culture lorsqu'il s'agit de la résolution des conflits. Nous aimons parler de paix, mais nous pouvons seulement envisager de nous *battre pour l'obtenir*.

UN LANGAGE INADÉQUAT

Je reviens très souvent, dans ce livre, sur la même observation. Plus je réfléchis à la nature de la pensée, et plus je m'aperçois que le langage, même lorsqu'il est riche, est inadéquat. Soit il nous manque carrément des mots, soit les mots trahissent le sens que nous entendons leur donner en l'associant par erreur à un autre, soit ils sont chargés d'émotions.

C'est vrai, le langage est suffisamment souple pour que nous puissions exprimer de nouvelles pensées en agençant différemment, par un travail artisanal soigneux, les mots anciens. Après tout, c'est ce que j'essaye de faire dans ce livre et ai essayé de faire dans les précédents. Mais ce n'est pas suffisant.

On peut décrire un nouveau concept avec un ensemble de mots. Cela permet de décrire, d'expliquer ou de communiquer.

> « Va dans l'entrepôt et rapporte-moi la structure dont le dessus est plat et qui est soutenue par quatre pieds, disposés chacun à un coin. »

Vous comprenez ce que je veux dire, et vous me rapporteriez une table. Ma description et ma façon de communiquer sont parfaites. Mais cette description ne crée pas le *concept* de table. Nous pouvons utiliser la bonne description aussi souvent que nous voulons. Cela ne permettra pas forcément au concept de se former. Pour comprendre pourquoi, il nous faut étudier à la fois les mathématiques combinatoires et la nature du système auto-organisé qu'est la perception — ce que j'ai décrit dans un précédent chapitre. Il est évident que chaque collection, temporaire, de mots ne pourrait pas donner naissance à des concepts.

Mais tant qu'un concept ne s'est pas formé, il ne peut pas réellement pénétrer dans notre pensée. Un concept est une sorte de carrefour. Autour du carrefour se bâtit une petite ville. La ville grandit. Il y a ensuite des banlieues. De nouvelles routes se forment pour rejoindre les autres villes. La ville acquiert une identité. De là vous pouvez vous rendre dans d'autres endroits. C'est à cela que ressemble un concept. Mais une description n'est jamais que semblable à l'itinéraire temporaire d'un voyage. Vous pouvez l'utiliser avec exactitude, mais c'est tout.

Aussi est-ce franchement frustrant d'entendre les puristes du langage dire que nous n'avons pas besoin de nouveaux mots, sous prétexte que notre vocabulaire actuel est suffisamment adapté à la description des choses. Décrire, ça n'est pas suffisant.

Nous disposons d'une multitude de mots pour décrire la victoire, la défaite, la capitulation, l'avantage, la perte, l'attaque, la défense, gagner, perdre, etc. Là, nous ne manquons pas de concepts.

Mais pour décrire la résolution des conflits, de quels concepts disposons-nous? Nous pouvons avoir des dérobades, des défaites, des capitulations, des renoncements, et leurs équivalents du côté du vainqueur. Nous avons également des compromis, des trêves ou des moratoires. Tous ces mots sont frustrants parce qu'ils n'indiquent pas qu'il puisse y avoir une issue satisfaisante : ils n'indiquent que la cessation des hostilités. Le mot « paix » n'intervient pas ici car il ne décrit pas une issue possible, mais un état susceptible d'être atteint après que l'issue a été trouvée. La paix peut être consécutive à la victoire comme à la défaite.

J'aimerais qu'il existe un concept pour exprimer ceci :

> « Nous avons eu un conflit et avons mené une réflexion constructive à son sujet. Par conséquent nous avons créé une issue qui satisfait pleinement les deux parties. Il ne s'agit pas d'une simple tolérance ou acceptation de cette issue ; l'issue dégagée comporte réellement des bénéfices positifs pour chacun de nous. »

Comment exprimer un tel concept? Comment exprimons-nous le dénouement d'un conflit lorsqu'il est vraiment satisfaisant? Il est clair que le langage ne s'est jamais beaucoup intéressé à de telles questions, parce que dans notre culture nous nous attendons à ce qu'un conflit se termine par un gagnant et un perdant.

Prenons un autre exemple. Nous avons beaucoup de mots pour désigner les amis et les ennemis. Nous disposons également d'une grande variété de mots pour désigner les relations entre amis et ennemis : amour, haine, antagonisme, confiance, suspicion, etc. Cependant il y a une lacune. J'ai besoin d'un mot pour décrire le concept suivant :

> « Cet homme est mon ennemi. Je sais qu'il cherche à me

détruire tout autant que je cherche à le détruire. Mais je peux communiquer et travailler avec lui. Nous pouvons travailler ensemble de façon constructive, sur des sujets qui ne peuvent que bénéficier d'une telle coopération. »

En d'autres termes, il s'agit d'un ennemi que j'aime et avec lequel je peux travailler de façon constructive. Je n'ai même pas besoin de l'aimer : le respecter suffit. Et même si je ne le respecte pas, je peux toujours vouloir communiquer et coopérer de façon constructive. Cette idée d'un « ennemi avec lequel je veux travailler » est totalement contraire au langage normal, car elle viole le principe de contradiction que j'ai mentionné précédemment.

Je présenterai au cours de ce livre le concept de « pensée triangulaire ». J'ai besoin d'un mot qui rende compte du concept suivant :

« Dans une situation conflictuelle, les deux parties sont incapables de sortir de leurs propres perceptions. Afin de passer du mode critique au mode constructif, il est nécessaire de faire intervenir une tierce personne. Cette troisième personne n'est ni un intermédiaire, ni un négociateur, ni un médiateur. Elle se propose d'être un miroir, un téléscope panoramique, un réservoir d'idées provocatrices et créatrices, et un directeur de pensée. Le troisième intervenant est aussi celui qui fait établir les cartes de la situation. Il intervient à part entière dans la pensée constructive, pensée nécessaire pour résoudre les conflits. »

Cela fait beaucoup de choses à dire à chaque fois. Il serait beaucoup plus pratique de parler de « pensée triangulaire » pour désigner l'ensemble de ce processus. Car dire seulement « tierce personne » n'est malheureusement pas suffisant. Le troisième participant pourrait très bien être un juge se plaçant au-dessus du conflit. Ou un négociateur médiocre se contentant de faire la navette entre les deux parties. Mais ce dont j'ai besoin, c'est d'un terme impliquant que la tierce personne se situe au même niveau que les autres, et qu'elle est là pour réaliser — avec eux — la pensée constructive. Un triangle donne instantanément une impression d'angles égaux. Il donne aussi (s'il est dessiné normalement, avec la pointe en haut) l'impression d'une troisième partie se situant au-dessus du conflit — d'où les notions de neutralité et de vue générale sur le déroulement de la réflexion.

Il est surprenant que nous n'ayons pas à notre disposition le mot « conflition » pour exprimer le fait d'établir, d'encourager et de promouvoir un conflit. Comme si, à nos yeux, les conflits ne faisaient que se produire. Nous avons besoin d'un mot pour rendre compte des situations où l'on s'efforce activement de créer un conflit. Et, plus important encore, nous avons besoin du mot « dé-conflition » qui traduit la dissipation, ou la résolution, d'un conflit. La dé-conflition, c'est plus que la résolution d'un conflit ; c'est le fait de faire disparaître, par des efforts constructifs, ce qui est à la base du conflit.

ENCOURAGEMENTS

Les spectateurs encouragent les gladiateurs. Les supporters d'une équipe de football stimulent les joueurs.

Lorsque la Marine britannique envoya sa flotte vers les îles Malouines, il soufflait un esprit d'enthousiasme extraordinaire, presque comme s'il s'agissait de partir en croisade. L'agresseur, clairement désigné, était celui qui avait mal agi. Une armée professionnelle, parfaitement entraînée, était envoyée pour donner une leçon à ce pays présomptueux qui avait déclenché les hostilités. Puisque les combats allaient avoir lieu loin de chez soi, il n'y aurait ni bombes ni rationnement. La victoire était une certitude. Dans de telles circonstances, le plaisir que l'on éprouve naturellement (lorsque la victoire est certaine) à être en conflit devient manifeste. Le conflit est une jouissance.

En août 1984, la grève des mineurs anglais n'avait toujours pas cessé. A Westminster, le Parlement venait de terminer sa dernière session avant la pause de l'été. Le 1er août, le *Daily Telegraph* titrait :

> « Les mineurs en grève discrédités
> ACCLAMÉE PAR LES DÉPUTÉS, THATCHER
> TRIOMPHE »

En dernière page figurait un autre titre :

« BENN BATTU À PLATES COUTURES »

(référence à un porte-parole du Parti travalliste, homme ayant la réputation d'être virulent et d'avoir des opinions très à gauche).

Ce langage violent est de bonne guerre. C'est le propre de la vie parlementaire. C'est l'essence de la politique des partis. C'est la base de la démocratie.

Imaginez simplement à quel point cela aurait été banal s'il y avait eu un entrefilet, quelque part dans le journal, informant que des responsables des deux camps s'étaient rencontrés pour trouver une issue, constructive et pratique, à la crise qui durait depuis de nombreuses semaines et coûtait environ 100 millions de francs par jour.

Il faut bien admettre que les journaux doivent faire leur travail. Encourager un conflit présente plus d'intérêt que rendre compte de son dénouement. De même, un crime sexuel présente plus d'intérêt que la vie ennuyeuse d'une secrétaire.

Au temps de la guerre du Viêt-Nam, la presse américaine découvrit les joies de la croisade : avoir une mission à accomplir et avoir le peuple de son côté. Ces joies furent renforcées par la crise du Watergate, compromettant l'administration Nixon. Puis vint Carter, et le problème des otages du Liban. A partir de ce moment la presse devint incontrôlable. C'est au président Reagan que revient le mérite d'avoir redressé la situation en ignorant la presse et en s'adressant à l'opinion publique par le canal de la télévision. Son charme, sa sincérité, son physique et son expérience d'acteur l'aidèrent sans aucun doute énormément. Lorsque les téléspectateurs purent voir et juger par eux-mêmes (quelles que fussent leur erreurs de jugement), la presse n'éprouva plus aucun intérêt à le traiter de monstre incompétent. C'en fut fini des joies de la croisade.

L'objet de cette digression est de souligner qu'il est dans la nature de la presse de favoriser et d'encourager les conflits en donnant à certains événements un grand retentissement, et en entretenant les divisions. Alors que ce n'est pas dans la nature de la télévision, où les protagonistes peuvent parler seuls et où les vociférations semblent absurdes. En fait, la télévision est peut-être le média le plus anti-conflit. Les discours démagogiques, destinés à attiser les conflits, que d'aucuns tiennent dans une salle bondée sont ridicules vus sur un poste de télévision, dans l'intimité de son salon.

Dans l'ensemble cependant, il est dans la nature de la société d'encourager et d'attiser les conflits — jusqu'au moment où ils deviennent gênants pour l'individu. Mais alors il est parfois trop tard pour les éteindre.

Le conflit est porteur de plaisir, parce qu'il y a du plaisir à la fois dans une bagarre et dans une compétition. Même lorsque, dans une marche de protestation, les participants sont animés des motifs les plus nobles, il y a toujours le plaisir d'accomplir une mission, de poursuivre un objectif et de connaître la camaraderie.

La vie est ennuyeuse ; grâce aux conflits elle devient plus excitante. Grâce aux conflits nous nous intéressons à ce qui va se passer (c'est pour cette raison que les Anglais sont restés l'oreille collée au poste de radio tout au long de la guerre des Malouines). Les conflits fournissent un sujet de conversation — chacun peut prendre parti et se targuer d'être spécialiste.

C'est donc pour toute une variété de raisons que nous encourageons, tant implicitement qu'explicitement, les conflits. Il est difficile d'encourager un certain type de conflit et d'en décourager un autre, car le langage, les méthodes et les attitudes issus de conflits bénéfiques débordent pour venir nourrir les conflits destructifs.

Les enfants aiment les dessins animés avec de la bagarre. Non pas parce qu'ils sont assoiffés de sang, mais parce que la mort d'un homme est la forme d'action dramatique la plus simple. Quelque chose a eu lieu. De même que pour celui qui est riche, l'argent n'est rien de plus qu'un moyen de concrétiser sa réussite, de même accumuler les cadavres est la façon la plus simple, pour n'importe quel héros, de marquer des points.

CRÉATIVITÉ, CONSTRUCTION ET RÔLE DU TROISIÈME PARTICIPANT

9
La méthode constructive

Nous allons maintenant aborder la méthode constructive. Il ne s'agit évidemment pas d'écrire un traité sur ce sujet, pourtant très important. Cependant, construire une issue et présenter une argumentation critique sont deux façons radicalement différentes de vouloir résoudre les conflits.

« Comment éliminer cela ? » Voilà l'aspect négatif, parce que discriminant, d'une argumentation.

« Comment réaliser cela ? » Voilà l'aspect positif d'une construction.

Il faut avouer qu'être l'artisan de l'issue d'un conflit est nettement plus difficile que d'être l'artisan d'une pièce mécanique. Cela est dû au fait que la nature humaine est imprévisible. Nous en savons suffisamment sur les lois de la physique pour pouvoir prédire que tel phénomène va se produire (nous pouvons même le calculer mathématiquement). Mais nous n'en savons pas suffisamment sur le comportement humain pour prévoir ce qui arrivera.

Il y a plusieurs années, j'étais chargé de la formation auprès d'un groupe de jeunes lycéens du sud de la Suède. On soumit au groupe une série de problèmes auxquels étaient confrontées diverses personnes, membres du gouvernement et industriels. L'expérience était organisée par Gunnar Wessman, industriel suédois réputé et fervent adepte de la pensée latérale. L'un des problèmes présentés concernait le travail en équipe du week-end dans une usine de produits chimiques. Personne ne voulait faire partie de l'équipe du week-end. Comment motiver le personnel pour qu'il accepte de travailler le samedi et le dimanche?

Les jeunes gens choisirent une approche directe et naïve. Renonçant à motiver les salariés, ils proposèrent d'embaucher du personnel nouveau qui travaillerait uniquement le week-end. Personne n'accueillit favorablement cette suggestion. Les syndicats s'y opposeraient et de toute façon, qui voudrait d'un tel travail? Par la suite la formule s'avéra être un succès. Il y eut d'ailleurs, à plusieurs reprises, plus de candidats que de postes offerts.

Le fait que même une idée valable puisse ne pas être acceptée constitue donc une difficulté.

DÉ-CONSTRUIRE

Nous pouvons supposer que ce sont les circonstances, l'histoire, l'atmosphère et les événements quotidiens qui sont à l'origine de nombreux conflits. Nous pouvons aussi supposer que d'autres conflits, tout aussi nombreux, ont été créés (pas nécessairement de façon délibérée) par les parties en présence, qui se sont concentrées sur les différences et ont cristallisé les points de désaccord.

Dé-construire est un processus qui implique de démêler les fils qui se sont tissés d'une certaine façon et de chercher à les assembler d'une autre façon.

RADICALISATION

Deux personnes voient la même situation sous un angle légèrement différent. C'est, bien sûr, de là que naissent en grande partie les conflits. Des perceptions différentes conduisent à des désirs et à des moyens d'action différents. Chacun choisit sa propre méthode, et le conflit se situe alors au niveau du choix de la méthode. Bien que la différence entre les deux méthodes puisse être en réalité insignifiante, elle risque d'aboutir à un conflit ouvert dans lequel les partenaires ont, en apparence, des vues diamétralement opposées.

Un homme et sa femme discutent de la meilleure route à

prendre pour se rendre chez un ami. Chacun propose une route différente. Une violente discussion s'engage car il s'agit maintenant de deux volontés qui s'affrontent sur le choix entre la route A et la route B. Toutes sortes d'autres éléments se greffent sur la controverse. Lorsque nous commençons à dé-construire l'argumentation de chacun, nous nous apercevons qu'en réalité il y a très peu de différence entre les deux routes.

La pensée critique a ceci de tragique que lorsque le désaccord est total, le degré d'importance du problème n'est pas pris en considération. On en arrive immédiatement à un conflit total, avec des désirs complètement opposés.

DOS À DOS

Il est surprenant de constater à quel point les dialectes de villages situés à moins d'un kilomètre les uns des autres peuvent être différents. L'émergence, ou la survie, de cette différence de langage semble impossible dans un contexte où la communication entre les deux villages est apparemment si facile. Et pourtant il y a à cela une bonne explication, qui est en relation étroite avec la dé-construction des conflits.

Imaginez deux centres urbains distants de plusieurs kilomètres ; chacun d'eux développe son propre dialecte. Il y a entre eux peu de communications. Puis la population s'accroît et s'étend. Des villages naissent à la périphérie de chacun des centres, s'étendant de plus en plus loin. Les habitants de ces villages étant originaires d'un centre ont toujours tendance à se déplacer vers le centre dont leur famille est issue. La communication est toujours centripète, se propageant en direction du centre d'origine. Les villages se développant en cercles concentriques de plus en plus grands, vient un moment où les deux cercles se trouvent très proches l'un de l'autre. C'est ainsi qu'un village se trouvant à l'extrémité du premier cercle peut effectivement se trouver à moins d'un kilomètre du village se trouvant à l'extrémité du second cercle. Ces deux villages sont très proches l'un de l'autre, et pourtant chacun d'eux conserve le dialecte de son centre d'origine. C'est le phénomène du « dos à dos ».

C'est exactement ce qui se passe dans les conflits. Deux idéologies peuvent, à l'origine, se trouver très éloignées l'une de l'autre. Avec le temps chacune d'elles se développe et évolue. A la longue les différences marquées et caractéristiques de chaque idéologie s'estompent. En fait les positions sont très proches l'une de l'autre, comme les deux villages se trouvant dos à dos. Cependant les adversaires ne peuvent pas voir qu'ils sont si proches l'un de l'autre, car pour eux toute la communication idéologique se fait par référence aux centres d'origine. C'est aussi le cas des nombreuses formes de christianisme. Et c'est probablement ce qui finira par arriver avec le capitalisme et le socialisme. Chacun se rapproche de plus en plus de l'autre. Le capitalisme devient davantage dirigiste et soucieux du bien-être des gens. Le socialisme met de plus en plus l'accent sur l'initiative et la libre entreprise.

Il est toujours possible de montrer les divergences importantes en se polarisant sur les points de différences historiques qui sont, eux, aussi immuables que des principes : le capitalisme met l'accent sur l'individu et le socialisme sur l'Etat. Il est toujours utile de garder ces principes présents à l'esprit. Cependant, en certaines occasions, les intérêts des deux parties peuvent converger jusqu'à se trouver très proches, et c'est une grave erreur que de séparer ces intérêts en se référant aux différences d'origine.

Il faut donc garder en mémoire le phénomène, très courant, du dos à dos lorsque l'on dé-construit les conflits.

OBJECTIFS ET AVANTAGES

Dans un prochain chapitre je parlerai plus en détail des objectifs, des avantages et des valeurs. Pour l'instant je voudrais insister sur la façon dont on choisit un objectif particulier parce qu'il semble offrir certains avantages. C'est l'objectif lui-même qui devient alors le centre du conflit, et on en oublie les avantages.

Lors de la longue grève des métallurgistes allemands de 1984, les syndicats réclamaient que la semaine de travail soit réduite de quarante à trente-cinq heures. La direction s'y opposa car elle pensait que la production en souffrirait. Le conflit se centra donc autour de ces objectifs : trente-cinq heures contre quarante heures. Mais les intérêts de chacun étaient fort différents. La direction ne voulait pas de cette perte de bénéfices que constitue une baisse de production. Pour les syndicats, le bénéfice était représenté par un temps de loisir accru (ainsi que par la possibilité d'augmenter le nombre d'emplois en réduisant le temps de travail). La direction aurait pu proposer que l'on alterne une semaine de quarante heures avec une semaine de trente-cinq, et que l'on compare la production. Cette comparaison aurait permis de choisir la durée du travail hebdomadaire. La direction aurait aussi pu inviter les syndicats à lui montrer comment la réduction du temps de travail pouvait accroître l'emploi. Pour leur part, les syndicats auraient pu demander que tout accroissement de la productivité se traduise d'abord par moins d'heures de travail plutôt que par davantage de profits. Ce fut uniquement la cristallisation du conflit sur cette question de trente-cinq ou de quarante heures qui créa le problème. Une fois le conflit posé en ces termes, il était inévitable qu'on en arrive à la solution la moins imaginative (la semaine de trente-huit heures et demie). Une telle solution résout provisoirement le conflit en cours, mais pose les bases du prochain conflit.

Il est donc important de distinguer les valeurs et les avantages réels des objectifs déclarés. Faute de quoi un conflit risque de se cristalliser autour de ces objectifs déclarés qui ne sont, après tout, qu'une façon d'exprimer les valeurs auxquelles on croit.

DES DÉSIRS INCOMPATIBLES

Certains conflits sont, au dire des parties en présence, insolubles. Le conflit de l'Irlande du Nord est de ce type. Lorsque l'un des adversaires ne peut être satisfait que si l'autre est rendu insatisfait — et réciproquement — alors il y a incompatibilité. La seule façon de résoudre le conflit est de faire en sorte que les deux parties soient insatisfaites, ce qui est nettement plus facile que de les satisfaire toutes deux.

Il est nécessaire d'isoler et de définir les points de contradiction afin d'essayer de s'en débarrasser. Cela exclut donc que l'un des adversaires puisse exprimer un quelconque désir qui contiendrait l'envie de duper l'autre. Ce que l'on souhaite doit être formulé clairement, et trouver en soi sa propre justification. Les désirs doivent être énoncés en termes positifs.

Je ne prétends pas que cela soit facile à mettre en œuvre, ni que cela marche à chaque fois. Lorsque cela ne marche pas, il faut essayer d'autres approches, comme par exemple ménager des phases de transition, introduire de nouveaux éléments, changer de stratégie, créer des avantages significatifs pour les deux parties, etc.

Cependant, à chaque fois qu'il est possible de redéfinir les objectifs en termes positifs, cela peut permettre de transformer un conflit insoluble en un conflit susceptible d'être résolu.

DIVERGENCES DE PERCEPTION

Je l'ai déjà dit plusieurs fois : il y a à la base de nombreux conflits une différence de perception. Un garçon se fait renvoyer de l'école pour avoir fait l'école buissonnière. Pour les parents ce n'est rien de plus qu'une initiative prise par l'élève. Pour l'école, il s'agit d'un acte délibéré de désobéissance et d'un non-respect de la discipline de l'établissement.

Les Britanniques voient dans l'invasion des Malouines une agression évidente, qu'il faut repousser. Les Argentins ne voient dans l'occupation des Malouines que l'accélération d'un processus inévitable lorsque les négociations ne mènent nulle part. Les deux points de vue sont manifestement incompatibles, et pourtant les deux sont justes à leur manière.

L'approche constructive consisterait à chercher à concilier ces deux points de vue. L'agression de l'Argentine aurait pu être annulée par le retrait des troupes et peut-être par quelque compensation accordée aux habitants des îles. En même temps la Grande-Bretagne se serait engagée à négocier, dans un certain délai, l'avenir de ces îles. Dans la pratique on aurait pu procéder de la façon suivante. Les Etats-Unis se seraient fermement engagés aux côtés des Britanniques, leur offrant toute leur aide militaire. Cette écrasante supériorité militaire aurait convaincu les Argentins que toute résistance était inutile. En retour les Etats-Unis auraient insisté pour que les Britanniques négocient sérieusement l'avenir des Malouines, et ce dans un délai déterminé. En réalité les Argentins avaient quelque espoir d'humilier l'armée britannique, tout au moins le croyaient-ils. C'était évidemment une perspective fort séduisante. Aussi lorsqu'ils capitulèrent sans condition, toute cette aventure fut une défaite totale.

Evidemment les souhaits des habitants des Malouines auraient dû être souverains. Mais les souhaits n'existent pas dans le vide. Ils prennent place dans un contexte. Pour les habitants des Malouines il doit être clair que le jour viendra où la Grande-Bretagne ne sera plus en mesure de les défendre militairement, quelle qu'en soit sa volonté. Ils ne peuvent pas non plus compter sur le fait que Madame Thatcher, avec le style de décision qui lui est propre, restera éternellement au pouvoir.

POINTS COMMUNS

Chercher à élaborer quelque chose à partir des points communs aux deux perceptions est une autre façon d'aborder les divergences de perception. Dans ce cas on se concentre sur les points d'accord plutôt que sur les points de désaccord (il s'agit de la cartographie de l'A.D.I. dont nous avons parlé précédemment : zones d'Accord, de Désaccord et d'Indifférence).

Dans l'exemple du jeune écolier fugueur, les points communs peuvent être ceux-ci : faire l'école buissonnière n'est pas compatible avec la discipline scolaire ; l'esprit d'initiative est une qualité utile. Par conséquent, on pourrait imaginer comme solution de punir le garçon autrement qu'en l'expulsant, et de canaliser son esprit d'initiative vers des activités plus pertinentes. Ou bien le directeur aurait pu conseiller de transférer le garçon dans une autre école offrant davantage de possibilités de prendre des initiatives, plutôt que de le renvoyer.

DÉPLACEMENT DE PERCEPTION

Lorsque cela marche, c'est le mécanisme le plus efficace de tous. Il s'agit de faire l'effort de provoquer un déplacement réel de la perception, de telle sorte que l'on puisse voir les choses sous un angle différent. Le déplacement est un acte de créativité ou de perspicacité : tel est le but de la pensée latérale.

Dans une grève ordinaire, les deux parties montrent leur détermination et leur force au moyen d'une sorte d'escalade de la souffrance : plus nous acceptons de souffrir, plus cela prouve que nous sommes déterminés. Le système est bon et fonctionne correctement. Mais supposez que l'on reconstruise le système de telle sorte que la détermination et la souffrance puissent toujours être utilisées, sans pour autant que la production s'effondre. Les travailleurs continueraient donc à travailler, mais pour un salaire réduit. L'usine ne ferait aucun profit car celui-ci, ainsi que la part du salaire non versé aux ouvriers, seraient attribués à un fond spécial bloqué. Ce fond, en augmentation constante, ferait partie des termes de l'accord, et pourrait être partagé selon des modalités définies en commun. Ainsi la production ne serait pas interrompue, et aucun marché ne serait perdu. Néanmoins les deux parties seraient lésées. Si l'épreuve infligée se révélait insuffisante, alors on pourrait augmenter le fond spécial en augmentant les sommes prélevées sur les salaires et sur les recettes de l'usine. Cette méthode montrerait la contradiction apparente d'une grève tout en maintenant une production normale (je reviendrai ultérieurement sur cet aspect de la contradiction).

L'important, dans cet exemple, est que grâce à un déplacement de perception, on voit qu'une perte de production n'est pas dans les intérêts à long terme des salariés.

Il est irréaliste de croire que l'une des parties va soudain voir les choses sous le même angle que son adversaire et déclarer que le conflit est terminé. Il peut se produire un réel changement de perception, mais il ne sera pas obligatoirement aussi manifeste. La solution du conflit peut se fonder sur ce changement de perception mais doit offrir quelque chose de nouveau.

Par exemple, le déplacement de perception qui consiste à admettre que l'automatisation va dans le sens de l'intérêt des travailleurs plutôt qu'à son encontre doit s'accompagner d'une structure dans laquelle les travailleurs pourront réellement posséder (grâce à la location-vente) les machines automatisées.

SOUS-ÉLÉMENTS

L'une des techniques les plus importantes de la pensée constructive consiste à décomposer les éléments apparents en sous-éléments. Un enfant jouant avec des « Lego » démantèlera toutes les pièces déjà formées afin de les reconstruire en partant du plus petit élément de base. Ainsi dans une situation conflictuelle nous passons en revue les différents éléments : valeurs, objectifs, positions, tendances, mécanismes, personnalités, etc. Puis nous essayons de créer la structure désirée.

Par exemple, dans l'affaire de l'avion coréen abattu, toutes sortes d'éléments entrent en jeu : la défense, les mises en garde, l'erreur, les fautes, l'insensibilité, l'opinion publique, etc. Parmi les approches possibles, les Soviétiques auraient pu insister sur le fait qu'ils possédaient un système de défense aérien très strict, et que le même incident pouvait parfaitement se reproduire. Néanmoins ils auraient pu accepter une certaine part de responsabilité dans cet accident, et auraient par conséquent été prêts à payer quelque compensation aux familles des victimes — à la condition que les Coréens payent la même compensation pour avoir eux aussi contribué à cet « accident militaire ». Nous sommes ici en présence du concept d'un accident regrettable qui aurait pu être évité, mais qui est la résultante de différents éléments. C'est comme lorsqu'une voiture dérape sur une flaque d'huile sur une route.

Les Soviétiques considèrent n'avoir commis aucune erreur. L'erreur fut commise par le pilote. Après tout, si un chauffeur de car manque un virage et envoie ses passagers dans le ravin, ce sera la faute du chauffeur. L'autre point de vue consiste à dire qu'il n'existe aucune justification au fait qu'un avion transportant des passagers innocents soit abattu volontairement.

Toute idée, tout désir, toute situation sont faits de sous-éléments. Qu'est-ce qui est en jeu ? Quels sont ces éléments ? Pourquoi voulons-nous faire cela ? Dès que les sous-éléments ont été différenciés, un nouveau montage peut être mis en place.

LE NŒUD DU CONFLIT

Il semblerait naturel de résoudre un conflit en dénouant son point central, croyant qu'il constitue la base réelle du conflit. Pour de nombreuses raisons, il s'agit là d'une mauvaise approche.

Le nœud du conflit n'est bien souvent que le point où, par commodité, se cristallisent les perceptions. Ce n'est pas du tout la cause fondamentale du problème. Ainsi, même lorsque l'on parvient à un résultat prenant en compte ce point, il peut ne pas être acceptable par les deux parties.

Le nœud du conflit sera le point le plus vigoureusement défendu, car on voit en lui le cœur du problème. Céder sur ce point, c'est accepter la défaite. Attaquer le point central, c'est comme s'efforcer de s'emparer dès le début de l'étendard de l'ennemi.

L'autre approche consiste à laisser de côté le point central, et à se concentrer sur autre chose. Il arrive souvent qu'à la fin, ce point central soit si peu défendu qu'on l'oublie presque. Cette approche peut ressembler à une fuite devant la solution, mais en fait elle constitue une tentative pour faire évoluer le contexte susceptible de contenir cette solution.

TRAVAILLER À RECULONS

C'est une des façons les plus efficaces de parvenir à une issue. Nous partons de l'objectif final puis nous voyons quelles sont les possibilités susceptibles de nous y mener. Ensuite pour chacune d'elles, nous voyons quels moyens peuvent nous permettre de les atteindre. Nous continuons à suivre cette procédure, toujours en rétrogradant. A la fin nous disposons d'un large éventail de points de départ.

Par exemple, si notre intention était de « faire face à une pénurie d'eau », les points susceptibles de nous y conduire peuvent être : avoir plus de réserves ; remplacer l'eau par autre chose ; économiser ; se passer d'eau. Si nous étudions maintenant la possibilité « économiser », nous nous apercevons que pour y parvenir il nous faut : limiter les stocks ; se rationner ; changer d'habitudes ; réduire le gaspillage ; etc. Et pour parvenir à « changer d'habitudes », les moyens à notre disposition sont : l'éducation, l'information du public, les contrôles. Lors d'une pénurie d'eau à New York, une économie de 400 millions de litres par jour fut réalisée, en grande partie grâce aux efforts médiatiques de Ed Koch, le maire de la ville. Il apparaissait fréquemment à la télévision, et fit de tous les enfants de la ville des adjoints au maire en leur donnant la responsabilité de contrôler chez eux tout gaspillage d'eau.

Dans les livres d'enfants on voit souvent ce jeu de trois garçons en train de pêcher. De chaque canne à pêche part une ligne. Les lignes sont considérablement emmêlées les unes aux autres. Au bout de l'une d'entre elles est attaché un poisson. Lequel des enfants a attrapé le poisson ? Pour le savoir, vous pouvez suivre les lignes qui partent de chacun des garçons jusqu'à ce que vous atteigniez le poisson. Mais les enfants débrouillards s'aperçoivent vite qu'en partant du poisson, il est facile de remonter la ligne jusqu'à l'heureux garçon. Travailler à reculons, c'est à peu près le même principe. C'est une méthode très efficace ; mais elle possède un immense inconvénient. Quel est l'objectif final ? Dans une démarche créative, nous *ne savons pas encore* ce que cela pourrait être. Si nous le savions, alors nous ne ferions que progresser vers une solution tout à fait banale.

LA SOLUTION RÊVÉE

Cette autre approche fondamentale pourra constituer l'objectif final de la méthode du « travail à reculons », ou bien être utilisée par elle-même en tant que méthode constructive.

Nous sautons tout simplement à la fin, et imaginons la solution idéale. Du fait qu'il s'agit d'une solution de rêve, elle peut être illogique. Mais, ce qui est plus important, elle peut faire apparaître des conditions dans lesquelles le conflit n'existerait plus. Par exemple si nous acceptions le concept du « travail marginal », la grève des mineurs de 1984 n'aurait pas eu lieu. Selon ce concept, serait considéré comme marginal tout travail dans une industrie en évolution n'excédant pas 10 %. Ainsi les puits « non rentables » resteraient ouverts à condition qu'ils ne représentent pas plus de 10 % de l'ensemble (des coûts, de la production ou de n'importe quoi d'autre). Cela servirait en quelque sorte de tampon, et permettrait de faire des prévisions. Si le nombre de puits non rentables augmentait, on en fermerait quelques-uns. Cela ne sert peut-être pas à grand chose de dire : « Si le prix du charbon augmentait considérablement, il n'y aurait pas de problème » car cela revient à dire : « S'il n'y avait pas de problème alors il n'y aurait pas de problème. » On pourrait dire : « Si nous savions que le prix du charbon allait à l'avenir augmenter, alors... », car cela refléterait une évolution de la situation. Cela pourrait conduire à l'idée d'investir sur le marché à terme du charbon, ou d'investir dans le charbon comme bien de production.

CHANGER LES CIRCONSTANCES

Voici une autre façon très efficace de trouver une issue à un conflit. Si les circonstances changent, alors tous les blocages psychologiques liés à la situation doivent aussi évoluer. Au moment de l'affaire des otages américains détenus en Iran, une chaîne de télévision new-yorkaise me demanda quelle serait ma suggestion. Ce n'était pas un sujet pour lequel j'avais une réponse toute prête. Aussi je dus en improviser une. Je dis qu'à mon avis, l'essentiel pour les étudiants iraniens détenteurs des otages était qu'ils réussissaient à mettre les Etats-Unis dans l'embarras. Si les Etats-Unis pouvaient d'une façon ou d'une autre montrer qu'ils étaient prêts à patienter, et que le moyen choisi n'apparaisse pas comme un chantage, cette prise d'otages perdrait beaucoup de son intérêt. Les otages risquaient de trouver cette attitude cruelle (même si elle pouvait assurer leur libération prochaine) et de se sentir abandonnés. Je suggérai donc que chaque otage reçoive du gouvernement américain l'équivalent de 6 000 francs par jour, en compensation de cet emprisonnement injuste. Ainsi, chaque jour, les otages sauraient que quelque chose de positif avait eu lieu, et que la patience serait finalement récompensée. Cette suggestion fut reprise dans le *Village Voice*★ et fut également débattue au Sénat. On estima qu'elle créerait un précédent trop coûteux, si l'on songeait aux futurs prisonniers de guerre. Cette opinion, bien entendu, occultait totalement l'aspect psychologique très particulier de la suggestion, à savoir la nécessité pour les Etats-Unis de manifester leur patience. A cette époque, le coût total de cette compensation aurait été équivalent à la moitié du prix d'un hélicoptère.

LE MODE CONDITIONNEL

Cette technique s'apparente à la fois à la solution rêvée et au changement de circonstances. Nous décidons d'effectuer une légère modification, d'ordre spéculatif : « Si telle et telle chose se produisait... » Cela permet de clarifier la base du conflit tout en contribuant à l'élaboration d'une solution.

Je précise que je ne fais pas ici référence à l'examen des

★ Magazine new-yorkais. (N.d.T.)

possibilités futures et des scénarios, mais aux événements susceptibles de modifier les conditions du conflit.

> « Si on décidait que les mineurs constituent, en permanence, un cas à part... »

alors il ne serait pas nécessaire de faire de ce conflit un test pour tenter d'imposer des règles dans l'industrie.

Dans un conflit, les perceptions et les pensées finissent par se bloquer mutuellement. Par conséquent il est nécessaire de provoquer des remous afin de dégeler les circuits de la pensée.

BLOCAGES, TABOUS ET PRÉALABLES

Il existe une tactique de négociation très courante qui consiste à prévenir dès le début que certaines choses ne sont pas négociables, puis à se montrer tout disposé à discuter des autres questions. Soyons clair : lorsqu'on utilise le mode constructif, cette approche est inacceptable.

> « Rien ne sera exclu de la réflexion constructive. Lorsqu'on adopte cette démarche on peut réintroduire les sujets auparavant exclus. »

Accepter qu'il y ait dès le début des frontières et des limites rend toute construction impossible. Un schéma de solution peut comporter des limites, mais elles sont reconsidérées ultérieurement. C'est un point fondamental de la pensée constructive : toujours travailler à reculons pour s'efforcer de faire reculer les limites, mais ne pas travailler dès le début à l'intérieur de limites arbitraires.

FAÇONNAGE OU MONTAGE

Un sculpteur peut travailler de deux façons.

Il peut prendre un bloc de marbre, puis le façonner en partant de sa forme grossière pour aboutir finalement à des détails précis. De même un « penseur constructif » peut démarrer avec une notion assez vague du résultat à élaborer puis, à partir de là, travailler son sujet jusque dans les moindres détails.

Le sculpteur peut aussi utiliser une armature métallique, puis construire son modèle en ajoutant de la terre par petits morceaux. C'est l'approche structurée. Chaque nouvelle pièce doit être justifiée. Il s'agit alors d'un montage.

Dans les deux cas, le sculpteur a une vue d'ensemble de son modèle. Le montage permet cependant au sculpteur d'examiner à chaque instant ce qui a été ajouté, et de le retirer si cela ne cadre pas avec l'ensemble.

Lorsque l'on prépare l'issue d'un conflit, le montage consiste à résoudre chaque point du conflit, l'un après l'autre, puis à faire une synthèse de l'ensemble. Le façonnage consiste à partir d'une idée générale puis à l'affiner jusqu'à ce que les valeurs et les objectifs soient précisés.

LA MÉTHODE DU NOYAU

Voici une autre technique constructive. Le « penseur constructif » se donne un principe qui tient lieu de noyau autour duquel il bâtit la solution. Remarquez que ce noyau n'a rien à voir avec le nœud du conflit. Il ne s'agit pas d'une tentative pour neutraliser le point central du conflit.

Par exemple, si l'on se penche sur l'avenir des îles Malouines on pourrait se donner le principe suivant :

> « On doit proposer aux insulaires une solution intéressante pour eux et qui ne fasse pas de la Grande-Bretagne un otage. »

RÉSUMÉ

Au cours de ce chapitre, je n'ai fait qu'effleurer quelques-unes des techniques permettant d'élaborer une solution. Celle-ci sera le résultat de provocations, de rêves et de déplacements de perception ainsi que de l'utilisation méthodique de différentes techniques.

J'insiste sur le fait que l'approche constructive est fondée sur une exploration minutieuse de la situation et sur l'établissement d'une carte ; c'est ce que nous avons expliqué dans un précédent chapitre sous le terme « pensée-2 ». Une telle carte est essentielle.

Comme je l'ai indiqué, on travaille toujours avec un double objectif : satisfaire les besoins exprimés et obtenir l'approbation des personnes concernées.

Dans le cas d'une situation conflictuelle, ces deux objectifs sont très proches l'un de l'autre, car les valeurs, les souhaits, les priorités et les peurs des parties adverses sont justement les éléments que l'on doit prendre en compte. Il ne s'agit donc pas de parvenir à un projet abstrait que l'on présente ensuite aux protagonistes. C'est pourquoi j'ai insisté dans ce livre sur le concept de « pensée triangulaire ». Cela indique que les trois parties (les deux adversaires et le troisième participant) appartiennent à la même équipe constructive.

Cependant, il est essentiel que les adversaires comprennent que lorsqu'ils participent à des exercices constructifs, il est exclu de recourir au mode critique. Pour garantir cela, le troisième participant joue en quelque sorte le rôle d'animateur de ces exercices. Il correspond à l'angle supérieur d'un triangle. Pour que le mode constructif ait quelque valeur, il doit être utilisé correctement.

10
Pourquoi les adversaires sont les plus mal placés pour régler leur différend

Il est naturel de supposer que ce sont les protagonistes d'un conflit qui doivent le résoudre. C'est leur affaire. Ce sont leurs intérêts qui sont en jeu. Ce sont eux qui, d'une façon ou d'une autre, en sont responsables.

Malheureusement, il se trouve que ce sont justement eux les plus mal placés pour régler leur différend. Ce qui crée un affreux dilemme. C'est comme si la seule personne disponible pour venir au secours de quelqu'un en train de se noyer ne savait pas nager. Ou comme si les seuls individus aspirant à devenir ingénieurs étaient ceux qui ne comprenaient rien aux mathématiques.

Il existe une — et une seule — situation dans laquelle les adversaires sont les mieux placés pour résoudre leur conflit : lorsque le conflit se résout par l'emploi de la force pure. Dans toutes les autres situations, les adversaires ont un lourd handicap.

LA TENSION DUE AUX HOSTILITÉS

Deux équipes luttent à la corde de part et d'autre d'une rivière au courant violent. La corde est mouillée ; ils l'ont donc enroulée autour d'eux afin d'avoir la meilleure prise possible. Chaque équipe tire de toutes ses forces. Pour l'instant, la corde ne bouge pas car les forces sont équivalentes. L'effort exercé est considérable mais aucun mouvement ne se produit.

Aucun des adversaires n'ose relâcher la tension, car il serait immédiatement entraîné dans la rivière. Les deux équipes ne communiquent pas entre elles. De toutes façons même si elles le faisaient, elles ne se feraient pas confiance. Si l'une proposait de relâcher la tension, l'autre croirait à un piège. C'est cette hostilité qui maintient la tension.

Deux marques concurrentes de boissons sucrées dépensent en publicité des sommes considérables. Chacune des sociétés sait que ces énormes dépenses ne vont pas agrandir le marché de ce type de boissons. Mais aucune d'elles n'ose réduire, ne serait-ce que momentanément, les dépenses, de peur que l'autre ne gagne immédiatement des parts du marché — qu'il serait ensuite très coûteux de récupérer. La tension naît de cette rivalité. Même si les concurrents reconnaissent qu'ils gaspillent leur argent et leurs efforts, ils n'osent pas relâcher leurs efforts un seul instant.

La course aux armements est un exemple du même type.

Le conflit se caractérise généralement par cette tension née de l'hostilité. Il y a une pression constante. Le commandant d'une armée n'ose pas se relâcher une seconde, car l'ennemi risque d'attaquer. Un boxeur n'ose pas abaisser sa garde.

Du fait de cette tension, il est extrêmement difficile pour les combattants de mener une réflexion approfondie de type exploratoire. On ne peut pas faire de concessions mutuelles, puisque le principe fondamental est de ne rien donner sauf si l'on y est obligé.

La bonne volonté et le bon sens des participants n'entrent pas en ligne de compte dans une telle situation. Chacun agit le plus intelligemment possible en fonction de sa propre logique. C'est la logique de la situation qui exige ce comportement. Et pourtant les membres des deux équipes qui luttent à la corde aimeraient bien s'arrêter, pour boire un verre de bière et pêcher dans la rivière.

SECRET, SUSPICION ET MÉFIANCE

C'est une des conséquences directes de la tension née de l'hostilité. Imaginons que le capitaine d'une des équipes crie à l'adresse de l'autre rive :

> « Je vais compter jusqu'à trois, puis je dirais STOP. A ce moment tout le monde relâchera la tension. »

L'autre équipe pensera que si à trois elle relâche ses efforts, elle risque de se trouver immédiatement entraînée dans la rivière.

Il est naturel de supposer qu'à chaque instant votre rival s'apprête à tenter quelque chose pour prendre l'avantage. Cela fait partie du contexte dans lequel s'inscrit toute action.

L'ère de la chevalerie et des combats loyaux à mains nues est loin. C'est bien connu : en amour comme à la guerre, tous les coups sont permis.

Lors de la guerre des Malouines, on déploya des efforts désespérés pour négocier. On fit appel au secrétaire général des Nations unies, au président du Pérou, à Alexander Haig, etc. Tout au long de ces négociations, le gouvernement britannique avait conscience que le temps passait et que, dans l'Atlantique sud, l'hiver approchait. Le temps était de plus en plus mauvais, et bientôt il ferait trop mauvais pour que la Marine britannique puisse envisager une invasion des Malouines. Mais en réalité, peu importait le sérieux apporté à ces négociations ; elles étaient toujours suspectées d'être des tentatives pour obtenir un avantage militaire. Tant que l'une des parties soupçonne l'autre, il est impossible à cette dernière de prouver que les soupçons de son adversaire ne sont pas fondés.

L'aspect psychologique fait partie intégrante du déroulement normal d'un conflit. Au cours de la Seconde Guerre mondiale, les Allemands commirent une erreur en attendant le débarquement des Alliés en Normandie sur la mauvaise plage. Cette mauvaise information les conduisit à envoyer massivement leurs troupes au mauvais endroit. Et cela sauva de nombreuses vies humaines.

Il n'est guère surprenant que le secret ait toujours tenu une part essentielle dans la diplomatie et la négociation aussi bien que dans le conflit lui-même. Sans secret, il ne peut y avoir de tromperie ni de bluff.

Je l'ai déjà dit : nous avons tort de *reporter la notion même de conflit sur notre façon de réfléchir aux conflits.* Notre approche des conflits n'est jamais que la réplique en miniature du conflit qui pourrait réellement avoir lieu sur un champ de bataille. Voilà pourquoi le secret et le bluff sont primordiaux.

Un homme d'affaires célèbre, qui venait juste de conclure une brillante affaire par l'achat d'une société me dit :

« Je voulais absolument cette société. S'ils m'en avaient

demandé le double, je l'aurais achetée. Mais ils ne l'ont pas fait. Alors je l'ai eue pour une bouchée de pain. »

Est-il surprenant que le secret fasse partie de la négociation ? Si cet homme avait annoncé le prix qu'il était disposé à payer, il aurait dû débourser le double pour conclure cette affaire. A quoi joue un joueur de poker avec toutes ses cartes retournées sur la table ? Que vaudrait, au bridge, le point d'un contrat si toutes les mains étaient exposées dès le début ? Cependant, les pièces du jeu d'échec sont bien visibles sur l'échiquier. Le fait que les Russes jouent aux échecs et les Américains au poker et au bridge a-t-il une quelconque signification ?

Si l'une des parties s'apprête à se dessaisir de quelque chose au cours de la négociation, elle ne voudra pas le faire « gratuitement ». Elle doit en tirer le prix maximum.

Pour nous de tels secrets vont de soi, car ils constituent une part fondamentale de notre méthode traditionnelle d'approche des conflits. Si rien n'était secret nous ne pourrions pas utiliser cette méthode. Cependant, dans la nouvelle approche constructive, il peut y avoir davantage d'ouverture, puisque les désirs et les peurs doivent tous être exprimés afin de servir d'éléments de construction. De toute évidence, les parties impliquées dans un conflit ne se feront pas spontanément de telles révélations. C'est pourquoi le troisième participant joue dans ce processus un rôle essentiel.

MANQUE DE COMMUNICATION

Il est certain que le secret dénote un manque de communication. Mais je veux parler ici de la simple *absence* de moyen de communication entre les protagonistes d'un conflit.

Entre la fin de la guerre des Malouines, en 1982, et le mois de juin 1984, il n'y eut aucun contact direct entre le gouvernement de la Grande-Bretagne et celui de l'Argentine. C'est une absurdité puérile. Dans un prochain chapitre je parlerai de cette attitude absurde des nations qui se comportent comme des adolescents : elles boudent, se vexent, sont en froid, refusent de s'adresser la parole, etc.

C'est aussi une absurdité que des nations en guerre refusent d'établir un dialogue permanent *tout au long du conflit*.

L'un des rôles que pourrait jouer l'organisation que je décrirai ultérieurement dans cet ouvrage (nommée S.I.T.O., *Supranational Independent Thinking Organisation* — Centre de réflexion supranational et indépendant) serait de servir de centre permanent de communication entre nations ennemies. Ces communications s'établiraient sur la base d'un face à face quotidien.

Je pense aussi qu'il devrait y avoir un Conseil permanent pour les Etats-Unis et l'Union soviétique (placé éventuellement sous les auspices du S.I.T.O.) plutôt que des conférences périodiques suivies de ruptures.

Je ne veux pas approfondir ces questions maintenant. Je veux simplement faire remarquer qu'il y a, par tradition, un manque total de communication directe entre les protagonistes d'un conflit. C'est encore une bonne raison pour faire intervenir une tierce personne.

PRENDRE POSITION

Autrefois, lors des batailles, les chefs de chaque armée marquaient leur position sur le champ de bataille au moyen de leurs étendards. Ces bannières flottantes indiquaient à tous à qui appartenait tel territoire, et reflétaient à chaque instant les positions conquises. Elles montraient la progression de chaque armée. Elles avaient une valeur psychologique, en permettant aux troupes de voir ce qui se passait. Mais elles avaient aussi une fonction très pratique : regrouper les troupes éparpillées, qui savaient ainsi où se trouvait le point de ralliement, et quelles étaient les positions à défendre.

Il se passe exactement la même chose dans les conflits modernes. Les dirigeants doivent pouvoir informer leurs partisans de l'évolution de la situation. Les déclarations qui leur permettent de le faire sont en quelque sorte leurs bannières. Comme il est presque impossible de décrire en détail ce qui se passe réellement, on utilise des formules-choc. Arthur Scargill, le chef des mineurs en Grande-Bretagne, déclare : « Aucun puits ne sera fermé. » Les Soviétiques affirment qu'il n'y aura « plus de discussions sur le désarmement tant que les missiles de croisière ne seront pas retirés ». C'est une façon traditionnelle de prendre position. Cela indique à la fois où en sont les choses et quelles sont les positions à défendre.

Malheureusement, il est extrêmement difficile de revenir sur une position prise publiquement et définie de cette manière. A cause de ce besoin de montrer que le combat se poursuit, les négociateurs se retrouvent constamment mis au pied du mur.

Cette difficulté de communication se retrouve dans bien d'autres domaines. C'est un dilemme qui naît du besoin de communiquer en même temps avec deux groupes différents.

Dans son rapport annuel, une société montre que les affaires vont très bien. Cela est essentiel afin de conserver la confiance des investisseurs, une bonne cotation boursière et un taux de crédit suffisamment intéressant pour pouvoir emprunter de l'argent plus facilement. En effet, plus une société a besoin d'emprunter de l'argent, plus elle devra présenter aux investisseurs un tableau positif. Bien entendu, le rapport annuel est également lu par les employés et par les responsables syndicaux. Si les choses vont si bien, alors les augmentations de salaire qui avaient été retardées vont certainement arriver? Les demandes de revalorisation des salaires accroissent encore les difficultés de l'entreprise, déjà à court d'argent. Avec un message qui sera inévitablement communiqué aux deux groupes, il est impossible de montrer en même temps aux investisseurs que tout va bien, et aux employés que les choses vont si mal qu'ils doivent se serrer la ceinture.

Dans les conflits, il se passe exactement la même chose. Le responsable doit faire connaître la position qu'il a adoptée, afin de conserver l'appui de ses partisans. Mais une position figée rend toute négociation beaucoup plus difficile. En politique, l'échange d'insultes est un autre aspect du même phénomène. Par égard pour ses adhérents, un dirigeant peut être obligé de se montrer agressif. En même temps, il peut très bien souhaiter calmer le jeu vis-à-vis de son rival. Il doit donc insulter son adversaire tout en lui faisant comprendre que ces insultes ne sont destinées qu'à son propre camp. L'excellence des moyens modernes de communication rend cette tâche de plus en plus difficile. Ce qui se dit au cours d'un meeting politique est aussitôt diffusé aux quatre coins du monde.

Le seul fait de prendre position s'accompagne toujours de formules telles que « ne jamais renoncer », « résister jusqu'à la mort », « pas d'évolution de notre position »; voilà pourquoi les parties impliquées dans un conflit ne sont jamais les mieux placées pour dénouer la crise.

Il y a également dans une prise de position publique un aspect « danse rituelle ». Il arrive souvent, lors de négociations syndicales, que les deux parties soient suffisamment habiles et expérimentées pour connaître d'avance l'issue de la négociation. Elles pourraient même se mettre d'accord dès la première rencontre. Mais dans la plupart des pays (sauf au Japon), on ne peut pas faire cela. Il y a certaines traditions à respecter, comme dans une danse rituelle. Les exigences doivent être excessives, les pourparlers doivent être rompus, on doit proférer des menaces, et ainsi de suite. Tout cela est nécessaire, pour deux raisons.

S'il n'y a pas de danse rituelle, le personnel syndiqué ne croira jamais que les responsables syndicaux ont fait leur travail correctement. Ceux-ci passeront pour faibles et trop enclins au compromis. Lors des prochaines élections, ces responsables « faibles » seront remplacés par d'autres, plus tenaces.

La seconde raison est que les responsables eux-mêmes ont besoin, pour savoir s'ils ont réalisé la meilleure transaction possible, d'exercer la pression maximum. C'est un peu l'équivalent de l'homme d'affaires qui a acheté une entreprise bon marché, parce que l'autre partie n'en a pas demandé le prix maximum. Il doit toujours y avoir à la fois de bons arguments et une « pression maximum ». Si on voit que vous exercez la pression maximum, alors vous prouvez à vos compagnons, ainsi qu'à vous-même, que vous avez tout simplement obtenu ce qu'il y avait de mieux à obtenir. Par quel autre moyen pourriez-vous le prouver ?

UNE ÉTIQUETTE SUR LE DOS

J'ai mentionné à diverses reprises le problème du langage et des mots que l'on utilise comme des étiquettes. Ce qui m'intéresse ici, ce sont les insultes courantes.

Si la partie adverse est un « ennemi », s'il est le « diable », il devient très difficile d'avoir des discussions constructives. Si l'autre est un « tyran », un « agresseur », un « dictateur », le simple fait qu'on puisse être vu en train de négocier avec ce personnage est perçu comme une sorte de capitulation.

Ces étiquettes sont nécessaires ; elles alimentent les forces qui soutiennent une cause et renforcent la légitimité d'une situation.

Elles permettent également de pimenter les discours. Les journaux en raffolent et les distillent avec imagination dans des titres accrocheurs.

Nous sommes là devant le dilemme du discours à usage externe — le public — ou à usage interne — les participants de la négociation — que j'ai mentionné plus haut.

Rappelons également que ces insultes répondent à un autre objectif. Elles peuvent servir à déterminer l'atmosphère de la négociation. Souvenez-vous qu'une atmosphère dure ou tendue influe réellement sur les concepts qui se forment dans l'esprit de la partie adverse. En d'autres termes, il existe de bonnes raisons pour intimider un adversaire.

UNE SOURCE DE PLAISIR

Les conflits et les crises ont un grand pouvoir d'attraction et sont source de plaisir. Souvent, les politiciens adorent les crises. De surcroît, le conflit est un bon moyen pour renforcer le soutien à un régime impopulaire, et apaiser les querelles de factions en désignant un ennemi externe (ou interne, dans le cas des juifs dans l'Allemagne nazie).

Une crise ou un conflit polarise les préoccupations des politiciens. De nombreux politiciens sont des penseurs qui réagissent. Ils sont beaucoup plus heureux lorsqu'ils peuvent réagir à quelque chose que lorsqu'ils doivent prendre l'initiative d'améliorer la société par des actions imaginatives. Ce ne sont pas des créateurs ni des constructeurs. De plus, toute initiative constitue un risque, puisqu'elle peut échouer et contrarier autant de personnes qu'elle en satisfait. La pensée réactive est plus sécurisante. Vous ne faites que ce que vous êtes obligés de faire. Toute action — ou le fait même de survivre — est une immense réussite. Le seul fait de refuser de céder sur un point devient un triomphe.

Parce que le conflit est séduisant, et utile politiquement, les parties en présence ne sont pas forcément les plus motivées pour résoudre leur problème. Aussi ne rechercheront-elles pas d'issue créative de peur que, une fois celle-ci devenue visible, elles ne puissent aisément continuer à entretenir le conflit. Il est difficile de prétendre qu'il n'y a pas de solution lorsque celle-ci existe de toute évidence.

TAPER À LA MACHINE AVEC DEUX DOIGTS

Le monde est plein de négociateurs efficaces et expérimentés ; on en trouve dans les syndicats, les gouvernements, les services diplomatiques, les Nations unies et les cabinets d'avocats. Ces personnes ne sont-elles pas les mieux placées pour résoudre les conflits ? Lorsque d'habiles négociateurs se trouvent dans les rangs de l'une des parties en conflit, ne sont-ils pas les mieux placés pour résoudre ce conflit en négociant directement avec la partie adverse ?

Ce n'est pas si sûr. Même si eux en sont persuadés.

Les journalistes passent une bonne partie de leur vie à taper à la machine. Ils ont une grande expérience des machines à écrire et des claviers. Mais un grand nombre d'entre eux taperont *toute leur vie avec deux doigts*. Ils pianotent sur le clavier avec une inefficacité remarquable comparée à celle d'une jeune dactylo qui, après quelques mois d'expérience seulement, maîtrise la technique de dactylographie avec tous les doigts.

Utiliser une mauvaise technique avec une grande efficacité n'en fait pas une bonne technique. Pratiquer une mauvaise technique au bout de plusieurs années d'expérience n'empêche pas la technique d'être mauvaise.

Un joueur de tennis ou de golf peut avoir depuis toujours un mauvais style et être incapable de le corriger. Il a besoin d'être suivi par un entraîneur qui lui montrera ses défauts et lui apprendra à les corriger. S'entraîner davantage sans que les défauts soient corrigés ne fera que les accentuer encore plus.

De même l'expérience du conflit que possèdent certains participants, négociateurs efficaces ou habiles dialecticiens, n'est généralement efficace que dans le cadre de la bonne vieille méthode critique. Ces personnes ne seront peut-être pas du tout efficaces lorsqu'il s'agira de mettre en application la méthode constructive. L'efficacité et l'expérience ne sont pas des qualités suffisantes en elles-mêmes : il est nécessaire de préciser à quoi elles s'appliquent.

Avoir l'expérience d'une situation peut entraîner une plus grande sensibilité à cette situation, mais ne fournit pas nécessairement le meilleur moyen de l'affronter. Suivre une demi-heure de cours de secourisme peut donner une meilleure information sur la façon de secourir un noyé que vingt années passées à sortir les gens de l'eau, sans aucune formation.

Expérience n'est pas synonyme d'efficacité. C'est une erreur fatale que de croire cela. Souvenez-vous de la métaphore du journaliste qui tape avec deux doigts.

Ceux qui ont l'expérience d'une méthode acquise dans le cadre de la pensée conflictuelle — où la pensée n'est qu'une extension du conflit — s'imaginent, à tort, que c'est la meilleure méthode pour résoudre les conflits, voire la seule. Nous ne devrions donc pas leur laisser le soin de résoudre les conflits ; nous resterions bloqués pour toujours dans un système qui s'est avéré inadéquat.

UN REGARD EXTÉRIEUR

La dernière raison pour laquelle les adversaires d'un conflit sont les plus mal placés pour le résoudre est en rapport avec la perception.

J'ai dit dans un précédent chapitre que lorsque, dans la méthode scientifique, l'hypothèse « la plus raisonnable » avait été formulée, il devenait très difficile de découvrir ailleurs d'autres preuves. Cela est dû au fait que la perception fonctionne dans un système auto-organisé. Ce que l'on tient pour une preuve n'est pas placé de façon neutre sur une surface d'information passive, mais existe dans l'environnement auto-organisé de la perception.

C'est exactement ce qui se passe avec les conflits. Chacune des parties prend position. Cette position domine la façon dont chacune perçoit les choses : les éléments de la situation s'organisent de façon à renforcer cette position. Ces éléments ne peuvent plus ensuite s'assembler différemment pour donner à la situation un autre sens, car tout autre agencement mènerait à une position qui semblerait inférieure à la position choisie. Ce n'est pas la faute des personnes impliquées, ni la preuve de leur aveuglement. C'est tout simplement une conséquence de la logique des systèmes structurants.

Vous ne pouvez donc pas vous en sortir par un acte de volonté.

Je reviendrai ultérieurement sur ce point fondamental, lorsque je m'attacherai plus particulièrement au rôle du troisième participant du conflit.

A cette raison s'en rattache une autre, pourtant différente. Si vous êtes trop profondément impliqué dans une situation, il est difficile de prendre du recul et d'en avoir une vue générale. Lorsque vous êtes sur une route, vous ne pouvez pas être dans l'hélicoptère qui surveille les autres routes. Cela constitue donc un handicap pour que le conflit soit résolu par les adversaires eux-mêmes.

RÉSUMÉ

J'ai montré dans ce chapitre que les parties impliquées dans un conflit sont généralement les plus mal placées pour le résoudre — sauf si le problème se résout par la force. J'insiste sur le fait que je n'attribue pas cela à une volonté déficiente ou à une trop grande impatience de la part des protagonistes. C'est dû à la logique de la situation. Il ne peut pas en être autrement. S'attendre à ce qu'un combattant fasse des révélations complètes et manifeste une confiance totale en la partie adverse, c'est s'attendre à ce qu'il agisse bêtement.

Il est vrai que certaines habitudes de pensée et de comportements (comme s'injurier mutuellement) qui ne sont pas, au sens strict, nécessaires, rendent les conflits plus difficiles à résoudre. Améliorer certaines de nos façons de penser et renoncer à nos habitudes les plus mauvaises clarifierait considérablement la question. Néanmoins, les adversaires sont incapables de fournir l'effort mental nécessaire parce qu'ils sont profondément impliqués dans la situation et qu'ils ont beaucoup à perdre ou à gagner.

Quel que soit l'objet de la discorde, le style de pensée des protagonistes est inadapté à la situation. Cela crée un dilemme. Du fait de la complexité du monde moderne, où tout a une incidence, les querelles tendent à avoir un effet négatif sur tout l'environnement humain. Néanmoins, les personnes qui se querellent estiment que cela ne concerne qu'elles, et que c'est à elles de régler leur problème. Car toute querelle est toujours vécue comme une épreuve de force ; l'intrusion des autres modifierait donc injustement l'équilibre des forces. Aussi les combattants sont-ils incapables de trouver une solution, et pourtant ils répugnent à impliquer autrui dans leur conflit. Cette orgueilleuse répugnance constitue un danger : pour que l'approche constructive puisse fonctionner il doit y avoir « pensée triangulaire » et implication d'une tierce personne. J'en ai mentionné les raisons au cours de ce chapitre.

11
La continuité

J'examinerai au cours de ce chapitre les dangers de la continuité, et comment nous nous sommes trouvés coincés par une suite d'expériences qui constituent notre passé personnel, culturel et national. Le passé, ce n'est pas une série de livres rangés sur une étagère de bibliothèque pour nous permettre de tirer, à notre gré, des leçons de l'histoire. Le passé est fait de notre langage, de nos concepts, de nos habitudes de pensée, de nos attitudes et de nos structures sociales. J'ai, à différentes reprises, expliqué que le langage en tant qu'enregistrement cumulatif de notre culture était dangereux, parce qu'il nous oblige à suivre des concepts qui ne sont plus d'actualité. Le langage est une encyclopédie de l'ignorance. Au moment où un concept entre dans le langage, on en sait très peu à son sujet ; il se trouve ensuite figé pour l'éternité du fait qu'on l'a affublé d'un mot.

Puisque je suis sur le point de parler des dangers de la continuité, je précise tout de suite qu'on peut en dire beaucoup de bien. Tout simplement parce que la vie et la civilisation seraient absolument impossibles sans continuité. La perception serait impossible s'il ne se formait pas de structures rigides ; de même, il n'y aurait aucune organisation possible de la vie si le comportement n'était pas structuré. Dans les deux cas nous pouvons admettre que ces structures rigides, tout en possédant une immense valeur, comportent de réels dangers.

Les services des affaires étrangères ne pourraient absolument pas fonctionner si signer un traité n'avait aucune signification, si l'on ne pouvait pas compter sur les promesses faites. Puisque tout accord concerne généralement quelque chose qui va (ou ne va pas) se passer dans le futur, il doit y avoir continuité. La tendance actuelle, dans l'analyse moderne des conflits, qui consiste à parler de « situations nouvelles », est très inquiétante.

Les Japonais ont passé avec l'Australie un contrat à long terme très avantageux concernant le sucre. Le prix du sucre s'est mis ensuite à chuter de façon spectaculaire, de sorte que ce que les Japonais avaient acheté pour la moitié du prix du marché valait soudain le double du prix du marché. Ils refusèrent d'honorer le contrat en proclamant qu'ils se trouvaient face à une « nouvelle situation » et que le contrat devait être renégocié. Ils dirent que dans la culture japonaise, un contrat ne représente que l'intention de faire une affaire sur une base avantageuse pour les deux parties, et que si les circonstances changent le contrat doit changer aussi. Le gouvernement australien n'était pas du même avis.

Lorsque le gouvernement Alfonsin remplaça la junte militaire en Argentine, il se montra peu disposé à honorer les dettes importantes contractées par le précédent régime (puisque celui-ci n'était pas démocratique). La Russie « rouge » des révolutionnaires refusa d'honorer les engagements tsaristes du gouvernement qui avait été renversé.

Il est évident que les dettes, promesses ou traités deviennent inutiles si l'un des contractants peut se prévaloir d'une « nouvelle situation » et annuler la poursuite de tout engagement. Cela signifie que lors d'une négociation, l'une des parties peut faire une offre et la retirer ultérieurement pour cause de « situation nouvelle ».

Autrefois il était d'usage dans la diplomatie que les promesses faites soient tenues, sous peine pour la nation de perdre sa crédibilité. Cela équivalait à perdre son taux de crédit auprès des banques. Personne ne voulait faire d'affaires avec ce pays. Aujourd'hui on manifeste une tolérance toute pragmatique, et on estime qu'un nouveau régime a droit à un nouveau départ.

Le département des Affaires étrangères soviétique fait preuve d'une remarquable continuité. Le même homme peut être responsable du secteur de l'Allemagne de l'Ouest pendant vingt ou trente ans. Il sait exactement ce qui va se passer dans ce pays. A l'inverse, la politique américaine manque totalement de continuité dans ce domaine ; l'ambassadeur auprès d'un pays important sera remplacé lors de l'arrivée de la nouvelle administration, éventuellement par quelqu'un dépourvu de toute expérience des affaires étrangères — il devra se débrouiller seul avec ce pays. D'un côté, la continuité soviétique possède l'avantage de l'expérience et de la connaissance du pays. De l'autre, cette continuité peut figer une situation dans l'analyse qu'en fait une seule personne. La continuité a donc des avantages et des inconvénients.

Je parlerai dans ce chapitre des inconvénients.

JOUR APRÈS JOUR

Dans le chapitre précédent j'ai parlé de la tension née de l'hostilité, et utilisé l'image de deux équipes luttant à la corde sans que ni l'une ni l'autre n'ose relâcher la tension un seul instant. Dans le conflit de l'Irlande du Nord, aucune des deux parties impliquées n'ose abandonner les hostilités, car dès l'instant où elle le ferait, elle serait accusée de mollesse par ses partisans.

Dans la résolution de tout conflit, cette continuité quotidienne est très importante. Quand y aura-t-il une « rupture » ? Comment pourrait-on abandonner des positions inébranlables ? S'il est à la rigueur possible d'envisager d'échanger une position contre une autre aussi avantageuse, il est très difficile d'abandonner une position pour tenter de trouver une issue au conflit.

« Je suis bloqué. Que puis-je faire ? »

C'est la complainte de tout négociateur.

La solution est que le troisième membre de la pensée triangulaire rompe la continuité, pendant que les adversaires restent apparemment fermes sur leurs positions.

L'EFFET D'INCERTITUDE

C'est un concept que j'ai présenté dans mon livre *Future Positive*. Il signifie que notre destination aura beau être merveilleuse, ces merveilles seront vaines si nous sommes incapables de faire le premier pas. L'effet d'incertitude découle directement de la continuité quotidienne.

Il faudra bien à la longue arriver à un accord entre la Grande-Bretagne et l'Argentine. Mais le simple fait de suggérer qu'on puisse discuter de la souveraineté des Malouines a un effet négatif, à cause des pertes humaines survenues en voulant les reprendre (car alors ces morts semblent inutiles).

Dans le monde des affaires, il est fréquent qu'une idée ait, au départ, un *cash-flow*★ négatif. Cela signifie qu'on devra dépenser beaucoup d'argent avant qu'elle ne commence à être rentable. On s'attend donc à ce qu'une idée soit tout d'abord négative. Mais dans presque toutes les autres situations, il est impossible de travailler avec des idées « à *cash-flow* négatif ». Au contraire, l'idée proposée doit tout de suite être séduisante. Même si, dans un conflit, un dirigeant voit qu'une idée à première vue négative aura au bout du compte une grande valeur, il aura bien du mal à convaincre ses compagnons.

Il faut également tenir compte de « la pente savonneuse » et de « l'effet domino ». Ces deux expressions indiquent qu'une concession mineure est en réalité très importante car elle mènera ultérieurement à quelque événement majeur. Une fois la première étape accordée, il sera peut-être impossible de stopper la chute. De tels concepts rendent encore plus difficile l'utilisation d'idées à *cash-flow* négatif.

Les révolutionnaires ont toujours pensé que la révolution était nécessaire parce que la société ne sera jamais disposée à passer par les étapes intermédiaires qui la rendraient plus équitable. Chaque étape, même minime, sera toujours perçue par les dirigeants comme une source d'éléments négatifs, et on y résistera âprement. Ainsi toute mutation pacifique devient impossible.

LES ÉTAPES INTERMÉDIAIRES

Il est clair que pour parvenir à l'issue d'un conflit, il faut accorder une grande attention aux étapes transitoires. Il ne s'agit pas simplement de trouver une issue satisfaisante. Il faut construire chacune des étapes menant à la solution. La toute

---

★ Flux de trésorerie, ou encore marge brute d'auto-financement. (N.d.T.)

première étape est la plus importante. Ces étapes transitoires peuvent constituer la part la plus importante du travail constructif, car ce sont elles qui vont briser le carcan de la continuité quotidienne.

Il est très important que la première étape ne revête pas un aspect négatif. Lorsqu'elle peut avoir un aspect positif, c'est extrêmement bénéfique.

Vous pouvez faire rouler, sur une surface quelconque, une bille d'acier avec le doigt. Si la surface est en éponge, vous pouvez faire rouler la bille sans même la toucher. Il suffit d'appuyer sur l'éponge avec le doigt, juste devant la bille. Elle roule dans le trou ainsi formé. Ainsi, en créant une zone d'« attraction » juste devant la bille vous pouvez la conduire où vous voulez. Voilà pourquoi il est important que les étapes intermédiaires soient attrayantes. Le versement aux employés licenciés d'indemnités intéressantes en est un exemple.

LA CONJONCTURE

Nous pouvons maintenant laisser de côté l'aspect quotidien de la continuité pour nous attacher à ses effets à long terme.

De nombreux pays pratiquent une démocratie de type « représentatif ». Lors d'une élection, les votants choisissent celui qui va les représenter au parlement ou au congrès. Le principe est que ce représentant doit penser, parler et voter au nom de ceux qui l'ont élu. L'origine de cette caractéristique de la démocratie remonte à une époque où il existait peu de moyens de communication. Il était donc nécessaire d'avoir un représentant qui pouvait se déplacer vers le pouvoir central et faire valoir l'opinion des autres personnes, obligées de rester chez elles. Aujourd'hui nous disposons de systèmes de communication remarquables : même les émissions de télévision se font en fonction de l'avis des téléspectateurs, qui peuvent « voter » de chez eux, en choisissant parmi les propositions présentées à l'écran. Nos techniques de sondage d'opinion sont très sophistiquées. En testant un échantillon représentatif, il est possible d'obtenir avec moins de deux mille personnes une opinion qui reflète celle de plusieurs millions d'individus.

Le fait est que la technologie moderne va certainement offrir la possibilité d'une « démocratie directe », dans laquelle les gens pourront voter directement plutôt que par l'intermédiaire d'un représentant élu. A la limite c'est ce qui se passe en Suisse, où le système cantonal permet depuis toujours d'organiser des référendums directs sur tous les sujets. Evidemment, la « fonction de leader » dans la démocratie sera alors perdue. Cela obligera peut-être le représentant choisi à ne pas se contenter de refléter l'opinion de ses électeurs, mais à l'améliorer réellement.

Si tant de choses se font d'une certaine manière, c'est parce que cette manière est déterminée par la conjoncture et par la technologie de l'époque. Puis la continuité les maintient dans la même voie — même si ce n'est plus nécessaire.

*UN EFFET DE CLIQUET**

Autrefois les trains à vapeur avaient besoin de chauffeurs. Dans ces circonstances, les syndicats et la direction pouvaient se mettre d'accord sur le nombre d'hommes nécessaires sur la plate-forme. Depuis l'avènement des locomotives électriques, les chauffeurs ne sont plus nécessaires. Mais les syndicats, pour conserver les emplois, ont insisté pour que le même nombre d'hommes travaillent sur la plate-forme. La même chose est arrivée dans Fleet Street, à Londres. Les progrès technologiques de l'imprimerie ont entraîné une diminution du nombre d'hommes nécessaires. Les syndicats ont arraché un accord pour maintenir des équipes fantômes payées à faire un travail qui n'existe plus. Il s'agit là d'actions parfaitement raisonnables qui cadrent avec la logique des représentants syndicaux. Ce sont là quelques exemples d'une continuité basée sur des conditions qui n'existent plus.

Comme un engrenage, nous pouvons être disposés à passer à l'étape supérieure tout en étant extrêmement réticents à revenir en arrière, c'est-à-dire à rendre un avantage acquis. L'effet de cliquet s'applique à la vie et aux aspirations humaines. Une augmentation de revenus conduit à une augmentation du niveau de vie. Bientôt, cela devient une aspiration à un niveau de vie supérieur. Toute tentative pour réduire ce niveau de vie rencontre une opposition farouche.

---

* Taquet mobile autour d'un axe, servant à empêcher une roue dentelée de tourner en arrière.

Les avantages momentanément offerts ne peuvent plus par la suite être remis en cause sans provoquer de remous. Une prime de rentabilité reçue fréquemment devient une part du salaire à laquelle on s'attend.

Le fait que la remise en cause de choses qui n'ont plus aucune raison d'être puisse provoquer une grande agitation est une donnée importante. Il faut en tenir compte lorsque l'on analyse les conflits.

Un employé qui a pris l'habitude de passer prendre un collègue pour se rendre au travail s'aperçoit qu'il se fait un ennemi le jour où il cesse de le faire.

REVENIR À ZÉRO

Chaque progrès se fait à partir du point où vous vous trouvez en ce moment même. Les grosses entreprises perdent facilement leur suprématie : elles se constituent pour répondre à un besoin du marché, mais lorsqu'elles atteignent une certaine taille leur croissance est adaptée non plus au besoin du marché, mais à la forme actuelle de leur organisation.

Si on a créé dans une entreprise une salle à manger réservée aux cadres, au moment d'établir le budget on prévoira une certaine somme pour cet achat. Budgétiser « en base zéro » signifie que rien ne doit aller de soi : il faut toujours revenir à zéro. Donc au lieu de calculer le budget nécessaire à la salle à manger, on examinera la demande du responsable pour savoir si une telle salle à manger est effectivement nécessaire. Bien qu'excellente, cette idée est difficile à mettre en pratique. On trouve dans le maintien de certaines habitudes d'excellentes raisons de justifier la plupart d'entre elles.

Même si nous jugeons souhaitable de revenir aux concepts de base zéro, il faudra que notre prochaine étape soit en grande partie déterminée par le point où nous nous trouvons actuellement. Ceci est évident dans une situation conflictuelle, où le désir de faire table rase, d'oublier le passé et de revenir aux faits principaux de la situation est une intention louable, mais très difficile à réaliser.

J'aimerais faire une analyse en base zéro du langage et des concepts qui en découlent. Mais cela ne sera jamais possible. Il n'y a pas davantage d'espoir de pouvoir analyser en base zéro diverses institutions et structures de notre société.

LA SUCCESSION APOSTOLIQUE

L'Eglise catholique croit que les évêques protestants ne sont pas de vrais évêques car il y a eu une rupture dans la « succession apostolique ». Cela signifie un manque de continuité dans la méthode avec laquelle l'apôtre Pierre désigna les évêques qui, à leur tour, désignèrent d'autres évêques, et ainsi de suite dans une succession continue qui ne fut interrompue que lorsque les églises dissidentes rompirent avec Rome.

Dans la pratique, la succession apostolique signifie que les personnes opérant une sélection pour une organisation choisissent toujours des personnes à leur propre image. Celles-ci, à leur tour, agissent de même. Ainsi la culture d'une institution est figée de façon permanente. Cela se produit sans arrêt dans les universités. Cela se produit dans tous les services publics et les organisations bureaucratiques. Cela se produit dans la presse.

Cela se produit dans les partis politiques, car les personnes choisies sont celles qui reflètent le mieux les analyses et les attitudes existantes.

Dans les conflits, cela signifie que ceux qui participent à l'analyse du conflit sont ceux qui ont le plus de chances de refléter l'analyse ancienne et traditionnelle. Dans des organisations telles que les Nations-Unies, cela signifie que c'est le personnel qui reflète le plus sûrement l'analyse traditionnelle faite par l'organisation. Ainsi, les problèmes et les organisations ont tendance à s'enraciner encore plus dans leurs structures.

RICOCHET

La continuité par ricochet comporte deux aspects. On crée une institution pour faciliter une certaine activité. L'institution remplit sa fonction et devient plus forte. Finalement, le rôle de l'institution ne se limite plus à faciliter l'activité en question ; elle décide réellement de ce qui se fera.

Le meilleur exemple est le système bancaire. L'or fut laissé aux orfèvres qui avaient les moyens de l'entreposer et de le protéger. Le propriétaire recevait un « certificat de propriété ». Ce certificat lui permit de régler ses dettes. Il était possible d'accroître les possibilités de crédit et de créer le capital, à condition que tout le monde sache que l'or était bien là où on pouvait le réclamer. Grâce aux banques, tout cela fut possible. Finalement, les banques ont acquis une telle position dominante que maintenant ce sont elles qui décident de la plupart des activités financières.

Le système scolaire britannique s'est doté de comités d'examens pour faciliter son travail. Il y a longtemps ces comités sont devenus tout-puissants, et maintenant ils imposent les programmes aux écoles.

Les organisations représentatives créées pour régler les conflits finissent par se cantonner dans des alliances et des groupes de pression, et ne servent plus qu'à exacerber les conflits.

NÉGLIGENCE

Pendant environ quarante ans, le conducteur d'une voiture indiquait son intention de tourner au moyen d'une flèche de direction qui jaillissait sur le côté du véhicule. C'était un système particulièrement inefficace : on ne le voyait que sous certains angles, et il était très souvent cassé ou en panne. En fait, c'était un vestige de l'époque où les cochers tendaient leur cravache pour indiquer qu'ils changeaient de direction — ou de celle où les conducteurs des premières voitures décapotables tendaient leur bras.

Ce n'est que quarante ans plus tard que l'on évolua vers le système beaucoup plus efficace du clignotant, système qui durant toutes ces années était techniquement possible.

Nous sommes orientés vers la résolution des problèmes de telle manière que si quelque chose ne constitue pas un réel problème, nous y pensons à peine. Ainsi les choses continuent, simplement parce que personne n'a jamais remis en question les concepts sur lesquels elles reposent.

VANITÉ

Ce type de continuité est lié à la négligence mais se réfère à une idée qui a très bien fonctionné dans le passé. Nous finissons par croire qu'une idée qui a bien fonctionné en de multiples occasions est une idée valable dans l'absolu. Lorsqu'elle cesse de fonctionner correctement, nous ne remettons pas en cause la pertinence de cette idée. Au lieu de cela nous nous en prenons aux circonstances, aux facteurs d'interférence, aux mauvaises attitudes ou à l'incompétence des personnes impliquées. Nous ne récusons pas l'idée elle-même. Nous croyons que parce qu'elle a fonctionné dans le passé, elle ne peut présenter aucune faille.

Je crois que nous sommes très imbus de notre style de pensée et de nos institutions. Elles ont autrefois bien fonctionné ; nous avons donc tendance à penser qu'un accroc ne peut pas être dû au système lui-même, mais uniquement à la façon dont on l'a utilisé à ce moment-là. Je crois que c'est complètement faux — et c'est ce que je montre tout au long de ce livre.

Je crois que les Nations unies elles-mêmes en sont un exemple. Parce que nous sommes fiers de cette organisation, nous risquons de n'avoir pas conscience de la nécessité de créer une autre organisation mieux adaptée à la résolution des conflits.

CHRONOLOGIE

En un sens, cela résume tous les différents aspects de la continuité. Les choses se succèdent dans le temps. Plusieurs choses survenant à un moment particulier forment un concept ou une structure. Dès lors qu'une telle structure existe, on peut l'ajouter aux autres. Mais les éléments qui composent cette structure ne sont plus libres de s'assembler différemment.

La raison pour laquelle les malades sont soignés dans un hôpital est qu'au Moyen Age, les groupes les plus charitables de la société étaient les ordres religieux auxquels appartenaient les moines et les nonnes. Ils vivaient dans des communautés fermées. Il était donc naturel que l'on transporte les malades dans ces communautés. C'est ainsi que se développa la structure et le concept d'hôpital. Nous l'avons conservé, et il domine maintenant notre conception des services de santé. Elle comporte des avantages ; elle satisfait notamment la nécessité de centraliser les dépenses d'équipement et les soins très spécialisés. Mais il n'y a pas de raison de supposer que les hôpitaux constituent le meilleur moyen pour dispenser 80 % des soins. Ceux-ci pourraient tout aussi bien être pris en charge par de petites unités.

De même, plusieurs de nos concepts concernant la guerre et les conflits sont déterminés par des facteurs historiques. Notre conception des conflits n'est pas très éloignée de celle d'un roi menant ses troupes à la bataille. Par exemple, il n'y a pas besoin d'homogénéité dans la résolution des conflits. Il n'y a pas besoin non plus d'un dénouement qui satisfasse tous les membres d'un groupe impliqué dans un conflit. Il pourrait y avoir différentes solutions applicables aux différentes factions — et même une équipe de négociateurs différente.

Lorsque j'enseigne, je distribue souvent des formes différentes et je demande aux gens de les assembler en une figure simple. Les formes sont disposées de façon à représenter un rectangle. Je propose d'autres formes. Le rectangle est agrandi pour donner un rectangle plus grand. Je propose davantage de formes, et là il y a un problème. Les nouvelles pièces ne peuvent pas être ajoutées au rectangle existant pour former une figure cohérente. La seule façon de progresser est de revenir en arrière et de démanteler ce qui était auparavant un assemblage « correct », afin de libérer les pièces et de les assembler toutes ensemble. Le résultat est un simple carré.

Cette méthode illustre un principe simple : lorsque des éléments se trouvent emprisonnés dans une structure particulière, il est parfois nécessaire, pour progresser, de les libérer afin de créer une meilleure structure qui prenne en compte les derniers éléments arrivés.

Que cela nous plaise ou non, nous devons admettre que nous sommes inévitablement piégés par la continuité. Nous pourrions énoncer cela sous la forme d'un axiome assez surprenant :

« Aucune idée ne peut jamais tirer le meilleur parti de ses propres composants. »

Cela est dû au fait que les composants apparaissent successivement ; ainsi le développement de l'idée sera dépendant du facteur temps. Cependant le meilleur arrangement doit être indépendant du temps — comme si toutes les pièces étaient apparues simultanément. Mais c'est impossible car dans ce cas nous serions incapables de les comprendre.

Examiner cet axiome est très stimulant pour la créativité. Cela signifie qu'il existe, bloqués dans nos concepts et nos structures, des éléments qui pourraient être libérés pour former des combinaisons meilleures et plus adaptées.

RÉSUMÉ

Nous croyons par habitude que si nous sommes attentifs et « avons raison » à chaque étape, nous progresserons étape par étape.

C'est une erreur. L'examen de la continuité montre que pour aller de l'avant, il est parfois réellement nécessaire de revenir en arrière et de démanteler un concept, ou une structure, valable en son temps. Si nous refusons cette notion, il ne nous reste plus comme méthode de changement que la révolution, le conflit et l'affrontement dialectique.

Malheureusement, tout conflit apporte son lot de concepts, de structures et de positions. La tension née de l'hostilité crée une continuité quotidienne qui ne peut être brisée.

Il est absolument essentiel que toute personne impliquée dans l'analyse d'un conflit possède une très bonne compréhension de la logique et du mécanisme de la continuité.

Nous devons savoir de quelle façon la continuité nous piège — car ce piège n'est pas une nécessité. Nous pouvons en sortir si nous avons l'intelligence de comprendre que nous y sommes tombés.

12
Objectifs, bénéfices et valeurs

U n objectif est quelque chose que vous cherchez à atteindre. C'est une chose vers laquelle vous dirigez vos efforts. Vous pouvez définir votre objectif. A tort ou à raison, vous croyez qu'il est à votre portée. Vous faites de nombreux pas en avant pour l'atteindre. Les actions que vous décidez d'entreprendre sont celles qui vous permettent de vous rapprocher de votre objectif. Il peut y avoir, sur le chemin de l'objectif final, des objectifs intermédiaires à atteindre. Il est souhaitable que vous ayez une idée claire de votre objectif.

Un bénéfice est quelque chose qui découle de l'objectif atteint. C'est quelque chose qui vous affecte d'une manière positive, qui présente une certaine valeur. Un bénéfice peut être mesuré de façon objective, alors qu'une valeur ne peut pas l'être. Si vous suivez votre objectif, c'est parce que vous pensez pouvoir en retirer, lorsque vous l'aurez atteint, des bénéfices. Les bénéfices ne se méritent pas forcément. Ils peuvent être offerts, ou même rencontrés accidentellement.

Une valeur est ce que procure un bénéfice. La valeur est dans la façon de regarder quelque chose. Les valeurs d'un homme isolé dans sa hutte, sur une île déserte, peuvent être la paix et un environnement naturel. Pour un autre, tout cela sera d'un ennui mortel. Certains accueilleront favorablement la routine, l'organisation et l'absence de surprises de la vie militaire. Pour d'autres, cela représentera l'oppression et l'atteinte à la liberté. La valeur, comme la beauté, est dans les yeux de celui qui regarde. Comme pour la beauté, certains types de valeurs sont faciles à voir par la plupart des gens. Mais les valeurs ne sont pas toujours évidentes, et il peut y avoir une manière particulière de regarder les choses qui révèle soudain une valeur passée inaperçue. Lors d'une réunion en Nouvelle-Zélande, tous les cadres présents se plaignirent du contrôle sévère exercé par le gouvernement sur l'industrie. Une seule personne accueillit favorablement ce règlement, et affirma que cela faisait son affaire en barrant la route à ses concurrents. Les valeurs et les besoins vont de pair. La nourriture a d'autant plus de valeur que vous avez faim. La liberté a d'autant plus de valeur que vous en êtes privé.

Nous avons tendance à poser les conflits en termes d'agresseur et de victime. L'agresseur est celui qui déclenche le conflit. Nous avons tendance à penser que l'agresseur a un certain objectif à atteindre, et que l'objectif de la victime est de résister à l'agresseur. Il s'agit là d'une vue simpliste et moraliste du conflit. L'agresseur est dans son tort, et on doit lui résister. Bien sûr, il se peut que l'objectif de l'agresseur lui permette d'espérer quelque bénéfice particulier. Mais cet objectif ne désavantage pas forcément la « victime ». Peut-être même y trouvera-t-elle son compte. Peut-être pourra-t-on trouver un moyen de satisfaire les intérêts de l'agresseur et ceux de la victime. Dans tous les cas, il nous faut voir au-delà de la simple étiquette d'« agresseur » et des premiers objectifs avoués. Car il se peut qu'il existe d'autres façons d'obtenir les mêmes bénéfices.

Lorsque nous nous éloignons du modèle agresseur/victime, nous découvrons un véritable affrontement entre les intérêts respectifs des parties. Elles veulent des choses incompatibles. Une moitié de la ville veut implanter une usine de caoutchouc afin de fournir des emplois. L'autre moitié refuse cette usine polluante car elle détériorera l'environnement. L'affrontement d'intérêts se tient à un niveau objectif : implanter ou ne pas implanter l'usine. Au niveau des bénéfices, il y a d'une part production d'emplois, de l'autre production de fumée. Les valeurs ultimes sont l'emploi et l'environnement. Il pourrait y avoir un moyen de construire une usine de caoutchouc non polluante. Il pourrait y avoir un moyen de fournir des emplois avec un autre genre d'usine. Les principaux opposants pourraient être invités à devenir des actionnaires de l'usine : on leur offrirait des « parts de désagrément » spéciales. L'usine pourrait être située un peu en dehors de la ville, et un système de transport relierait l'une à l'autre.

Une des techniques constructives de base consiste à s'éloigner du point d'affrontement, et à observer ce que deviennent les bénéfices et les valeurs lorsqu'on apporte à la situation différentes variations.

La création de bénéfices exige quelques ajustements réels à la situation. La création de valeurs peut n'exiger qu'un ajustement de la perception.

Par exemple, la peur que le prix des maisons ne s'effondre, à cause de la pollution de la commune, aurait pu constituer un facteur de valeur pour les adversaires de l'usine. On aurait pu voir les choses d'une autre façon : un bon niveau d'emploi dans la région augmenterait la demande de maisons, tandis que le sous-emploi entraînerait des difficultés pour les vendre.

L'ÉCHELLE DU TEMPS

Un escroc vend toujours des valeurs qui ne seront livrées que plus tard. Plus il fait de promesses, plus il y a de chances pour que les gens croient que la valeur sera finalement livrée. Ils le croient parce qu'ils veulent le croire.

Les valeurs futures constituent une part importante de l'issue constructive d'un conflit. Chaque partie a besoin d'être sûre qu'elle ne reste pas dans une position vulnérable. Chacune aimerait croire que même si les bénéfices présents ne sont pas énormes, il y a une chance pour que les bénéfices futurs soient plus intéressants. Le syndicat allemand des métallurgistes en grève obtint la semaine de trente-huit heures et demie, mais une partie de l'accord stipulait qu'à l'avenir chaque usine pouvait disposer de son propre règlement. Cela aurait permis aux syndicats d'utiliser une stratégie rampante, dans laquelle les usines qui pouvaient le faire auraient réduit la semaine de travail — et auraient ensuite été imitées par les autres.

Une modification apportée à un principe peut ne pas offrir de bénéfice immédiat mais comporter une valeur future.

Dans tout investissement, on accepte d'être momentanément privé d'argent dans le but de recevoir dans le futur davantage d'argent. Dans une situation conflictuelle, si les différentes parties n'ont pas le même degré de confiance en l'avenir, on peut offrir des valeurs futures à l'une des parties en échange de valeurs présentes accordées à l'autre. Ces valeurs seraient fournies grâce à des bénéfices particuliers figurant explicitement sur le contrat. Se contenter d'offrir l'espoir que l'avenir apportera cette valeur n'est pas suffisant ; le bénéfice doit être formulé d'une manière ou d'une autre. Par exemple, un droit de souscription est un bénéfice réel, tandis que l'espoir que les actions de l'entreprise vont augmenter n'offre pas de bénéfice.

Echelonner les bénéfices signifie simplement que les bénéfices seront introduits en leur temps. Ils ont été promis ; il n'y a là aucun risque. Bien sûr, les circonstances peuvent changer, de même que la valeur des bénéfices. L'indexation protégerait les valeurs monétaires contre l'inflation, mais d'autres changements de circonstances peuvent se produire.

DES BÉNÉFICES CONDITIONNELS

Si « quelque chose » se produit, alors « quelque chose d'autre » se produira. Les bénéfices conditionnels sont utilisés pour atténuer la peur. Si le trafic au-dessus d'un aéroport atteint un certain volume sonore, l'arrêt du trafic sera imposé la nuit. Il serait peut-être irréaliste et trop coûteux de vouloir calmer toutes les peurs au moment où, dans un conflit, on parvient à trouver une issue. A cet égard la technique du mode conditionnel peut revêtir une grande valeur.

Il existe un autre mode conditionnel, qui stipule qu'un bénéfice quelconque sera effectivement « livré » lorsque telles parties de l'accord auront été exécutées. Ceci est caractéristique des accords de productivité. De telles clauses mettent l'une des parties à l'abri de fausses promesses. Elles sont aussi une récompense pour avoir fourni un effort particulier.

DES BÉNÉFICES ASSORTIS

C'est une sorte de vente aux enchères des bonnes intentions. L'une des parties se propose de faire quelque chose à condition que l'autre partie fasse de même. En un sens, c'est un bénéfice conditionnel mais la seule condition est que l'autre partie agisse de façon semblable : nous nous abstiendrons de diffuser des communiqués si vous vous en abstenez également ; nous échangerons les prisonniers que nous détenons contre ceux que vous détenez. L'aspect vente aux enchères apparaît lorsque l'une des parties est prête à aller plus loin que l'autre. Nous offrons tant ; pouvez-vous nous imiter ? Cet aspect de la résolution des conflits est, à mon avis, insuffisamment utilisé, probablement parce que nous considérons que résoudre un conflit est affaire de compromis entre les différents bénéfices réclamés, plutôt que création de nouveaux bénéfices destinés à offrir des conditions favorables. Après tout, tout le concept du judo consiste à utiliser la force de l'adversaire.

DES BÉNÉFICES COMMUNS

Ici, les deux parties s'engagent réellement dans une entreprise commune génératrice de bénéfices pour toutes deux. Au lieu d'être adversaires elles sont maintenant partenaires, tout au moins dans ce domaine. Il est courant, dans l'immobilier, que des promoteurs se joignent aux services de l'urbanisme, afin que les promoteurs obtiennent ce qu'ils veulent ; mais en retour, les services de l'urbanisme obtiennent quelque chose qu'ils n'auraient pas pu obtenir auparavant. J'ai déjà dit que toute notre attitude négative envers le conflit (nous avons raison et ils ont tort) entravait considérablement la recherche de bénéfices inclus dans la solution. Nous en sommes encore à des comportements du style « combien pouvons-nous retirer de cette affaire ? » et « combien devrons-nous lâcher ? »

RÉCOMPENSES

Il existe aux Etats-Unis des « prédateurs d'entreprises », qui achètent des parts d'une entreprise puis menacent de racheter toute la société. Celle-ci, afin de se soustraire à cette menace, lui rachète finalement ses parts à un taux plus élevé. Il s'agit là de racket boursier. Les Américains ont inventé pour cette pratique le terme « greenmail », formé à partir de « blackmail » (chantage) et de « greenbacks » (billets de banque). Le chantage, lui, est un concept bien réel face auquel nous devons nous montrer très prudents. Néanmoins, ce concept ne doit pas nous empêcher d'accompagner de récompenses l'issue d'un conflit. Nous ne devons pas partir du principe que tout conflit est une tentative de la part d'un agresseur de voir « ce qu'il pourra en retirer ».

13
La créativité

L a créativité est l'une des clés du processus constructif ; par conséquent il s'agit là d'un des éléments essentiels de l'approche des conflits orientée vers la recherche d'une issue. Toute personne ayant à participer à ce type d'approche doit absolument comprendre les principes et la logique fondamentale de la créativité. Malheureusement, les circuits de la pensée créative sont pour la plupart en opposition avec les circuits de l'argumentation dialectique. C'est pour cette raison que les personnes réellement impliquées dans un conflit sont peu susceptibles de fournir une solution créative. Ce n'est pas seulement une question de talent ou de tempérament ; les adversaires sont dans une situation telle que leur potentiel de reflexion et de créativité est tout simplement inaccessible. D'où la nécessité de faire intervenir une tierce personne dans un processus de pensée triangulaire.

On a écrit beaucoup d'absurdités sur la créativité ; c'est que — comme la maternité — la créativité est toujours une bonne chose. Personnellement, je préfère la considérer comme un processus logique plutôt que de croire qu'elle relève du don ou de la magie.

Maintenant que nous les étudions, nous commençons à comprendre la logique des systèmes actifs d'information auto-organisés. Grâce à cela, nous pouvons voir que la pensée latérale est une nécessité fondamentale, et concevoir des outils pratiques et efficaces utilisables quand nous le souhaitons.

J'ai inventé le terme de « pensée latérale » il y a plusieurs années, car le terme de créativité est trop général, trop vague, trop chargé de connotations artistiques et de jugements de valeur. En fait, de nombreux créateurs ne sont pas créatifs du tout. Certains artistes ne sont rien de plus que des stylistes productifs, en ce sens qu'ils produisent dans les limites d'un style bien défini. Ils ont parfois une idée originale et valable, mais ils agissent avec rigidité dans les limites de cette idée. C'est ce à quoi l'on assiste souvent dans les départements de recherche, où des « scientifiques créateurs » peuvent être très rigides dans leur façon de penser. C'est également très courant dans les agences de publicité.

La pensée latérale traite plus particulièrement de la capacité de s'écarter des structures de la perception (et de la conception) existantes, afin de s'ouvrir à de nouvelles manières de voir et de faire les choses. Le terme anglais « Lateral Thinking » figure désormais dans l'*Oxford English Dictionary*, qui fait autorité en la matière. Tout au long de ce livre j'ai utilisé le mot « créativité », parce que la plupart des lecteurs ne sont peut-être pas familiarisés avec le terme de pensée latérale.

LA PREMIÈRE MACHINE VOLANTE

Pourquoi les frères Wright ont-ils été les premiers hommes à voler ? Ils n'ont pas eu le privilège de démarrer avec une nouvelle technologie qui n'aurait pas été accessible aux autres. Ils ont réussi parce qu'ils ont modifié un concept fondamental — ils ont réussi parce qu'ils ont utilisé la « pensée latérale ».

Tous ceux qui travaillaient à la conception de machines volantes créaient des modèles réduits qu'ils testaient. Pour que de tels modèles puissent voler de leurs propres ailes, il fallait qu'ils soient stables. Ainsi les recherches s'effectuaient-elles dans le sens de la construction d'*avions stables*. Chaque percée constituait un pas en avant dans cette direction. Les frères Wright arrivèrent et modifièrent ce concept. Ils décidèrent de construire des avions *instables*. Du coup, leurs recherches prirent une nouvelle direction.

Dans un avion instable, si une aile s'incline alors l'avion vire et s'écrase. Il est donc nécessaire de modifier la portance relative des ailes, afin de pouvoir stabiliser à nouveau l'avion. Les frères

Wright trouvèrent le moyen de le faire en voilant ou en tordant les ailes. Ils développèrent ainsi des moyens de contrôle, et furent les premiers à voler.

Cette histoire très intéressante montre qu'il suffit parfois, pour progresser, que la pensée latérale fasse prendre à un concept une nouvelle direction. Alors, on peut emprunter cette nouvelle voie avec une pensée logique, technique ou expérimentale et cela peut éventuellement déboucher sur une idée créative. C'est un point très important, car nous croyons souvent à tort que le but de la créativité est uniquement de fournir des solutions. La fonction la plus utile de la créativité est bien souvent de déterminer de nouvelles directions. Dès que nous commençons à utiliser ces nouvelles directions de pensée, l'expérience et les concepts qui nous étaient déjà accessibles peuvent s'assembler différemment pour produire le modèle désiré. Cela s'applique tout à fait à la résolution des conflits : lorsque les adversaires se trouvent dans une impasse c'est souvent parce qu'ils regardent la situation d'une façon rigide. Le simple fait de suggérer une nouvelle approche peut suffire à mettre la pensée sur la voie d'une solution.

Il est intéressant de remarquer que le même effet d'un changement de concept s'appliqua plus tard à la construction du premier avion propulsé uniquement par la force musculaire de l'homme. De nombreuses personnes avaient démontré mathématiquement qu'un tel avion ne pourrait jamais voler, car l'homme ne pouvait pas produire suffisamment d'énergie. Mon grand ami Paul MacCready y parvint et gagna le prix Kramer, qu'il avait frôlé plusieurs fois. Au lieu de concevoir une nouvelle machine — ce que chacun s'était efforcé de faire — MacCready prit une machine volante de poids léger (le deltaplane) comme base conceptuelle et travailla à l'améliorer.

Il existe fondamentalement trois types de progrès : le progrès technique, le progrès systémique et le progrès conceptuel. J'examinerai tour à tour chacun d'eux.

LE PROGRÈS TECHNIQUE

Avec le progrès technique, nous allons de l'avant, puis un nouveau développement technique apparaît. Immédiatement nous intégrons ce nouveau développement à ce que nous faisons. Nous en tirons parti.

Lorsque le moteur à réaction fut conçu, nous l'avons immédiatement introduit dans les avions en remplacement du moteur à propulsion. Lorsque le transistor fut inventé, nous l'avons immédiatement utilisé pour remplacer la triode comme amplificateur des systèmes électroniques : radio, téléviseur, ordinateur, etc.

Le progrès technique est incroyablement rapide, car nous sommes tout de suite prêts à en utiliser les développements. Nous pouvons en faire la publicité immédiatement. Le progrès est à effet géométrique. Personne ne s'y oppose, à part les fabricants des produits devenus obsolètes.

La créativité est nécessaire pour pouvoir apprécier le potentiel des progrès techniques. La créativité est nécessaire pour intégrer et pour optimiser ce potentiel. Une forte dose de créativité est encore nécessaire pour que nous puissions tirer le meilleur profit de notre technologie en matière d'informatique et de télécommunications. Nous n'avons même pas utilisé pleinement la technologie de la télévision. En matière d'armements, nous nous sommes contentés de faire usage de notre technologie pour créer le concept de dissuasion mutuelle.

LE PROGRÈS SYSTÉMIQUE

Le progrès dans le domaine des systèmes est beaucoup plus lent que le progrès technique. Avec ce type de progrès, on peut négliger pendant longtemps des « éléments » pourtant disponibles, jusqu'au jour où quelqu'un les *réorganise* en un nouveau concept. Ce type de progrès est typique de la méthode constructive. Il n'y a pas de révolution technique soudaine. Il y a quelqu'un qui cherche à assembler les choses en un modèle — et qui y parvient.

Passer d'éléments éparpillés à un modèle, cela peut prendre des années, des dizaines d'années, voire plus. Tout est affaire de volonté et de talent. Cela dépend de la volonté des personnes à essayer d'assembler des modèles. Cela dépend du talent constructif de ceux qui s'y essayent.

C'est exactement ce type de progrès que réalise l'approche

constructive des conflits. Comment peut-on trouver une issue à partir des différents éléments (devenus disponibles grâce à la Pensée-2 et à l'élaboration d'une carte)?

L'un des exemples classiques du progrès systémique est la construction du Marché commun. La Croix-Rouge et la convention de Genève sont d'autres succès de la méthode constructive.

L'important est que rien n'est inévitable dans le domaine du progrès systémique. Nous pouvons rester bloqués dans un système inefficace simplement parce que personne n'a essayé d'en concevoir un meilleur. Il a fallu des années avant que l'on introduise, dans certains pays, le système très simple de la « file d'attente unique » aux guichets des banques, des administrations, des aéroports (il n'y a qu'une seule queue, et la personne en tête de la queue se dirige vers le premier guichet libre — système différent de celui consistant à avoir des files d'attente distinctes pour chaque guichet, au risque de rester bloquer derrière une personne ayant des formalités particulièrement difficiles à régler).

LE PROGRÈS CONCEPTUEL

Il s'agit là d'un progrès extrêmement lent. Cela explique pourquoi nous faisons tant de progrès techniques et si peu de progrès sociaux. Cela explique pourquoi nos systèmes défensifs sont tellement sophistiqués et notre conception des conflits si primitive.

Ce type de progrès est en relation directe avec les systèmes auto-organisés, et avec certains aspects de la continuité évoqués dans le chapitre qui lui était consacré. Les premières expériences sont rassemblées pour former une structure, un schéma. Dès qu'une telle structure existe, elle domine la perception des expériences ultérieures. La structure se renforce ainsi elle-même. Lorsqu'il s'agit de la perception, elle organise les expériences futures ; lorsqu'il s'agit d'une structure, elle organise l'environnement social. Comme nous l'avons déjà vu, les concepts qui forment notre langage en arrivent alors à dominer notre pensée.

Lorsque le progrès dépend de notre capacité à revenir en arrière afin de s'écarter d'une structure, il faut s'attendre à ce qu'il soit effectivement très lent. Notre esprit n'est pas fait pour cela, pas plus que nos habitudes de pensées. Voilà pourquoi il nous faut développer particulièrement la pensée latérale, conçue pour les changements de structure.

POURQUOI IL N'EST PAS SUFFISANT DE FAIRE ÉVOLUER UN CONCEPT

Si nous ne croyons pas à la créativité, nous devons compter sur l'évolution des concepts. Cela signifie que les concepts existants sont continuellement améliorés par les connaissances nouvelles. C'est comme si un concept était un jardin que l'on peut toujours embellir en le soignant davantage. Le progrès se fait toujours vers l'avant, de la version actuelle vers une meilleure version du concept.

Nous pourrions aussi croire que la pression des événements ainsi que les changements survenant dans notre environnement vont exercer sur les concepts une pression allant dans le sens d'une évolution. Cette pression va façonner le concept et l'améliorer. Ainsi, la pression des syndicats sur la direction améliorera progressivement le concept de l'emploi en pays capitaliste. Par conséquent, il suffit de critiquer et de se plaindre : cela constitue une pression vers l'évolution.

C'est ce que nous croyons. Un politicien a de lui l'image d'un conducteur responsable de sa voiture. La voiture avance. La route est dangereuse et sinueuse. La tâche du conducteur est de bien diriger sa voiture et de la maintenir sur la chaussée. Il ne s'agit pas de choisir la voiture, la route ou la destination, ni même de fournir la puissance du moteur. Tout cela se fait par « le cours naturel des événements », autrement dit les myriades de changements qui, ensemble, forment le progrès.

Mais il y a deux sérieuses limites à ce tableau. La première est qu'il n'existe absolument aucune possibilité de revenir en arrière et de défaire un concept qui n'a plus de raison d'être et qui bloque le progrès. Avoir raison à chaque étape, ce n'est pas suffisant. Nous pouvons à l'occasion avoir besoin de revenir en arrière et de prendre une route différente. Nous nous apercevons que c'est très difficile à faire.

La seconde limite est que si nous devons attendre que les choses évoluent, le progrès sera sans doute très lent. Tous les éléments peuvent se trouver disponibles bien avant qu'ils ne s'assemblent en un nouveau concept. Nous ne pouvons plus accepter cette lenteur depuis que les mutations technologiques sont devenues si rapides.

Nous devons nous souvenir que de nombreux évolutions menées à l'aveuglette ne sont que des impasses. Une évolution peut avoir des effets pervers. Une évolution déterminée par une conjoncture particulière pourrait prendre une mauvaise tournure si la conjoncture venait à changer. Un animal dont le corps est fait pour évacuer la chaleur mourrait rapidement si le climat se rafraîchissait. Les systèmes politiques conçus pour des sociétés stables pourraient être tout à fait inutiles en périodes d'instabilité.

LE BLOCAGE

Nous pouvons considérer que tout manque de créativité est une simple incapacité à concevoir une meilleure idée. Mais n'oublions jamais que l'existence même d'un concept risque de bloquer l'émergence d'un concept meilleur. Par exemple, l'existence du concept d'« université » peut bloquer l'émergence d'un nouveau type d'éducation qui relèverait de la formation permanente. Lorsque des éléments et des ressources sont liés d'une certaine manière, il est difficile de les assembler différemment. Du fait de l'existence du concept de « négociation », il est difficile de concevoir une nouvelle façon de déterminer les salaires. Ce n'est pas seulement parce qu'un concept, lorsqu'il est satisfaisant et qu'on en est fier, maintient à l'écart toute motivation constructive ; il y a aussi la difficulté de s'écarter des structures actuelles pour voir les choses différemment.

Le fossé qui existe entre le capital et l'emploi fait qu'il est difficile de concevoir que les travailleurs puissent posséder les robots des usines, au lieu d'être remplacés par eux.

Les mots « travailleurs » et « emploi » servent à fossiliser des concepts qui devraient changer.

LE DILEMME DE LA CRÉATIVITÉ

Jusqu'à présent, la société s'est parfaitement débrouillée sans trop se préoccuper de la créativité, hormis dans sa composante artistique. Il y a une raison à cela.

Toute idée créative valable sera toujours logique rétrospectivement.

J'expliquerai pourquoi dans un instant. Puisque toute idée créative valable est *a posteriori* logique, on suppose que nous avons besoin non pas de créativité mais simplement d'une meilleure logique. Il s'ensuit que la logique est le système de pensée le plus complet. C'est une très grave erreur, qui a entravé le développement de la créativité.

Comme je l'ai expliqué précédemment, la perception se produit dans un système auto-organisé où l'information entrante s'organise elle-même en structures. Nous pouvons considérer celles-ci comme des pistes, ou des réseaux, puisque à chaque état particulier succède inévitablement l'état suivant. Si nous pénétrons dans une structure, nous continuons automatiquement jusqu'à la fin.

Considérons maintenant la possiblité de structures secondaires, semblables aux routes secondaires à côté de la route principale. Lorsque nous sommes devant une structure de ce type, devons-nous nous arrêter et réfléchir à la direction à prendre ? Nous tournerions indéfiniment en rond, et il faudrait un second cerveau pour prendre la décision. En fait, ce n'est pas nécessaire. L'organisation du système nerveux est telle que la structure dominante supprime momentanément toutes les autres structures. Ainsi la structure principale se définit elle-même, et c'est elle que nous suivons. Il n'y a là rien de magique : toutes les explications figurent dans mon livre *The Mechanism of Mind*.

Cependant, si d'une façon ou d'une autre nous parvenons à pénétrer par un autre point dans le réseau secondaire, alors nous pouvons facilement rejoindre le réseau principal en allant vers l'arrière. C'est ce que nous appelons l'« asymétrie des structures ». Nous ne nous déplaçons sur le réseau principal que dans une seule direction, alors que nous pouvons, sur le réseau secondaire, revenir en arrière. Cette assymétrie sert de base à la fois à l'humour et à la pensée latérale. Dans l'humour, l'humoriste nous fait traverser le réseau secondaire et nous autorise à nous retourner pour observer le chemin parcouru. Dans la pensée latérale, les différentes techniques de provocation nous aident à traverser le réseau secondaire.

Nous ne pouvons reconnaître qu'une idée est valable que si nous pouvons effectuer une rétrospective, en allant de cette idée vers son point de départ. Nous ne pourrons donc l'accepter comme valable que *s'il existe un cheminement logique* jusqu'à cette idée. En fait, nous ne pouvons reconnaître une idée créative que si elle est logique rétrospectivement. Il peut y avoir des quantités d'autres idées créatives ; mais elle ne seront pour nous que des parasites si nous ne disposons pas de chemin de reconnaissance logique.

Croire que, sous prétexte qu'une idée créative est logique rétrospectivement, elle doit être dès le départ accessible à la logique, c'est ne rien comprendre au comportement des systèmes structurants. Et c'est précisément *ce que nous avons toujours fait.* C'est une question très sérieuse et une lacune fondamentale dans nos connaissances sur la pensée.

Voilà pourquoi il est si important de comprendre la nature des systèmes structurants. La logique traditionnelle, basée sur le langage, et la philosophie sont tout simplement incapables de comprendre la créativité. C'est pourquoi elle nous a toujours semblé si mystérieuse.

LES TECHNIQUES DE LA PENSÉE LATÉRALE

J'ai écrit plusieurs livres pratiques sur les techniques de la pensée latérale, et je n'entends pas ici entrer dans les détails. Cependant je vais en mentionner certains éléments, afin de montrer comment on peut utiliser des techniques de créativité dans un but précis.

Puisque la perception est un système structurant, la pensée est constituée en grande part de mécanismes semblables à ces techniques. Les utiliser n'est pas un luxe. Elles sont nécessaires pour que nous puissions nous écarter des structures existantes et rejoindre de nouvelles structures.

LE MOUVEMENT

Le jugement est une des fonctions fondamentales de la pensée. Est-ce que cela correspond à notre expérience ? Est-ce exact ? Est-ce que cela marchera ? Si l'idée ne correspond pas à l'expérience, alors elle est rejetée. Cette attitude est normale dans une démarche critique.

Dans le cadre de la pensée latérale, il nous faut échanger la notion de jugement contre une autre : celle de « mouvement ». Où cette idée m'entraîne-t-elle ? Qu'est-ce qu'elle suggère ? Que puis-je en retirer ? Quel mouvement est mis en valeur ici ?

Le jugement est semblable à la prose : c'est la valeur « rétrospective », ou descriptive, de ce qui est.

Le mouvement est semblable à la poésie : c'est la valeur « prospective », ou potentielle, de ce qui peut être.

Toute idée, même si elle est incorrecte ou illogique, peut être utilisée pour sa valeur dynamique. Le radar fut inventé parce que quelqu'un utilisa la dynamique de l'idée, apparemment absurde, qu'on pourrait utiliser un chenal de radio-guidage pour abattre les avions.

Comprendre la notion de mouvement est essentiel pour comprendre la pensée latérale.

PROVOCATION

Il n'y a peut-être aucune raison de dire quoi que ce soit tant qu'on ne l'a pas dit.

Cet énoncé, totalement contraire à la logique normale, est la définition même de la provocation. L'objectif d'une provocation est de nous forcer à regarder les choses d'une manière différente. En un sens, une hypothèse scientifique est une provocation. C'était le cas des déductions d'Einstein. Ce qui est intéressant, c'est que la science occidentale progresse non pas, comme le croient la plupart des scientifiques occidentaux, grâce à la méthode dialectique (défense et attaque des hypothèses) mais grâce au potentiel de réflexion contenu dans une hypothèse. La science chinoise, elle, n'a jamais bénéficié de cette démarche.

Sans le mouvement, la provocation serait sans objet. Nous rejetterions simplement l'idée tout de suite après l'avoir jugée. Mais le mouvement nous permet d'utiliser la provocation comme un tremplin, pour voir où nous pouvons aller.

La combinaison du mouvement et de la provocation est donc fondamentale pour la pensée latérale.

Cette procédure est-elle logique ? Elle est parfaitement logique dans un univers structurant. Nous utilisons la provocation pour sortir du réseau principal. Puis nous utilisons le mouvement afin de rejoindre un nouveau réseau. Une fois là, nous pouvons retrouver notre chemin vers notre point de départ, mais avec une nouvelle idée. C'est l'asymétrie des structures qui fait qu'il est logique de chercher de nouveaux points d'entrée dans le système. Nous avons besoin de la provocation pour nous propulser hors des structures existantes.

Une provocation peut aller bien au-delà d'une hypothèse (qui, elle, doit être raisonnable). Nous portons un jugement sur une hypothèse, mais nous imprimons un mouvement à une provocation.

UN NOUVEAU MOT : « PO »

Il y a de nombreuses années, j'ai inventé le mot « po », signal linguistique permettant d'indiquer que l'orateur va formuler une provocation. Le mot « po » signale que l'affirmation à venir est à apprécier hors de tout système de jugement, et particulièrement pour sa valeur en tant que provocation.

« Po, l'usine devrait être en aval d'elle-même. »

Cette provocation, relative à la construction d'une usine sur une rivière, est logiquement impossible. Mais elle mène directement à l'idée suivante : pour réduire la pollution, la législation devrait obliger les usines à tirer l'eau en aval du point où elles déchargent leurs eaux usées. Ainsi elles seraient davantage sensibilisées au problème du retraitement des eaux usées.

« Po, augmentons les yeux des policiers au lieu d'augmenter leur nombre. »

Cette provocation était liée au problème de la criminalité de rue, problème que m'avait soumis l'éditeur du *New York Magazine* en 1971. De cette provocation est née l'idée de faire des citoyens les yeux auxiliaires de la police. Cette suggestion fut publiée dans le journal en 1971. Depuis, le concept de « surveillance de voisinage » est utilisé dans vingt mille communes des Etats-Unis, et on lui doit une baisse considérable d'une certaine criminalité.

« Po, les avions devraient atterrir à l'envers. »

Cette provocation semble être un non-sens total, mais le « mouvement » qu'elle déclenche aboutit à l'idée de portance vers le bas. Ce qui, à son tour, suggère une façon de donner une inclinaison négative aux avions lorsqu'ils s'apprêtent à atterrir. En cas de nécessité soudaine de portance supplémentaire, il suffirait d'annuler immédiatement l'inclinaison négative. On disposerait ainsi d'un réservoir de portance instantané.

Les provocations peuvent prendre des formes variées, de même que le mouvement obtenu à partir d'une idée. Il n'y a là aucun mystère. Chacune de ces opérations est logique en elle-même.

Il existe une technique étonnamment simple et efficace pour obtenir un nouveau point d'entrée : utiliser un mot au hasard. D'un point de vue logique ceci est un non-sens absolu, car par définition un mot au hasard, quel qu'il soit, n'a aucun rapport avec le sujet dont il est question. Cependant, dans un système structurant ce point de départ choisi au hasard est parfaitement logique. Dans la pratique cette technique fonctionne effectivement très bien, et de nombreux créateurs l'utilisent maintenant automatiquement. La technique du mot pris au hasard illustre fort bien pourquoi il est nécessaire de comprendre la « base systémique » de la perception afin de développer des outils de pensée. Jouer avec les mots, ce n'est pas suffisant.

L'ACCEPTATION DES IDÉES NOUVELLES

L'une des difficultés de la créativité est que toute idée nouvelle doit être évaluée et acceptée en fonction d'idées anciennes. Il est rarement possible d'essayer d'emblée de nouvelles idées. La suggestion émise par un groupe d'enfants formés à la pensée latérale de résoudre le problème d'une usine de produits chimiques, dont les employés ne voulaient pas faire partie des équipes du week-end, en embauchant du personnel nouveau qui travaillerait uniquement ces deux jours, ne fut pas acceptée facilement. Cette suggestion va à l'encontre de toute notre expérience concernant les motivations des salariés. Mais elle fut essayée et remporta un vif succès.

Aussi le concepteur d'idées est-il confronté à la double tâche de concevoir des idées qui vont marcher, et en même temps de concevoir des idées qui seront acceptables par rapport aux vieilles notions qui serviront à juger ces idées. C'est une tâche ardue. Mais c'est le propre de tout travail de conception. Personne n'est censé agir à partir d'une idée qui semble n'avoir aucun sens. La provocation n'est qu'une étape. Une idée créative doit, à la fin, être réalisable et avoir un sens.

PENSÉE LATÉRALE ET APPROCHE DES CONFLITS

La pensée latérale est un des outils de pensée indispensables à l'approche constructive des conflits. De nombreuses écoles d'ingénieurs de tous les pays du monde utilisent depuis de nombreuses années mes livres sur la pensée latérale, et en rendent la lecture obligatoire. L'évolution des concepts et des perceptions est une des clés du processus constructif.

On peut n'utiliser la pensée latérale que pour donner une nouvelle direction à la pensée. Ensuite, la logique et l'expérience progresseront dans cette direction. Ou bien on utilisera la pensée latérale pour résoudre un problème particulier, ou encore pour créer un concept sur un point précis : « Il nous faut un concept pour... »

La pensée latérale, c'est à la fois un style de pensée (le mouvement et la provocation) et un ensemble d'outils qui peuvent être appliqués délibérément. Un cadre dirigeant de la filiale de la Bank of America, à Hong Kong, me raconta que lui et ses collègues avaient utilisé la technique du mot pris au hasard pour concevoir un nouveau produit financier.

La pensée latérale est affaire de compréhension, de technique et d'expérience. Cela n'en rend que plus importante la tâche du troisième partenaire de la pensée triangulaire.

RÉSUMÉ

Faire évoluer les concepts n'est pas suffisant. Il nous faut faire marche arrière devant les concepts qui ne sont que des impasses. Il nous faut libérer les éléments emprisonnés dans des concepts dépassés et les assembler dans de meilleures structures.

Notre culture ne nous a pas permis de comprendre les fondements de la créativité, parce que nous n'avons pas compris la nature auto-organisée de la perception. Du fait que toute idée créative valable doit rétrospectivement être logique (autrement nous ne pourrions jamais la repérer), nous croyons à tort que de telles idées pourraient être obtenues dès le départ avec une meilleure logique. C'est un non-sens.

« Pensée latérale » est un terme plus précis que « créativité » ; il a trait aux changements de structures. Il y a mouvement, et non plus jugement. Il y a énoncé de provocations. Le nouveau mot « po » sert à les signaler. Il y a des techniques que l'on peut utiliser délibérément afin de réaliser des tâches créatives bien définies.

La pensée latérale est un élément clé de la pensée constructive ; c'est par conséquent un élément clé de l'approche consistant à résoudre les conflits en dégageant une issue.

14
Le rôle du troisième participant dans l'approche des conflits

L'objectif évident du troisième participant est de convertir un combat à deux dimensions en une exploration à trois dimensions menant à une issue.

L'approche des conflits ne devrait pas être un combat, mais un exercice constructif.

Je traiterai dans ce chapitre du rôle du troisième participant en général. Je présenterai ultérieurement le concept du S.I.T.O. Le S.I.T.O. est destiné spécifiquement à jouer le rôle du troisième participant dans les situations conflictuelles — et à fournir en toute occasion un lieu de réflexion indépendant des nations.

C'est à cause de la nature essentielle de ce rôle qu'est né le concept de « pensée triangulaire ». Le troisième participant n'est ni un auxiliaire ni une roue de secours ; il fait partie intégrante du processus.

Qu'on me comprenne bien : il ne s'agit ni de compromis, ni de consensus. Pas plus que de négociation, au sens habituel du mot. Encore moins d'arbitrage ou de marchandage. *Il s'agit tout simplement d'une construction.*

Il est normal que les deux parties abordent toute situation conflictuelle en ayant pleine confiance dans la force de leur position, de leurs interventions et de leur résistance. Puis il arrive un moment où il devient évident qu'aucune des deux parties n'a de chances de remporter une victoire facile. Il s'agit alors de tenir bon : dans l'espoir que l'autre finira par céder, ou parce qu'aucune porte de sortie ne se dessine nettement. A la fin, l'épuisement oblige les adversaires à négocier un compromis destiné à sauver la face. Tout cela n'a rien à voir avec l'élaboration de la meilleure issue possible. La négociation finale est une réconciliation forcée plutôt qu'une solution constructive.

LA NÉCESSITÉ D'UNE TIERCE PERSONNE

Tout au long de ce livre, j'ai régulièrement souligné certains aspects de l'analyse des conflits qui doivent être pris en charge par une tierce personne. Les raisons pour lesquelles ces interventions doivent être confiées à une tierce personne sont de deux types.

1. Parce que les parties engagées dans un conflit sont enfermées, par leurs traditions, leur formation et leur sentiment d'auto-satisfaction, dans la pensée critique. Parce que les parties engagées ne maîtrisent tout simplement pas la pensée latérale et le mode constructif.
2. Parce que même avec la meilleure volonté du monde, les parties impliquées dans un conflit ne peuvent pas effectuer certaines opérations mentales : cela ne serait pas cohérent avec leur position dans le conflit. La structure de la situation est telle que cela ne peut tout simplement pas se faire.

Si l'on considère le premier groupe de raisons, le troisième participant est une nécessité pratique. Si l'on considère le second groupe, le troisième participant est une nécessité logique.

Je devrais aussi ajouter que l'intention, associée à une compréhension des besoins constructifs, ne peut pas se substituer à la compétence dans le type de pensée exigé ici. Qu'une personne comprenne la sculpture ne fait pas d'elle un sculpteur. Penser, ce n'est pas simplement posséder l'intelligence. Penser est la *technique* opératoire grâce à laquelle l'intelligence agit sur l'expérience.

Nous allons maintenant examiner les différentes fonctions que devrait accomplir le troisième participant.

ATMOSPHÈRE ET ATTITUDE

L'huile et l'eau ne se mélangent pas. L'addition d'un agent émulsifiant produit une émulsion dans laquelle de minuscules gouttelettes d'huile sont mélangées à l'eau. Le résultat est, en pratique, un mélange. Ce serait le rôle du troisième participant de déterminer le lieu et l'atmosphère des rencontres, afin que les parties engagées dans le conflit puissent débattre de façon agréable. L'expérience prouve qu'un environnement favorable influe considérablement sur la façon dont les discussions se poursuivent. De même, une atmosphère d'hostilité empêche d'accéder à certains concepts. L'hostilité n'a pas besoin de se manifester sur un plan émotionnel puisqu'elle est déjà visible du fait des positions prises par les adversaires. Dans la pratique, une tierce personne peut faire beaucoup pour modifier une atmosphère hostile, tandis que les parties engagées ne peuvent pas faire grand-chose.

MANŒUVRER HORS DU MODE CONFLICTUEL

Il est extrêmement facile lors d'une discussion exploratoire de retomber dans le mode conflictuel. C'est un peu comme une vieille dispute conjugale. Cela peut débuter à propos de n'importe quel sujet banal, et glisser en un rien de temps vers un échange mutuel d'hostilités qui dépassent largement le sujet de départ.

Le rôle du troisième participant est de détecter ces tentatives de conflit et de les désamorcer immédiatement.

« L'objet de cette discussion n'est pas de savoir qui a tort. »

Avec de l'expérience, un troisième participant habile peut faire en sorte que toute tentative de conflit paraisse totalement déplacée.

ETAPES ET ORDRE DU JOUR

Le troisième participant fixe les étapes de l'exploration et des exercices constructifs. On n'aborde qu'une seule étape à la fois. Cette règle doit être respectée scrupuleusement, sinon on tentera de discuter de tout en même temps selon le mode critique habituel.

L'ordre du jour n'est pas établi après consultation des deux parties impliquées : il est établi unilatéralement par le troisième participant. La raison en est que l'on risque de choisir un ordre du jour qui conviendrait particulièrement à une argumentation plutôt qu'à une autre. Dans l'idéal, un ordre du jour devrait couper court aux argumentations plutôt que les refléter. Mais si les parties ne sont pas d'accord avec l'ordre du jour, tant pis pour elles.

DIRECTIONS DE PENSÉE

Le troisième participant est le maître de cérémonies, ou le chef d'orchestre. Son rôle est de faire appel à tout moment aux opérations spécifiques de la pensée. A la place d'une pensée point par point, dans laquelle la discussion ne fait que glisser d'un point à un autre, il y a une structure. Il y a des opérations de pensée spécifiques à réaliser. Par exemple, le troisième participant peut demander une A.D.I. (zones d'accord, de désaccord et d'indifférence). Ou bien il peut demander à l'un des participants d'adopter un « chapeau pour penser » particulier (par exemple, le chapeau noir de la logique négative).

Le troisième participant ne doit être ni hésitant ni suppliant ; l'atmosphère ne doit pas être non plus celle d'une salle de classe. Il s'agit plutôt de jouer sur le « clavier de la pensée ». Toute demande doit être formulée de façon à la fois ferme et précise.

Si l'on n'accède pas à une demande, elle sera renouvelée et le fait qu'il n'y soit pas donné satisfaction apparaîtra clairement.

CARTOGRAPHIE ET PENSÉE-2

On peut faire appel à différents outils lorsque l'on aborde l'étape de la pensée « cartographiée » : priorités (F.I.P.), alternatives (A.P.C.). On peut aussi demander à examiner le point de vue des autres (P.V.A.). Le troisième partenaire peut demander qu'on approfondisse tout de suite telle suggestion, afin de dresser la carte des événements qui pourraient en découler (C & S). Ou encore, chaque partie peut exposer ses préoccupations, ses valeurs et ses peurs.

Chacune de ces opérations doit être réalisée seule, indépendamment des autres. Il ne faut pas tenter, sous prétexte que cela paraîtrait plus cohérent, de faire coïncider une partie de la carte avec le tout. Et il faut résister à toute tentative de détourner à des fins polémiques un élément cartographié.

Les règles de la pensée-2 doivent être observées de manière très stricte. Au début, cela paraîtra artificiel et sera mal accepté. Mais au bout d'un moment cette discipline sera la bienvenue, car elle décharge le penseur de l'obligation de garder en tête, à tout moment, le tableau de l'ensemble de la situation. Le temps imparti à chaque opération est assez court ; cela permet aux personnes de s'y consacrer pleinement au lieu de retomber dans une discussion générale. C'est étonnant de voir tout ce que la pensée peut réaliser en trois minutes — à condition de se concentrer.

LA CONCENTRATION

A un niveau général, la concentration intervient lorsque l'on définit les étapes et l'ordre du jour. A un niveau plus détaillé, c'est du ressort du troisième partenaire de fixer de temps en temps un thème de réflexion sur lequel les participants se concentreront.

« Concentrons-nous uniquement sur la compensation. »

Déterminer ce thème n'est que l'un des aspects de la question ; faire en sorte que les gens restent concentrés sur lui en est un autre. C'est aussi le rôle du troisième participant de rappeler aux parties impliquées ce sur quoi elles sont censées se concentrer.

Une fois la direction fixée, il s'agit ensuite de trouver par quel moyen avancer dans cette direction.

« De quelle façon pouvons-nous rendre cette attitude moins attirante ? »

Je préfère parler en termes de tâches constructives à fixer et de zones d'attention à définir, plutôt que de dire qu'il faut « poser les bonnes questions ». Ceci parce qu'une question implique qu'il existe déjà une réponse ; l'interlocuteur aura donc tendance à proposer la première réponse qui lui vient à l'esprit. Lorsqu'il y a une « tâche constructive » à accomplir, cela suppose qu'il n'existe pas encore de réponse satisfaisante, et qu'il faudra faire appel à la pensée pour en trouver une. Il y a une distinction importante à faire entre une discussion et une construction. Dans une discussion nous cherchons à retrouver des idées qui existent déjà. Dans une construction nous cherchons à créer des idées qui n'existent encore nulle part.

L'ENLISEMENT

Lorsque la discussion s'enlise, c'est au troisième participant de la faire redémarrer. Il peut le faire en détournant l'attention vers un autre sujet, ou en proposant lui-même de nouvelles idées.

Lorsqu'il ne se présente aucune idée nouvelle, on peut avoir recours à une technique de stimulation volontaire telle que le « mot pris au hasard » emprunté à la pensée latérale. Généralement, cela débouche sur de nouvelles directions de pensée.

Il est tout à fait du ressort du troisième participant de faire savoir que la réflexion s'est enlisée à tel ou tel moment. On peut alors essayer d'examiner ce qui s'est passé.

Proposer une pause est une autre façon de se sortir d'une discussion qui s'enlise.

CRÉATIVITÉ ET PENSÉE LATÉRALE

C'est un des rôles essentiels du troisième participant : il a vraisemblablement plus de compétences que les autres dans ce domaine, et il est le seul à pouvoir proposer des provocations et des « sondes ». Tant que le vocabulaire de la créativité n'aura pas été clairement défini, toute provocation de la part de l'un des adversaires sera considérée par l'autre avec la plus extrême méfiance. Est-ce un signal ? Cela reflète-t-il ses pensées les plus intimes ? Est-ce une ruse pour faire accepter sa position ?

Déterminer le thème de réflexion est une tâche qui demande de l'habileté. De la façon dont on définit un problème peut dépendre la façon dont on le résout. La façon dont on découpe un problème en sous-problèmes peut simplifier le travail de réflexion, et éviter également les solutions toutes faites.

Il faut de l'habileté pour diriger l'attention vers des questions qui sont abordées rapidement au cours de la discussion mais sont néanmoins importantes. A moins que l'attention ne soit concentrée spécifiquement sur ce type de questions, il y a un risque de ne jamais leur accorder d'attention directe et d'en faire à jamais les victimes d'a-priori.

INTERRUPTIONS

Il s'agit en fait d'une concentration de type « négatif ». Il est important de savoir interrompre la discussion lorsqu'elle aborde un point particulier. Par exemple, les participants ont atteint un point constructif. Si la discussion continue, le bénéfice de cette réussite sera diminué, voire perdu. Une interruption oblige donc la perception à se fixer sur ce point.

Il est parfois nécessaire d'attribuer un temps limité à une opération mentale particulière. Ici, l'interruption est déterminée par le temps et doit être faite sur-le-champ, même si la discussion se poursuit. Si l'on ne maîtrise pas le temps, les participants deviennent paresseux et s'installent dans une discussion interminable.

On ne devrait jamais craindre d'interrompre le flot des idées. Elles reviendront plus tard. Il est important que les participants apprennent à être précis et brefs. Les discours sont totalement déplacés, ainsi que les préambules compliqués et les explications concernant ce qui n'a pas encore été dit.

FIXER DES TÂCHES CONSTRUCTIVES

C'est au troisième participant de fixer des tâches constructives à accomplir. La démarche doit être expliquée clairement. Il faut également se fixer un cadre de travail, et s'y tenir.

Je répète qu'il est important d'établir de nouvelles directions de pensée.

« Pouvons-nous concevoir un système de vote permettant d'éliminer les candidats trop partisans ? »

Le troisième participant est entièrement libre de formuler des provocations de toute sorte, puis de demander aux autres parties de travailler à partir de ces provocations.

« Po, les otages ont tiré parti de leur captivité. »

Le troisième participant est dans une bien meilleure position que les autres pour poursuivre une idée spéculative, et pour encourager une idée hésitante. Ce n'est pas seulement parce que sa position comporte moins de risques ; c'est aussi parce que son esprit est plus libre d'envisager de nouvelles idées. Il serait très difficile aux adversaires de développer toute suggestion qui semblerait avoir un « *cash-flow* négatif » pour leur propre position.

DES IDÉES EN BIAIS

Parfois, l'un des adversaires a une idée qu'il aimerait exprimer. Mais il ne peut pas le faire ouvertement, car son idée risquerait d'être mal interprétée. Ou bien elle pourrait être apparentée à une « sonde ». Quelle qu'en soit la raison, une telle idée ne peut être présentée directement.

Dans de tels cas, l'idée est transmise au troisième participant (dans le cours de la discussion, ou lors d'une pause) ; celui-ci l'exprime ensuite directement, comme si elle venait de lui. Cet exemple illustre la nécessité logique d'une tierce personne.

RÉCOLTER ET REMARQUER LES IDÉES

J'ai souvent participé à des séminaires de créativité qui étaient intéressants sur le moment, mais dont le compte rendu était inexplicablement ennuyeux. Ce n'est pas uniquement parce qu'il est plus amusant d'entendre une idée que de la lire « à froid ». C'est tout simplement parce que les gens ne sont pas très doués pour remarquer les idées. Chacun est tellement aveuglé par les mérites de ses propres idées qu'il ne prête pas correctement attention à celles des autres.

Le troisième participant a pour fonction d'attirer l'attention sur les idées naissantes, même s'il n'y a encore que l'amorce d'une idée que personne n'a remarquée. Il doit récolter toutes les idées créatives produites au cours d'une séance de pensée latérale. Ces idées peuvent être explorées un peu afin que l'on exploite le bénéfice qui peut éventuellement s'y rattacher. Le troisième participant a donc ici un rôle à jouer dans le développement des idées. Il n'a pas à limiter son rôle à celui d'un rapporteur passif et neutre, puisque ses interventions ont comme objectif de développer les idées.

Il est extrêmement difficile de remarquer ce qui n'est pas sur la même longueur d'onde que notre pensée. C'est pourquoi le troisième participant devrait avoir toute une palette d'idées sur la question. Ainsi il pourrait remarquer beaucoup plus d'idées que ne peuvent le faire les adversaires, dont le répertoire perceptif est limité du fait qu'ils ont une position à défendre.

UNE VUE GLOBALE

Le troisième participant regarde les choses d'une manière détachée. Il prend du recul. Il distingue les arbres tout en voyant la forêt. Il regarde à la fois la situation elle-même, et l'analyse qui est faite de cette situation.

Bien qu'il ne doive faire usage d'aucun jugement, il est dans la situation privilégiée du juge qui regarde du haut de son estrade ce qui se passe dans son tribunal.

Il est constamment au même niveau que les adversaires, tout en étant également au-dessus d'eux. L'image du triangle suggère qu'il y a égalité entre les trois angles, et cependant l'un des trois est en position de supériorité par rapport aux deux autres.

Cette vue globale peut parfois donner lieu à un compte rendu détaillé ou même à un compte rendu permanent. Cependant il faut que ce soit bien clair : le troisième participant n'est ni un secrétaire ni un greffier.

LES CONNEXIONS

De son point de vue détaché et supérieur, le troisième participant est dans la position idéale pour voir l'ensemble de la carte.

Le résultat est qu'il peut établir des connexions, et montrer comment un thème est relié aux autres. Il montre également comment deux choses, à première vue très différentes, ont en réalité beaucoup de points communs, et comment on peut, dans certaines conditions, réconcilier différentes aspirations. Il établit des passerelles. Il ajoute un connecteur, qui provoquera soudain un déplacement de perception révélateur.

Des voisins peuvent ne pas avoir conscience qu'ils vivent réellement très près les uns des autres, car chacun se rend chez lui par une route différente. Mais celui qui possède une carte du territoire voit tout de suite que ses voisins sont proches de lui. De même, dans une situation conflictuelle, chacune des parties peut avoir adopté une position donnée en ayant emprunté une route totalement différente de celle de l'autre. Et cependant, les positions finales peuvent être très proches.

Très souvent les adversaires sont entièrement mus par l'« intention » qui a déterminé leur position, au point qu'ils négligent de remarquer qu'il y a une similitude entre cette position et celle de leur adversaire. De même qu'une hypothèse qui a notre préférence a un rôle prépondérant, car elle nous empêche de voir toute preuve d'un œil innocent, de même la position que nous avons adoptée a un rôle prépondérant : elle nous empêche de nous situer dans le conflit.

L'EXAMEN DES CONCEPTS

Un examen des concepts permet de passer en revue les concepts établis, les concepts dominants, les concepts bloquants, les concepts en évolution, les concepts à l'état naissant et les besoins de concepts nouveaux. C'est une sorte de carte fonctionnelle établie à un *niveau conceptuel*. Le but de cet examen est de faire prendre conscience de l'état du conflit. Le troisième participant, avec la vue globale qu'il a de la situation, est mieux placé que les adversaires pour procéder à cet inventaire des concepts. Ce n'est pas une tâche facile. Nous pouvons fort bien utiliser des concepts sans jamais être capable de les définir. Il est également possible d'extraire de cette opération différents concepts.

Un examen des concepts devrait être aussi riche que possible, et répertorier toute une variété de concepts. Néanmoins il est nécessaire que cela soit organisé à l'intérieur de groupes fonctionnels (comment contrôler, comment exercer une pression, etc.).

Il arrive parfois que, grâce à un examen des concepts, les deux parties découvrent instantanément qu'elles ont contenu leur réflexion dans des limites étroites.

PROPOSITIONS SUPPLÉMENTAIRES

Fournir des propositions en supplément de celles apportées jusqu'ici est un des rôles fondamentaux du troisième participant. Il peut utiliser sa propre créativité afin de concevoir de nouvelles propositions, ou sous-traiter cette opération à une équipe possédant les ressources nécessaires (comme ce pourrait être le cas avec le S.I.T.O.).

Là comme ailleurs, le troisième participant peut avoir directement un rôle de réflexion. Son travail ne consiste pas seulement à organiser la réflexion des autres et à retirer le maximum de cette réflexion. Il peut très bien être la source principale de propositions, suggestions, idées créatives et provocations. Pour cette raison, il devrait posséder une certaine maîtrise de la créativité.

En plus de propositions supplémentaires, il y a des directions supplémentaires. Je les ai déjà mentionnées. Il s'agit de ce qui ne peut pas être qualifié d'« idée ». Nous pourrions les appeler « suggestions en direction de solutions » (en raccourci, sds).

Générer des propositions, ce n'est pas seulement en proposer davantage dans l'espoir que l'une d'entre elles marchera. Il s'agit plutôt de créer un champ perceptif enrichi, afin que le processus constructif puisse être efficacement mené à bien. Cela se produira même si aucune des propositions n'est directement applicable.

ACCEPTATION ET MODIFICATION DES IDÉES

La seconde partie du processus constructif consiste à faire accepter le plan établi. L'issue trouvée par le troisième participant est testée auprès de chacun des adversaires, individuellement. Il est le seul à pouvoir le faire. Un adversaire ne pourrait jamais proposer une issue de façon neutre, car tout ce qu'il pourrait offrir serait considéré comme l'expression de ses propres désirs.

L'issue dégagée peut, si nécessaire, être modifiée par le troisième participant afin d'augmenter ses chances d'être acceptée. De nombreuses versions des accords de Camp David furent proposées séparément à Begin et à Sadate.

C'est au troisième participant d'évaluer si cela vaut la peine de modifier la solution trouvée afin de la rendre acceptable, ou s'il vaut mieux l'abandonner et en chercher une autre. Il ne faut pas s'imaginer qu'on peut toujours modifier la solution existante pour parvenir à la solution finale. Ce n'est pas ainsi que les choses se passent. Nous avons vu que dans les systèmes structurants, un mauvais réseau n'évolue pas vers quelque chose d'utile.

LES AUTRES FONCTIONS DU TROISIÈME PARTICIPANT

J'ai surtout parlé dans ce chapitre des fonctions de réflexion du troisième participant. C'est à elles que l'on fait appel lorsque les trois parties se rencontrent pour chercher une issue à un conflit.

Mais le travail du troisième participant comporte bien d'autres aspects qui ne sont pas en rapport direct avec la réflexion. Par exemple faire appel au S.I.T.O. afin de dénouer une crise, ou de créer un intermède. De même, un adversaire qui se sait sur le point de perdre la partie peut préférer se ranger à l'opinion du S.I.T.O. plutôt qu'à celle de son adversaire. Je parlerai des autres fonctions du troisième participant liées à sa position lorsque je décrirai, dans un prochain chapitre, les fonctions du S.I.T.O.

ACCEPTATION DU RÔLE DU TROISIÈME PARTICIPANT

Les parties engagées dans un conflit peuvent ne pas accueillir favorablement l'intervention d'une tierce personne. Si l'un des adversaires estime que la force ou la légitimité de sa position le conduira à une victoire totale, toute intervention d'un tiers risquera, à ses yeux, de réduire les bénéfices de cette victoire. En effet toute solution constructive coupe court à une victoire écrasante.

De plus, les adversaires considèrent généralement que leur querelle ne concerne qu'eux. Ce n'est pas toujours vrai. Une bagarre dans un bar concerne le patron du bar et les autres consommateurs aussi bien que les belligérants. En réalité, les conflits seraient beaucoup moins tentants si on s'attendait à ce que les autres s'en mêlent automatiquement.

Il existe de nombreuses raisons pour lesquelles une tierce personne risque d'être rejetée.

> Cela ne la regarde pas.
> Elle n'est pas suffisamment au courant des événements.
> Elle n'a pas la sensibilité ni la méthode adaptées à la situation.
> Elle n'a pas le sens des responsabilités.
> Elle n'a rien à perdre : ce n'est pas elle qui devra supporter les conséquences du résultat.
> Tout ce qu'elle fait n'est qu'un jeu.
> C'est un intellectuel qui n'a aucun connaissance du monde réel.
> Pour une raison ou pour une autre, l'une des parties estime que cette tierce personne favorise l'autre.
> Elle a peu de chances de produire autre chose que ce qui serait, de toute façon, sorti du conflit.
> Une tierce personne aura peut-être un rôle à jouer — mais pas maintenant, et pas tant que tout espoir d'une victoire complète n'est pas abandonné.
> Elle ne devrait être qu'un négociateur intermédiaire qui ne doit pas contribuer aux idées en tant que telles.
> Aucune des deux parties ne révélera les informations confidentielles sur lesquelles sont fondées (militairement parlant) leurs positions respectives, et par conséquent un exercice constructif est parfaitement inutile.

Toutes ces objections sont fondées sur la satisfaction de critiquer, et sur la conviction que les initiatives d'une tierce personne ne peuvent qu'interférer. Dès que l'on a compris, et fait savoir, que la pensée critique est inadéquate, vouloir régler un conflit de cette manière sera considéré comme un signe de négligence et d'agressivité.

UN STYLE ENTREPRENANT

Le troisième participant devrait être efficace et entreprenant, et manifester flair et habileté. Il ne s'agit pas de remplir en toute impartialité une fonction administrative qui pourrait être prise en charge par un bureaucrate. Il est nécessaire d'avoir le flair d'un bon avocat, bien que le style de pensée de celui-ci soit totalement différent. Il s'agirait plutôt du flair d'un architecte ; celui-ci combine la créativité et l'esprit pratique pour parvenir à un accord qui soit accepté par tout le monde.

QUATRIÈME PARTIE

LE CONFLIT

15
Modèles de conflit

C haque penseur constructif a en tête un stock de solutions. Mais aucun ne s'attendrait à être payé pour son travail s'il se contentait de recommander une solution toute faite ; même lorsque ce qu'il bâtit est entièrement nouveau, de nombreux éléments auront été inspirés par les caractéristiques d'accords existants. Nous étudierons dans ce chapitre quelques modèles de conflit. La liste n'est pas exhaustive. Le choix que j'ai fait repose sur le fait que chacun des modèles illustre un aspect différent du conflit.

LA COURSE D'ATHLÈTES

L'accent est mis ici sur les conditions formelles qui sont établies précisément pour mettre en compétition les capacités de chacun. Les athlètes ne rivalisent les uns contre les autres qu'indirectement. Chacun fait le maximum d'efforts sans qu'il y ait (en général) de tentatives pour intervenir dans les efforts des autres. A chaque instant l'athlète a conscience de ce qui se passe. La victoire a surtout valeur de symbole. Tout un ensemble de concepts interviennent ici, dont le plus important est peut-être l'effort parallèle et la non-interférence. Les principaux concepts constitutifs de ce climat sont la solennité de la course et la disqualification pour non-respect des règles.

LE MATCH DE FOOTBALL

Formalités de jeu et critères de réussite précis. Marquer des buts est un concept crucial au regard du score. Dans de nombreuses situations conflictuelles, le fait de marquer des points, quels qu'ils soient, est la seule façon pour l'un ou l'autre camp de revendiquer la victoire. A quoi ressemblerait un match de football si les buts marqués etaient annulés? A quoi ressemblerait le terrorisme si les médias ne mentionnaient pas ses succès? Il existe de nombreuses règles de football. Elles ont été établies pour éviter que l'une des équipes ne prenne un avantage déloyal. A l'inverse de ce qui se produit chez les athlètes, le non-respect des règles ne conduit pas à la disqualification immédiate mais à une pénalité. La décision de l'arbitre est instantanée et irrévocable. Les concepts clés sont ici le score et les punitions mineures et immédiates pour mauvaise conduite.

LA CONCURRENCE PROFESSIONNELLE

C'est un marché ouvert dans lequel différents producteurs sont en concurrence. Ils se font concurrence sur les prix, la qualité, la publicité et la distribution. Le plus performant peut devenir encore plus performant. Le moins performant devra changer sous peine de faire faillite. On peut faire preuve d'une certaine fidélité à une marque, même si celle-ci n'est pas comparable à la fidélité à un parti. Un consommateur changera de produit en fonction de ce qu'il trouvera sur le marché. Sa motivation est l'attrait. Il ignore la peur. De temps en temps, des producteurs cherchent à protéger leur marché en bloquant les importations. Compétence, efficacité et production sont les facteurs clés d'une telle compétition. L'issue de la compétition dépend d'une multitude de petites décisions, et de leur renouvellement. On suppose que le consommateur sait ce qu'il veut et est capable d'estimer la valeur du produit. Le concept clé est que c'est le consommateur qui, en fin de compte, arbitre la compétition sur la base des bénéfices qu'il en tire en tant que consommateur. Néanmoins la compétition est également déterminée par la capacité de l'organisation à produire quelque chose de valable pour le consommateur.

LA VENTE AUX ENCHÈRES

Compétition directe fondée sur la notion de coût. Chaque partie détermine la valeur de l'objet et paie le coût approprié. Ce coût est déterminé uniquement par l'estimation qu'en fait l'autre partie. Pendant combien de temps pouvez-vous renchérir? A quel niveau de prix est-ce que cela cesse d'être valable? Le facteur clé est qu'à n'importe quel moment, l'un des participants peut abandonner. Lorsqu'il le fait, il ne subit aucune perte. Nous pourrions considérer les grèves dans l'industrie comme une forme d'enchère. Chaque partie se prépare à payer le prix de la souffrance et de la gêne (perte de salaires, perte de production). Le jeu se termine lorsque l'une des deux parties a atteint sa limite de renchérissement: ça ne vaut pas la peine d'aller plus loin. L'ennui est que le perdant paye toujours un lourd tribut. Cela ressemble plutôt à une surenchère de souffrances. Le concept clé du modèle de la vente aux enchères est que *l'offre* de prix est faite en fonction de la valeur que représente l'objet pour chacune des parties.

LE MARCHANDAGE

On pourrait objecter que le marchandage n'est qu'une forme de vente aux enchères dans laquelle chaque partie démarre à une des extrémités de l'échelle des prix. Mais il y a d'importantes différences entre les deux. Un marchandage est davantage un échange de valeurs. Vous pouvez acheter deux objets pour le prix d'un ; le deuxième fera partie d'un lot. Votre fournisseur attache de la valeur au fait que vous achetez maintenant plutôt qu'ultérieurement. Le fournisseur vante les mérites de ce qu'il vend. Chacune des parties cherche à connaître et à exploiter les valeurs de l'autre. La valeur étant une notion variable (un élément peut avoir davantage de valeur pour l'un que pour l'autre), il est possible de procurer à autrui certaines valeurs sans être soi-même dépossédé. C'est le modèle idéalisé des négociations collectives. Mais si l'acheteur éventuel attrape le vase de céramique et le brandit au-dessus de sa tête, en menaçant de le jeter s'il ne l'a pas au prix qu'il désire, alors ce n'est plus du marchandage.

LA PARTAGE DU GÂTEAU

On trouve dans les relations enfantines un modèle de résolution des conflits très efficace. Deux enfants se disputent pour savoir quel est celui qui coupera le gâteau. La solution tradionnelle la plus simple est la suivante : « Tu coupes et je choisis. » Ainsi, celui qui découpe le gâteau tâchera de faire les parts les plus égales possibles, car c'est lui qui sera désavantagé en cas d'inégalité flagrante. Nous nous approchons beaucoup de ce modèle lorsque, dans les conflits entre adultes, l'une des parties fait des propositions et que l'autre partie choisit parmi celles-ci. Mais ce n'est pas vraiment équivalent, dans la mesure où toutes les propositions peuvent favoriser nettement celui qui les fait. Dans le modèle du gâteau, le concept clé est la distinction entre le partage et le choix, de telle sorte qu'un partage injuste pénalise son créateur.

LA PARTIE DE BRAS DE FER

Soit une scène de bar typiquement machiste. Deux costauds se préparent à se battre, chacun voulant prouver qu'il est le mâle dominant du secteur. Le combat a lieu. Ils cassent les chaises, les tables, les bouteilles, même les nez. C'est une belle pagaïe, qui devra se renouveler à chaque fois qu'un défi sera lancé au mâle dominant du moment. Maintenant, admirez la simplicité et l'élégance d'une partie de bras de fer. Les deux rivaux s'asseyent à une table et se prennent par le bras. En quelques minutes, tout est terminé. Il y a bien sûr un vainqueur et un vaincu. C'est fait si calmement qu'aucune goutte n'est tombée du verre de bière posé sur la table. Cette réduction d'un conflit désordonné à une épreuve de force rapide et décisive est remarquable. Bien sûr, l'un des facteurs clés est que la personne qui semble avoir le plus de chances de gagner la partie de bras de fer est apparemment celle qui aurait également gagné le combat au corps à corps. Ceci est important, puisque l'on teste réellement la force des combattants. Ce n'est pas la même chose que de déterminer la suprématie d'un mâle par un jeu de cartes ou de fléchettes. Le concept clé est donc le test par une démonstration de force significative qui évite d'avoir à déployer toute sa force.

LE TRIBUNAL

Méthode traditionnelle de résolution des conflits. Il existe des règles de procédures, et la compétition se déroule entre avocats.

Cependant, à la différence de la compétition sportive, l'issue ne va pas de soi ; c'est un juge, ou un jury, qui en décide. La décision est prise en se référant aux faits présentés et à l'existence d'un « code » légal. La société a également les moyens de faire respecter le jugement de la cour. Les concepts clés sont par conséquent : un code de référence ; une évaluation du conflit par rapport à ce code ; un moyen de faire respecter la décision.

L'ARBITRAGE

Procédure par laquelle les parties se mettent d'accord pour qu'ait lieu une évaluation extérieure des mérites respectifs de leurs positions. Dans le fond, le conflit est remis aux mains d'une tierce personne. Les parties ont estimé qu'une prolongation du conflit risquerait de leur coûter beaucoup plus cher que ce qu'elles perdraient en cas d'arbitrage imparfait. Elles ont également décidé toutes deux qu'aucune victoire totale n'est plus possible. Le concept clé est donc un échange de valeur entre la prolongation du conflit et sa résolution, même imparfaite.

LE RACKET BOURSIER

Il s'agit d'un terme de la bourse de New York relatif à ce qu'on prétend être une sorte de chantage. Une entreprise achète des actions d'une autre entreprise dans le but de lancer une offre publique d'achat de toute la société. Pour de nombreuses raisons, cette offre échoue. Les actions, toujours détenues par l'acquéreur, constituent une menace pour la société. Aussi la direction décide-t-elle de les racheter à un prix élevé. Cela signifie que n'importe qui peut gagner beaucoup d'argent rien qu'en menaçant de racheter une entreprise puis en revendant les actions acquises. Le principe clé est que l'agresseur ne se retire pas les mains vides. En un sens, on achète son retrait. C'est toujours un point très délicat à résoudre. L'agresseur doit-il nécessairement être récompensé ? Doit-on le renvoyer les mains vides, ou le punir sévèrement pour son agression ? Le point de vue traditionnel est que récompenser un agresseur, de quelque façon que ce soit, ne fait qu'encourager les agressions. Il suffit à l'agresseur de

« tenter le coup », puisqu'il sait qu'à la fin de la journée il recevra une récompense quelconque, même si ce n'est pas entièrement ce qu'il espérait (comme dans cette forme de racket pratiquée à la bourse de Wall Street). L'autre point de vue est qu'il n'y a guère de chances pour qu'un agresseur qui est en position de force se retire et rentre chez lui les mains vides. Il faut donc que l'agresseur soit vaincu, et cela peut coûter cher. Nous sommes par nature si peu enclins à céder au chantage que la question n'est toujours pas élucidée. Mais il est clair qu'il faut faire une nette distinction entre une agression délibérée (Hitler envahissant l'Europe) et un conflit qui surgit (comme avec les Malouines).

LES GROUPES DE PRESSION

La caractéristique d'un groupe de pression est qu'il ne s'attend pas à réussir immédiatement. Il s'agit de sensibiliser l'opinion publique, de lui montrer et de lui faire prendre conscience de certains faits. A l'instar d'un fabricant vendant un produit, le groupe de pression agit en fonction des décisions des autres: médias, électeurs et politiciens. L'objectif du groupe est de faire en sorte que le public reste mobilisé par tel problème. Ceci se fait généralement en créant des événements auxquels les médias ne peuvent pas résister. Dès qu'un problème est devenu public, chaque politicien est obligé de se demander s'il a intérêt à le négliger, à faire avec, ou à s'y opposer. Ces groupes agissent donc par le biais des médias et de la démocratie. Ajoutons que, mise à part leur action sur le plan politique, le centre d'intérêt créé par les groupes de pression peut fonctionner pendant très longtemps et aboutir à d'importants changements d'attitudes envers certaines questions (l'environnement, les droits de la femme, la sécurité). Ces changements finissent par devenir culturels. Le concept clé est donc la « pression constante ».

LA PANNE DE SYSTÈME

On pourrait objecter qu'un grand nombre de ces modèles de conflits n'opère qu'à l'intérieur d'un système donné (comme le tribunal ou le terrain de football), alors que la plupart des conflits surgissent précisément par suite d'une *panne* de système.

Il y a deux réponses à cette objection. La première est que nous devons créer davantage de systèmes, et de meilleurs systèmes, afin qu'en cas de panne un autre système puisse prendre le relais. Par exemple, lorsque au cours d'un conflit la communication directe entre deux adversaires est rompue, il faut qu'ils puissent continuer à communiquer par l'intermédiaire d'une structure telle que le S.I.T.O. ou la Croix-Rouge.

La seconde réponse est que même si un système particulier est en panne, les parties peuvent toujours opérer dans un système plus vaste. Par exemple, des nations en guerre peuvent toujours être membres des Nations unies, du Commonwealth ou former des alliances concrétisées par des traités. Il ne s'agit pas là d'une mise en forme d'un système ; néanmoins c'est toujours un système, avec sa logique et sa dynamique propres.

CONFLIT ET COMPÉTITION

Une grande partie des modèles décrits ici ressemblent à des modèles de compétition plutôt que de conflit. En fait, on peut envisager tous les conflits sous l'angle de la compétition. L'une des parties désire atteindre un certain objectif, et l'autre partie désire atteindre un objectif différent. Le conflit n'est que l'une des façons d'exprimer cette compétition. C'est un peu comme un athlète gênant un concurrent afin de gagner la course. Si vous triomphez de votre ennemi, vous pouvez obtenir ce que vous voulez (des femmes, un territoire ou des biens). A cause de ce mode de compétition intégrale appelé conflit, il arrive souvent qu'on oublie le but réel de la compétition. Le conflit, qui n'était qu'un moyen de parvenir à une fin, devient une fin en soi. En fait, la poursuite du conflit pour lui-même peut réellement détruire ce que l'on désirait au début. Si, pour vous emparer de quelques puits de pétrole vous devez détruire les puits de pétrole, la manœuvre est sans intérêt.

Il est toujours utile de se souvenir que le conflit n'est jamais une fin en soi. C'est soit une façon de se battre pour obtenir quelque chose, soit une façon de se sortir d'une situation dans laquelle des intérêts s'affrontent.

Aussi, dans tout exercice constructif il est utile de se demander si les besoins sous-jacents à la compétition peuvent être atteints par une autre voie que le conflit.

16
Facteurs de conflit

Tout constructeur travaille avec les matériaux et les principes propres à son domaine. Un constructeur de bateaux travaille avec de la fibre de verre, du bois, du métal, et avec les principes de l'architecture navale. Un artiste travaille avec de la couleur, du papier, des techniques de peinture et des principes de communication. Appliquons le processus de construction à la résolution des conflits, et examinons quelques-uns des principes fondamentaux mis en jeu.

Un traité sur les origines, les causes et l'évolution des concepts serait vraiment fastidieux, et mettrait l'accent sur l'approche analytique : comprendre les causes et y remédier. La méthode constructive va plus loin que cela. Quels sont les éléments qu'il nous faut assembler pour trouver une solution ? Faire la liste de tous ces éléments serait également une tâche laborieuse, et ne correspond pas à l'objectif de ce livre. Mon objectif est ici d'examiner quelques-uns des facteurs de conflit susceptibles d'être utiles à un penseur constructif.

Pour simplifier, j'ai classé ces facteurs en quatre groupes :

La peur

La force

L'équité

Le coût.

Ces facteurs se recoupent en grande partie, mais ils jouent le rôle de pôles de regroupement. Dans les prochains chapitres je traiterai de chacun d'eux à tour de rôle.

17
Facteurs de conflit : la peur

La peur concerne toujours le futur : elle a toujours trait à quelque chose qui risque de se produire. Ce peut être la peur d'une condamnation, la peur de représailles ou la peur du coût élevé d'un conflit. Il y a donc obligatoirement des recoupements entre la peur, la force et les autres facteurs de conflit.

D'un point de vue constructif, la peur est un élément puissant et subtil car elle peut agir en permanence. La peur d'être électrocuté agit tant qu'il y a du courant électrique. La peur peut aussi amplifier fortement les choses. Si une vieille dame est un jour assassinée dans une ville, toutes les vieilles dames de cette ville auront peut-être peur de sortir seules le soir, même si leurs chances d'être assassinées sont très faibles. En Irlande du Nord, le nombre de morts par accidents de voiture est, pratiquement chaque année, supérieur à celui des morts dues à la violence des affrontements.

Dans le domaine criminel, la peur d'être puni — même sévèrement — n'est pas suffisante si chaque criminel croit que lui, personnellement, échappera toujours à la police. A la peur d'être puni il faut ajouter la peur d'être pris. C'est pourquoi un système utilisant des informateurs est généralement efficace : il augmente considérablement la peur d'être pris.

L'élément « peur » comporte quelques points faibles importants. Le premier est qu'elle peut ne pas fonctionner du tout pour quelqu'un dépourvu de toute intelligence, ou manquant de l'imagination nécessaire pour voir ce qui va arriver. Elle ne fonctionne pas non plus avec ceux qui sont téméraires, courageux, ou ceux qui trouvent stimulant de vivre dangereusement.

Le fait qu'une peur puisse en chasser une autre est un second point faible. Le jeune homme terrifié peut s'engager dans l'armée par peur d'être tenu pour un poltron ou d'être poursuivi en tant que déserteur. Il se lance dans la bataille par peur de laisser tomber ses compagnons, peur du sergent ou peur de désobéir. Lors de la guerre des Malouines, le président Galtieri craignait que s'il faisait évacuer les îles l'Argentine ne soit humiliée, et que son gouvernement et sa vie ne soient en danger. Rester sur ses positions et espérer une certaine forme de victoire était ce qu'il avait de mieux à faire.

Des extrémistes assassinèrent un jour un négociateur de l'O.L.P. uniquement parce qu'il était disposé à négocier. La peur empêche souvent les négociations, car les négociateurs redoutent d'être punis ou, au mieux, de perdre le soutien de leurs compagnons.

Il y a la peur de la défaite et la peur de l'humiliation. Il y a aussi la peur intense d'être considéré comme un perdant. On pourrait objecter que la raison pour laquelle la Marine britannique fut envoyée aux Malouines était en réalité la peur d'une humiliation. La préservation de l'image de soi, tant à un niveau individuel qu'à un niveau national, est extrêmement importante. La peur de perdre cette image est une motivation très puissante. En fait, l'approche d'Enoch Powell lorsqu'il harcela Mme Thatcher à la Chambre des Communes était exactement celle-ci : comment elle, parmi tous, pouvait-elle tolérer l'affront fait à la Grande-Bretagne ? Plus une image de soi est forte, plus la personne est vulnérable à cette sorte de manipulation.

LA PENTE SAVONNEUSE

J'ai déjà expliqué dans ce livre comment un incident banal peut dégénérer en un conflit sérieux selon le principe de « la pente savonneuse » : tout engagement comporte un risque de dérapage jusqu'à des événements catastrophiques. Pour éviter cet enchaînement, il faut anticiper sur tout ce à quoi un incident banal peut mener. Il y a bien sûr quelques justifications à cela. Après tout, la tentative de se concilier à tout prix l'Allemagne nazie conduisit exactement à cette stratégie rampante. Malheureusement, le même principe s'applique à n'importe quoi. A l'extrême, tout incident peut être envisagé comme le point de départ de terribles désastres ; il suffit d'avoir suffisamment d'imagination, puis d'utiliser son pouvoir de persuasion pour convaincre autrui que des choses d'une importance considérable sont en jeu. Cette notion est également en rapport avec la notion d'image. Aux temps des canonniers, lorsque des guerres éclataient à la suite de mauvais traitements infligés à un ressortissant britannique en pays étranger, il importait de préserver l'image de la Couronne ; mais en même temps ces conflits, s'ils se généralisaient, risquaient de gêner le commerce.

LES REPRÉSAILLES

Lorsqu'un petit incident provoque toute une série de mesures de rétorsion, on peut parler de représailles démesurées. Ce n'est pas toujours crédible : lancer de telles représailles exige une décision majeure que justifie rarement le petit incident. Passés les deux premiers incidents, le risque de représailles diminue : elles ne pourraient en effet avoir qu'une valeur punitive, et non plus dissuasive. Pour cette raison, la réaction mesurée d'Israël — consistant à faire suivre tout raid terroriste d'une attaque aérienne sur les camps palestiniens — est davantage appropriée.

Le principe « œil pour œil, dent pour dent » risque de devenir une caractéristique des conflits modernes. Lorsque le gouvernement britannique expulsa le Haut Commissaire nigérian pour avoir eu, semble-t-il, connaissance de la tentative de kidnapping sur un Nigérian en exil à Londres, le gouvernement nigérian répondit par des représailles mesurées. La prise d'otages à l'ambassade américaine de Téhéran était, elle aussi, une sorte de mesure de rétorsion envers les Etats-Unis pour avoir donné asile au Shah.

Le boycott des Soviétiques aux Jeux olympiques de Los Angeles était la réplique exact du boycott des Américains aux Jeux olympiques de Moscou.

L'inconvénient de cette méthode est qu'elle occulte complètement les mobiles ayant conduit à la première action, car aux yeux de la victime ce premier acte n'était pas justifié. Ce type de représailles peut être lancé par n'importe quel pays, quelle que soit sa taille. Cette méthode fait des habitants du monde entier des otages potentiels.

Mais l'avantage est qu'elle est limitée dans le temps, et mesurable. C'est un acte complet en lui-même. Il n'est pas nécessaire qu'il y ait escalade aboutissant à un conflit plus sérieux. Le fait que cette méthode puisse, par les réactions concrètes et visibles qu'elle provoque, empêcher des actions regrettables est un autre de ses avantages.

LA FORCE DE DISSUASION

C'est un domaine immense et qui couvre tout, depuis la dissuasion nucléaire mutuelle jusqu'à la peur d'une condamnation par le Conseil général des Nations unies. En un sens la dissuasion nucléaire ne fonctionne que parce que l'on doute de l'équilibre mental de la partie adverse. Supposez que les Soviétiques envahissent soudain l'Autriche. Après un certain délai fixé par les forces conventionnelles de l'O.T.A.N., une décision concernant l'emploi de la force nucléaire s'imposerait. Le monde voudrait-il réellement se lancer dans une guerre planétaire rien que pour défendre l'Autriche ? La seule réponse sensée serait « non ». Mais le fait que les Soviétiques ne puissent pas vraiment compter sur cette réponse sensée est dissuasif. D'un autre côté, s'ils s'inquiétaient véritablement de la possibilité d'une attaque nucléaire provenant des missiles basés en Europe, il suffirait pour vaincre cette peur de remettre la décision de l'utilisation des armes atomiques entre les mains de la nation où sont basées ces armes. Serait-il concevable que les Pays-Bas ou l'Italie choisissent de déclencher une attaque nucléaire contre l'Union soviétique ?

Pour que la dissuasion fonctionne, il doit toujours y avoir un équilibre entre le gain et la perte. Là où il y a peu à gagner, la dissuasion fonctionnera parfaitement. Pourquoi prendre un gros risque pour un si petit gain ? C'est pour cette raison que Kroutchev retira les missiles de Cuba, et que la dissuasion nucléaire peut fonctionner en Europe. Si un modeste bijou est entouré d'une barrière électrique, il est en sécurité. Si un bijou de très grande valeur est protégé de la même façon, la protection ne sera pas forcément efficace.

Donc, la dissuasion fonctionne bien si les bénéfices engendrés par la victoire sont minces. Cherchons donc des méthodes qui rendraient difficile et sans valeur l'occupation d'un autre pays. Par exemple, on pourrait concevoir des armes personnelles si bon marché qu'elles seraient diffusées à des millions d'exemplaires. On mettrait en vente des multitudes de petits bâtons qui émettraient des rayons gamma, de telle sorte qu'un passant pourrait envoyer une dose infime de radiations à tout visiteur importun. Au bout de centaines d'expositions à ces radiations, le visiteur finirait par mourir. Ce serait une sorte de violence démocratique : chaque décision d'envoyer les radiations mortelles constituerait un « vote ». Cette suggestion n'est qu'une métaphore illustrant la nécessité de rendre difficile l'occupation d'un autre pays. Les Suisses utilisent le même principe avec leur entraînement militaire intensif, si bien que toute invasion de la Suisse serait extrêmement coûteuse comparée aux bénéfices obtenus.

LA PEUR DE LA DÉFAITE

La peur de la défaite peut arrêter les adversaires au moment où ils s'engagent dans un conflit. Mais dès que le conflit est en route, alors, paradoxalement, la peur de la défaite a tendance à maintenir le conflit. Car toute porte de sortie sera généralement ressentie comme une « défaite » pour l'un ou l'autre des adversaires. Celui-ci préférera repousser le moment de sa défaite, et s'accrocher dans l'espoir que les choses puissent encore changer. Il est donc d'une importance cruciale d'essayer d'imaginer des « portes de sortie » qui ne soient pas des défaites. Cela paraît difficile à réaliser : chacun des adversaires estime que l'autre a tort, et que toute mauvaise conduite doit être sanctionnée par la défaite. Concevoir une porte de sortie sous la forme d'une récompense va donc totalement à l'encontre de notre conception fondamentale du conflit en tant que combat dont on ne peut sortir que gagnant ou perdant. Mais c'est précisément sur ce point que nous devons faire le maximum d'efforts constructifs. Une porte de sortie est une porte de sortie, et non une défaite

18
Facteurs de conflit: la force

Le conflit peut-il exister sans le recours à la force? Même dans les couvents, où on ne fait apparemment pas usage de la force, il existe des divergences d'intérêts et des conflits. Car il n'y a pas que la force physique. Dans les couvents il peut y avoir une force morale ou émotionnelle, un refus de coopération ou d'approbation, et toutes sortes d'emplois subtils de la force. La non-coopération, comme dans l'Inde de Gandhi, ou le refus de travailler lors d'une grève, montrent qu'il existe de toute évidence une force de persuasion. Le système souffre, de la même façon que le corps peut souffrir. Lorsqu'un système s'effondre, ceux qui en tiraient profit sont mal à l'aise et se mettent à souffrir.

La force est utilisée pour déclencher les conflits, les dynamiser et y mettre un terme. De tout temps, la force militaire et la violence physique ont constitué la principale méthode pour faire valoir ses arguments. Le pouvoir est au bout du fusil, disait Mao. Les arguments fondés sur la force physique ont tendance à triompher — du moins sur le moment.

Dans les combats au corps à corps, certaines cultures ont développé des méthodes très efficaces pour combattre par la technique une force physiquement supérieure. Ces méthodes, telles que le judo et l'aïkido, utilisent la propre force de l'assaillant pour le vaincre. Nous n'avons jamais trouvé, sur le plan des forces collectives, de techniques même vaguement comparables. L'action de corps constitués comme les Nations unies, où la plainte déposée par une petite nation peut amener toutes les autres nations à condamner l'agresseur, est ce qui s'en rapprocherait le plus.

Il est certain que la technologie est en train de bouleverser toute la notion de force militaire. Les missiles s'opposent aux missiles, et tout le courage du monde ne modifiera pas cet équilibre technique. Le pouvoir des muscles devient moins important. Tel système de missiles sera de très loin supérieur à tel autre. Un avion pourvu de missiles perfectionnés abattra un autre avion pourvu de missiles moins perfectionnés dans la proportion de plusieurs contre un. Un fantassin portant à l'épaule un petit lance-missiles peut détruire un gros tank. Cela signifie que les armées nombreuses n'ont plus l'avantage qu'elles avaient autrefois. Cela signifie aussi qu'on peut entraîner un petit groupe d'hommes à manier des armes sophistiquées importées d'un autre pays. Par conséquent, le jour viendra où le combat physique sera remplacé par une comparaison technique de matériels militaires. Il suffira de comparer les systèmes d'armements et de décider que tel pays possède l'avantage à un moment donné.

Les tester vraiment serait vain, coûteux et sans intérêt. Sans la possibilité de prendre l'adversaire par surprise, livrer un combat réel présenterait peu d'intérêt, sauf pour tester les capacités d'organisation de chacune des parties. Si le lancement d'un missile déclenche automatiquement celui d'un missile anti-missile, l'exercice est futile — d'où la stratégie de « guerre des étoiles » du président Reagan.

Dans une certaine mesure, les guerres limitées sont devenues des systèmes à tester les armes (Israël-Syrie, Irak-Iran). Et les guerres de substitution sont devenues des systèmes à tester les idéologies.

LE POUVOIR SUPRÊME

Posséder de grosses bombes et la capacité d'en faire commerce symbolise le pouvoir suprême. La production d'armes est fondée sur des ressources économiques et des facteurs technologiques. Les pays les plus petits ne peuvent pas produire d'armes, mais ils peuvent en acheter. Si le commerce des armes n'existait pas, les guerres locales seraient bien plus difficiles. A la longue l'Argentine n'a plus été en mesure de riposter aux missiles britanniques par d'autres missiles. Pourtant les Exocet français qu'elle utilisait étaient très performants. Le pouvoir suprême est en fin de compte aux mains des nations puissantes, et les conflits locaux dépendent de la bonne volonté de ces nations à vendre ou à rendre disponibles leurs systèmes d'armement. Les grandes puissances exercent déjà un certain contrôle en ne fournissant pas aux petites nations leurs systèmes de missiles les plus puissants. Il n'y a pas de limites à la livraison de jouets de guerres conventionnels, puisque chacun peut s'en procurer là où il veut (seuls seraient perdus les revenus de la vente).

LE POUVOIR DE L'OBSTACLE

Il est nettement plus facile de placer un bloc de béton sur une ligne de chemin de fer, et ainsi de faire dérailler le train, que de concevoir une locomotive et de construire un chemin de fer. Le pouvoir d'être un obstacle et de détruire sera toujours plus grand que le pouvoir d'empêcher la destruction. C'est pourquoi les mouvements de guérilla et de terrorisme ont, en termes d'action, un avantage. Le point clé est de savoir si cette action peut aboutir à quelque chose. Un mouvement de guérilla qui se transforme en guerre civile pourrait aboutir au même objectif qu'une guerre ordinaire : prendre le pouvoir dans un pays. Sans ce potentiel, un mouvement de guérilla ne sert qu'à maintenir l'attention sur un problème, à déstabiliser un gouvernement, ou à contenter ses membres qui conçoivent leur action comme une mission. S'engager dans une négociation doit être une attitude extrêmement rare pour n'importe quel mouvement de guerilla, car chacun de ses membres deviendrait vulnérable dès lors qu'il cesserait de se cacher. En théorie, un groupe de guerilleros pourrait négocier avec un gouvernement pour obtenir certains droits, puis se tenir tranquille une fois ces droits accordés. Le mouvement reprendrait ensuite, si nécessaire. Le problème est que dans l'intervalle, le groupe perdrait sa capacité de mobilisation. Un tel groupe deviendrait alors un groupe de pression.

LE POUVOIR DU REFUS

Chaque fois qu'un système fonctionne, n'importe lequel de ses membres a le pouvoir de stopper le système en refusant de coopérer. J'ai mentionné au début de ce chapitre ce type de pouvoir. A la conférence sur la sécurité qui eut lieu à Madrid, Malte retarda pendant huit semaines la décision finale : elle refusait de se rallier aux conclusions tant que l'on ne prenait pas de dispositions pour qu'ait lieu une conférence sur la sécurité en Méditerranée. Les règles de cette conférence nécessitant l'accord de tous les participants, la conclusion finale ne put être entérinée. Les Etats-Unis se retirèrent de l'U.N.E.S.C.O. en le privant du quart de son budget. Les Soviétiques se retirèrent des négociations de Genève sur le désarmement. Nombre de négociateurs refusent de participer à des réunions, ou s'en retirent en cours de route.

En un sens, ce type de force est une absurdité car elle est totalement anti-constructive, et facile à utiliser. Elle peut se transformer en une sorte de chantage, comme dans le cas de la querelle opposant les Britanniques à la C.E.E. à propos du budget. Mme Thatcher refusa de ratifier les propositions de nouveaux prélèvements pour la C.E.E. ; le résultat fut que la C.E.E. refusa de prendre en compte l'abattement prévu à la contribution de la Grande-Bretagne.

Les sanctions économiques constituent un autre exemple du pouvoir du refus.

Bien que ce type de force soit d'une certaine façon une absurdité, elle a en même temps une grande valeur, car elle met l'accent sur l'interpénétration des problèmes mondiaux. De ce fait, il est réellement possible de résoudre les conflits autrement que par la guerre. Cependant cette tactique doit être utilisée avec une grande finesse. Si on utilise cette forme de pouvoir à la moindre occasion (comme dans les querelles de la C.E.E.), elle devient sans intérêt et c'est l'ensemble du système qui est menacé. Et si on l'utilise à chaque fois au degré maximum, là aussi elle devient sans intérêt puisque n'importe quel désaccord s'amplifiera à l'extrême (comme la réponse de Carter à l'invasion de l'Afghanistan par les Soviétiques). Il est nécessaire que s'exerce un contrôle beaucoup plus fin, un peu comme la réactualisation des taux d'intérêts. Par exemple si une structure indépendante décidait que votre pays était dans son tort, les intérêts des emprunts que votre pays auraient contractés auprès de pays étrangers augmenteraient.

Ce domaine nécessite une réflexion approfondie. Les sanctions ont jusqu'ici presque toujours échoué, soit parce que l'on avait besoin de quelque chose produit par le pays sanctionné (comme le minerai, stratégiquement important, de la Rhodésie ou de l'Afrique du Sud), soit parce que certains pays ont vu qu'il y avait un avantage économique à contourner individuellement les sanctions. Ces questions n'ont jamais bénéficié d'une réglementation suffisante ni d'un dispositif de sanctions envers les briseurs de sanctions. Les tribunaux traditionnels sont trop lents et pas assez indépendants.

LE POUVOIR DES OTAGES

Examinons les prises d'otages et les rapts. Il s'agit d'actions qui donnent le pouvoir uniquement parce qu'elles sont concentrées entre les mains d'une poignée de gens. Ce qu'on prend réellement en otage, c'est l'attitude de la partie agressée. Ce peut être l'amour d'une famille pour son enfant kidnappé, ou les craintes d'un pays pour ses citoyens innocents.

De même, l'image et les idéaux d'une nation peuvent être pris en otage dans le sens où le comportement de celle-ci doit se conformer à ceux-là. Ainsi le comportement du gouvernement américain est-il limité par ce qu'on attend de lui. Soutenir une dictature est difficile, particulièrement s'il y a des preuves du non-respect des droits de l'homme ou des opérations d'escadrons de la mort. Ainsi un opposant a-t-il le pouvoir de limiter le comportement d'un adversaire à ce qui est cohérent avec l'image de cet adversaire. Celui-ci est, en un sens, l'otage de sa propre image.

OCCASIONS ET RÉCOMPENSES

Il est intéressant de constater que nous pensons toujours en termes de force et de limites lorsque nous évoquons les conflits. La notion de combat est très solidement ancrée en nous. Il est extrêmement rare de penser en termes de récompenses, d'occasions, de bénéfices et d'attirances. Cependant, ceux-ci sont des mobiles très puissants permettant de faire évoluer le comportement humain dans une certaine direction. Mais lorsqu'on les applique aux conflits, ils sont immédiatement classés sous la rubrique « corruption ». La connotation péjorative de ce terme écarte d'emblée toute autre considération. C'est un exemple classique de la façon dont le langage affecte la pensée. Toute occasion offerte pourrait se voir taxée de pot de vin. Parallèlement, toute partie impliquée dans un conflit qui saisirait l'occasion d'une porte de sortie serait accusée de trahison. Les gens veulent un combat et s'attendent à un combat ; toute autre issue est une déception. Seul un compromis négocié très tardivement est acceptable.

J'ai dit un jour qu'il serait raisonnable, d'un point de vue économique, de donner une pension à certains prisonniers lorsqu'ils quittent la prison. Ils disposeraient ainsi d'un moyen de subsistance et ne seraient pas obligés de replonger dans la criminalité. Ils auraient également quelque chose à perdre s'ils redevenaient des criminels. L'idée n'est pas insensée, étant donné que 80 % de la population carcérale n'en est pas à son premier séjour, et que cela coûte cher d'héberger des prisonniers. Mais elle va totalement à l'encontre de notre concept de punition. Récompenser quelqu'un d'être un criminel est une contradiction absurde. De même, récompenser — de quelque façon que ce soit — un des adversaires d'un conflit est une contradiction morale.

LA FORCE MORALE

C'est un des types de force qui agit avec le plus d'efficacité dans les situations conflictuelles. Cela va de la condamnation par le vote d'une résolution des Nations unies à la pression persuasive d'amis. Elle est décrite de façon plus appropriée dans le chapitre sur l'équité, dans lequel nous étudierons le concept de mauvaise action et de trangression des codes.

19
Facteurs de conflit : l'équité

« Ce n'est pas juste. »

Dès leur plus jeune âge, les enfants ont un sens très développé de ce qui n'est pas équitable. Si on donne à Jean deux biscuits et un seul à Patrick, Patrick sait que ce n'est pas juste. Les enfants savent également que crier à l'injustice est un bon moyen de faire intervenir les adultes. Pour une raison inconnue, les adultes sont les gardiens de l'équité, et leur sens moral s'éveille facilement lorsqu'il s'agit d'un enfant.

Le sens de ce qui est équitable (et juste, et correct) est fondamental pour la civilisation. Nous avons tendance à croire que les contraintes morales sont plutôt faibles, et que la nature humaine s'embarrasse assez peu de scrupules moraux. Je ne suis pas sûr que cela soit vrai. S'il existe d'innombrables exemples d'individus ou de nations ne manifestant pas le moindre sens moral, nous ne devons pas oublier que *la plupart du temps*, nous nous comportons avec moralité. Les nations puissantes pourraient facilement se conduire d'une façon beaucoup plus dominatrice. Rien ne pourrait les en empêcher, excepté le sens moral et la peur de l'indignation exprimée par le reste du monde.

Lorsque les individus et les nations contreviennent à la morale, c'est souvent parce qu'ils se conforment aveuglément à leurs propres règles de morale qu'ils estiment d'une valeur supérieure aux autres. Les excès du régime hitlérien étaient dus en grande partie à la notion de « surhomme » et à la liberté morale qu'elle autorisait. La vision différente des droits de l'homme dans certains régimes totalitaires est due au respect du bien-être de l'Etat, considéré comme une valeur morale supérieure au bien-être de l'individu. L'Inquisition pratiqua la barbarie — mais c'était pour le bien moral de la société, de l'Eglise et de l'hérétique lui-même. Le régime de Khomeiny en Iran suit, à n'en pas douter, les préceptes hautement moraux de l'intégrisme islamique.

J'ai souligné cet aspect parce que je crois fermement que les hommes sont, dans l'ensemble, des créatures réellement morales. Les conflits surgissent non pas par manque de moralité, mais par suite de codes moraux différents et de visions des choses différentes.

LA JUSTESSE DES POSITIONS

Chacun des adversaires d'un conflit croit dès le départ en la justesse de sa position — ou finit par le croire. Les Argentins estimaient que les Malouines faisaient normalement partie de l'Argentine, puisqu'elles avaient appartenu à l'Argentine sous domination espagnole, et qu'à sa libération elles auraient dû rester à l'Argentine indépendante. Au lieu de cela, une série d'invasions les fit passer aux mains des Britanniques. Revenir au début du XIXe siècle afin de rétablir la légitimité historique de la position argentine n'a pas grand sens : la carte du monde serait en bonne partie modifiée, et de nombreux Etats des Etats-Unis (en particulier le Texas) devraient être rendus aux Mexicains. Théoriquement, on pourrait remettre en cause toute conquête du fait même qu'il s'agit d'une appropriation par la force. Curieusement, les Argentins ne peuvent pas faire état de leur meilleure revendication — à savoir que les îles appartiennent géographiquement et pratiquement à l'Argentine et ne sont anglaises que par suite de la colonisation —, car les nations n'ont jamais accepté de faire reposer la légitimité de la souveraineté sur les tracés géographiques. Toute revendication de l'Irlande du Sud sur le Nord est fondée sur l'histoire et sur le tracé géographique.

A d'autres moments, il est préférable de prendre pour argument le rattachement d'une population à telle ethnie. En fait, on choisit ses sources de légitimité en fonction de la position que l'on veut défendre.

J'ai déjà mentionné dans ce livre qu'on a le choix, pour légitimer sa position dans de nombreuses situations, entre diverses vociférations qui répondent à de multiples objectifs et se réclament de la « justice ». Dans ces vociférations on distingue les mots « droit », « égalité », « oppression », « exploitation », « démocratie », « liberté », « dictature », « tyrannie », etc. Cela ne signifie pas qu'il s'agit de fausses bannières, ni que la position affichée sous ces bannières n'est pas juste. Cela signifie simplement qu'il est relativement simple de faire passer n'importe quelle position pour une exigence de justice.

LA LOI

La civilisation a établi des codes de loi afin de simplifier la formation du jugement moral. Au lieu d'avoir à juger chaque cas en fonction de ses mérites moraux, on se réfère à la loi pour évaluer le cas. La loi peut prendre la forme des codes ou de la jurisprudence. En même temps cela simplifie la vie des individus, puisqu'ils savent où ils en sont. Même si la loi n'est pas très explicite ni facile à comprendre, elle est très utile car elle fournit un point de référence aux juges et aux jurés pour leur verdict. On dit qu'à Hong Kong, le crime et la corruption de la police pourraient être réduits à une part infime de ce qu'ils sont maintenant si les jeux d'argent cessaient d'être un crime. En ce sens-là, la loi peut générer le crime. Lorsqu'une loi est contraire à un comportement communément admis, elle tend à perdre son assise morale. A la limite, c'est ce qui se passe lorsque les impôts semblent excessifs.

LES CONVENTIONS

La convention de Genève est un instrument d'une efficacité remarquable. Le traitement des prisonniers de guerre et le comportement général (d'un point de vue humanitaire) en temps de guerre ne cadraient pas bien avec les lois habituelles. Juger et condamner chaque cas selon ses mérites menait à des débats et à des justifications interminables. La création arbitraire d'un code neutre formalise tout de suite la situation. Ce qui est autorisé et ce qui ne l'est pas sont décrits avec suffisamment de détails. Celui qui transgresse le code sait ce qu'il fait. Il n'est plus alors question pour le coupable que de faute personnelle, de condamnation internationale et d'honneur perdu.

Nous avons probablement besoin d'autres codes comme celui-ci. Peut-être nous faudrait-il un code pour le terrorisme.

Dans tout pays, la constitution est réellement une convention de ce type, et non un corps de lois. L'avantage d'une convention est qu'elle peut fixer des règles de comportement. Une loi indique uniquement ce qu'il ne faut pas faire.

On croit que les normes du comportement humain et des droits de l'homme sont si universellement acceptées que toute violation mérite des représailles. C'est ce qui donne à un pays le droit de s'ingérer dans des affaires qui, en fait, seraient du ressort interne d'un autre pays.

LES TRIBUNES INTERNATIONALES

Le but d'organisations telles que les Nations unies est de fournir une tribune où une nation peut, au vu et au su de tous, porter un jugement sur une autre nation. Ceci a deux conséquences. La première est qu'une mauvaise action sera reconnue comme telle par une résolution des Nations unies et connue de tous, notamment du public. La seconde est l'influence du « jugement » des pairs.

Le mécanisme juridique de l'influence des pairs ne fonctionne que lorsque ceux-ci sont neutres et indépendants (comme les jurés d'un tribunal). Cependant, si les pairs se sont engagés dans des alliances et des blocs de pouvoir, la totalité du mécanisme juridique est perdu. Il est simplement remplacé par le mécanisme parlementaire : quoi que fasse votre camp, il a raison ; quoi que fasse l'autre camp, il a tort. Bien que l'O.N.U ait été créé comme un groupe de nations indépendantes, il est maintenant évident qu'elle a tendance à se comporter comme si elle était composée de plusieurs alliances. Cela signifie que seules les pires exactions peuvent être censurées ; cependant, l'abstention d'un ami est la punition la plus sévère que l'on puisse infliger.

Néanmoins, une condamnation de la communauté internationale a une valeur morale considérable. Car si on peut l'ignorer, on ne peut pas l'effacer. On peut s'y opposer mais elle ne peut être annulée par un quelconque argument. Les Israéliens ont pris l'habitude de lancer toutes leurs activités avant qu'une résolution de l'O.N.U ne puisse être prise, puis d'y mettre un terme à ce moment-là.

L'INFLUENCE DES PAIRS

Pour les adolescents il s'agit de la forme d'influence la plus efficace. Un adolescent fume, ou se drogue, si c'est ce que font ses pairs. Un adolescent frappera une vieille femme si c'est la mentalité de son groupe. Pour les nations et leurs chefs, l'influence des pairs est aussi très importante. Une influence a d'autant plus de poids qu'elle s'exerce de manière informelle par des amis. Personne n'aime se trouver isolé. Chacun a tendance à douter de son propre jugement lorsque personne ne le partage.

Les amis ont parfois tendance à croire que, par loyauté, ils devraient s'entraider, même lorsqu'ils sont en désaccord. Si vous attendez que les autres vous manifestent leur loyauté, vous devez être loyal à votre tour. Cela signifie que des amis sont moins disposés à exprimer publiquement un désaccord. Par conséquent, il vaudrait mieux que les pairs usent de leur influence de façon interposée. C'est un des rôles que pourrait jouer le S.I.T.O.

Il arrive parfois que l'annonce publique d'un acte de violence amène à condamner l'action d'un allié (comme Mme Thatcher condamnant l'invasion de la Grenade par Reagan), bien qu'en privé on puisse envoyer des messages d'encouragement. C'est un autre exemple de la communication à double niveau dont j'ai parlé au début de ce livre.

L'OPINION PUBLIQUE

Là où les médias sont libres et actifs, l'opinion publique est un facteur d'indignation efficace. Il est difficile d'évaluer le pouvoir de l'opinion publique dans les pays où la presse et les médias sont sous le contrôle de l'Etat. La communication par le bouche à oreille est-elle efficace ? A-t-on suffisamment accès aux autres sources d'information ?

Dans les pays démocratiques, l'opinion publique a une forte influence, même si elle ne peut pas directement changer quoi que ce soit. Les gouvernements ont peut-être tout simplement besoin d'être aimés, et les idéologies besoin de confirmation. L'une des caractéristiques des idéologues est qu'ils doivent persuader les autres de la justesse de leur message afin d'en rester eux-mêmes convaincus.

L'influence de l'opinion publique serait davantage crédible si elle était plus nuancée. Si toute action se solde par de gros titres vengeurs et une condamnation totale, on tombe vite dans les clichés. Une condamnation n'a plus de valeur morale lorsqu'on en est réduit à la banalité d'un slogan partisan : tout ce que fait l'autre camp est mauvais.

20
Facteurs de conflit : le coût

L e coût est le quatrième facteur intervenant dans les conflits, après la peur, la force et l'équité.

La guerre des Malouines coûta probablement aux alentours de 20 milliards de francs. Le coût d'une force militaire permanente sur les îles est évalué à 6 milliards de francs par an. Il y avait à cette époque 1 800 personnes sur ces îles. Le coût de la guerre ajouté à celui d'une année de maintien des troupes s'élève à presque 15 millions par habitant. Ce calcul aurait dû persuader la majorité de s'installer ailleurs. Mais bien sûr, on ne tient jamais ce type de raisonnement, et cela pour deux raisons. La première est que les principes moraux ne sont jamais à vendre et ne peuvent se calculer en termes d'argent. La seconde est qu'on ne peut prévoir à l'avance le montant de ces sommes, calculées rétrospectivement ; et quand bien même cela serait, aucun parlement ne serait disposé à voter pour des objectifs non militaires les sommes colossales qu'il vote avec joie pour des besoins militaires.

On estime que la grève des mineurs anglais de 1984 a coûté environ l'équivalent de 700 millions de francs par semaine (100 millions par jour). Ces coûts englobent les pertes de production, les coûts supplémentaires de production d'électricité et de production d'acier, les pertes d'impôts, etc. Il arrive forcément un moment où les coûts dépassent les sommes nécessaires pour maintenir en activité des puits non rentables (revendication à l'origine de la grève). Mais on ne vend pas ses principes. Ce qui est en jeu, c'est la rentabilité de toute l'industrie britannique. On déclare donc que donner satisfaction aux mineurs, ce serait subventionner, par fidélité à un principe dépassé, des métiers non rentables et perdre en fin de compte toute compétitivité mondiale.

Le coût de la plupart des conflits dépasse très rapidement le point au-delà duquel le conflit cesse d'avoir un sens pour l'un ou l'autre camp. Le coût devrait être le *déterminant majeur* de la faisabilité d'un conflit. Mais ce n'est pratiquement jamais le cas, car les notions d'argent et de droits appartiennent à deux univers distincts. Dans certaines situations telles que les négociations salariales, on croit que les augmentations de salaires produiront des bénéfices à long terme même si la logique locale (ce que l'on gagne contre ce que l'on perd) est défavorable.

Il devrait peut-être y avoir un « bureau d'estimation du coût des conflits ». Celui-ci préparerait un document chiffré que l'on pourrait montrer aux deux parties. On pourrait faire effectuer un « audit du conflit » après celui-ci, afin de faire apparaître les coûts réellement engendrés. Développer une prise de conscience des coûts permettrait peut-être de réduire l'attrait qu'exercent les conflits, et constituerait un moyen de les résoudre.

Si les coûts cumulés d'un conflit étaient en permanence clairement visibles, il pourrait arriver un moment où les parties souhaiteraient mettre un terme au conflit en trouvant une issue. Malheureusement il semble y avoir ici un paradoxe. A mesure que le coût augmenterait, les parties se sentiraient obligées de reculer l'échéance — qu'il s'agisse d'une victoire ou d'une défaite — car aucune conclusion négociée ne compenserait le coût devenu trop élevé. C'est le dilemme dans lequel s'est trouvé plongé le président Galtieri. Par conséquent, il y a toutes les raisons d'inclure des récompenses dans les solutions proposées, même si cela ne se justifie pas moralement.

Hormis le coût réel de l'armement et des pertes commerciales, il faut souvent intégrer le coût de l'inflation. Les économies de guerre provoquent très souvent l'inflation (comme en Israël, ou aux Etats-Unis après la guerre du Viêt-Nam).

Inutile de dire que les coûts ne s'expriment pas uniquement en termes d'argent. Il faut prendre en compte les vies humaines et la souffrance, la dispersion de la main-d'œuvre qualifiée, le déclin de l'agriculture, les coûts sur la morale et sur l'image donnée au monde, etc.

Il est tout à fait évident que si vous devez défendre votre vie (ou votre liberté), le coût n'a aucune importance. Cependant, ceci n'est que l'un des aspects du conflit. Il serait absurde de supposer que c'est ainsi que se défendent, dans tous les conflits, les deux parties. Dans tous les autres cas, le coût devrait avoir beaucoup plus d'importance qu'il n'en a actuellement. Malheureusement, il est difficile de se persuader que si cet argent n'avait pas été dépensé pour un conflit, il l'aurait été pour une autre cause, de toute évidence bénéfique. Chaque pays devrait peut-être avoir un « fonds de financement des conflits » connu de tous ; celui-ci serait utilisé de façon clairement bénéfique en fin d'année, si aucun conflit n'avait obligé à entamer cette somme.

Si les individus et les nations arrivent à comprendre un jour que personne n'a les moyens de s'offrir des conflits, ce que nous résolvons actuellement si grossièrement le serait beaucoup plus subtilement.

21
Attitudes dans le conflit

C'est tout de même malheureux : ceux qui sont engagés dans un conflit n'osent pas reconnaître, même en leur for intérieur, leurs véritables attitudes dans le conflit. Ils perdraient la confiance en eux, la détermination et la capacité de mobiliser leurs supporters s'ils devaient admettre que la victoire est peu probable. J'ai toujours été étonné de ce que Frédéric-le-Grand, abandonnant à l'ennemi des territoires et des hommes, apparaissait toujours comme le vainqueur de la bataille. C'était uniquement une question de morale. Frédéric-le-Grand était toujours persuadé qu'il avait gagné. Ses troupes, et bientôt ses ennemis, le croyaient aussi — même si les résultats sur le terrain tendaient à prouver le contraire. Il est parfaitement normal que chaque camp maintienne des attitudes de confiance totalement irréalistes. À une table de jeu, tout peut arriver au prochain tour de roulette. Le fait que tout *puisse* arriver ne signifie pas que tout arrivera. Mais lorsque la seule alternative à l'espoir est la défaite, vous choisissez de garder espoir. D'où la nécessité, pour échapper à cette alternative, de proposer des issues qui ne soient pas considérées comme des défaites.

L'INSTAURATION D'UN CONFLIT

On est bien obligé de supposer que dans la plupart des cas, les conflits surgissent parce que les deux parties veulent qu'il y ait conflit. Pour le moment nous excluons les agressions brutales. Comme lors de la Première Guerre mondiale, on a le sentiment qu'il devrait y avoir conflit. Les excuses ou les raisons immédiates qui le justifient ont peu d'importance.

A l'instar de ce qui se produit dans le règne animal, l'objectif de ce genre de conflit est d'établir sur l'autre une domination. Le jeune lion doit défier le vieux lion. Le lion de mer doit montrer à l'autre lion de mer quel est le maître qui menace le harem de la plage. Dans une meute de loups ou une bande de singes, le mâle dominant doit constamment montrer qu'il est toujours le mâle dominant. Aussi avons-nous tendance à considérer qu'un conflit est une façon d'établir notre suprématie. Cette suprématie de couverture nous permettra ensuite d'imposer notre volonté, ou d'intimider notre adversaire à n'importe quel prix et de le rendre plus malléable. Au lieu d'examiner objectivement la position de chacun, vous décidez que vous êtes le plus fort, puis vous confortez en permanence votre position par quelques justifications et autres bonnes raisons. Il y a beaucoup à dire de la mise en œuvre de cette approche. Il fut un temps (lors de la domination de Rome et de l'Angleterre) où cela fonctionnait à merveille. Ne la critiquons pas en tant que méthode, mais soulignons simplement qu'elle n'est plus adaptée aux armes d'aujourd'hui.

Un syndicat engage un combat avec la direction pour prouver qu'il peut faire prévaloir sa volonté. Un gouvernement engage une épreuve de force avec les syndicats de mineurs afin de mettre au pas tous les autres syndicats.

Il s'agit là bien sûr d'une vue machiste des conflits. Le contenu n'a pas d'importance. Seule en a la domination du gagnant sur le perdant.

LES PLAISIRS DU CONFLIT

J'ai mentionné ailleurs dans ce livre que la prolongation d'un conflit peut servir les intérêts de l'une des parties, voire des deux. Certains ont intérêt à détourner l'attention de questions délicates, ou à se créer un ennemi extérieur afin de rétablir l'unité intérieure. D'autres apprécient l'importance que leur donne le fait d'être en conflit. Les politiciens, eux, sont davantage attirés par la pensée réactive engendrée par le conflit: elle entraîne moins de risques que la pensée active engendrée par la paix. Parfois la presse échauffe tellement les esprits de chacun que le conflit se transforme en une sorte d'épreuve sportive avec décompte des points. Nous devons donc examiner attentivement les valeurs censées découler de la prolongation du conflit.

LE CENTRE DU CONFLIT

Chaque camp s'efforce de cristalliser son désaccord sur quelque point fondamental. De même qu'une campagne publicitaire réussie doit avoir un slogan, de même un conflit réussi doit avoir un thème central simple. Si le problème réel est complexe, on le réduira à un thème plus simple. Des slogans tels que la « liberté de l'individu » peuvent être rattachés à n'importe quel conflit. L'autre camp, en vertu de ce qui vient d'être dit, apparaît comme une menace pour la liberté de l'individu. C'est une conséquence logique : si votre camp veut quelque chose et que l'autre camp a des désirs opposés, il cherche à freiner vos aspirations — à savoir votre liberté de choix.

Le fait est qu'en essayant de résoudre les conflits nous allons souvent directement au cœur du conflit, que nous supposons être le point central. C'est une erreur. Le point central n'est généralement pas la vraie raison, à supposer qu'il y en ait une. Mais c'est un slogan facile à faire passer.

Si les choses n'avaient pas convergé vers ce point de conflit central, le conflit n'aurait probablement pas surgi dès le début, puisque tous les points de désaccord aurait été réglés, indépendamment les uns des autres, par une discussion.

On croit à la notion — héritée du temps où il n'y avait pas d'antibiotiques pour traiter les furoncles — de situation qui s'envenime. Dès que les choses se sont envenimées, on doit pouvoir les traiter. Un conflit assainit l'atmosphère et met de l'ordre dans les problèmes.

Je l'ai déjà dit : dans l'approche constructive, on évite de commencer par résoudre le point central ; on ne s'en préoccupe qu'à la fin.

NOUS POUVONS OBTENIR CE QUE NOUS VOULONS

Dans les premiers jours du conflit, la confiance domine. Apparemment, il y a de fortes chances pour que la solution soit en notre faveur. Au début d'une course, chacun, dès lors qu'il a une chance, croit naturellement que la victoire sera de son côté. Mais il ne s'agit que d'espoir et de vœux pieux. Si nous avions un moyen pour calculer la probabilité des solutions, très peu de conflits surgiraient. Il faudrait peut-être créer un groupe de personnes expérimentées, dont le travail consisterait à calculer la probabilité des solutions (ainsi que les coûts).

Il est toujours difficile d'être confronté à une trop grande confiance et à l'euphorie d'avoir raison. Mais la timidité et la prudence sont des mots trop faibles. Pour que notre esprit puisse percevoir la différence entre un comportement sensé et l'infantilisme de la plupart des conflits, il nous faut une image plus forte. Nous devrions peut-être nous entraîner à aller jusqu'au bord des conflits dont nous savons qu'ils n'auront jamais lieu, afin de prendre conscience de la valeur qu'il y a à éviter les conflits.

NE PAS SE RETIRER LES MAINS VIDES

Il arrive toujours un moment — peut-être est-ce à cause du coût du conflit — où l'une des parties sait que la victoire, au sens propre, n'est plus possible. Elle aimerait donc pouvoir se retirer avec les honneurs, et avec quelque chose qui représenterait le coût et les efforts fournis. C'est là que l'effort constructif est d'une importance cruciale. Nous devons concevoir des bénéfices à la fois symboliques et réels. Se retirer du conflit doit être une opportunité réelle, et non une façon pure et simple d'échapper au désastre.

L'OBLIGATION DE CONTINUER

Nous pouvons nous trouver dans l'obligation de continuer : parce que le système conceptuel auquel nous sommes habitués est celui de victoire et de défaite ; parce que nous estimons que l'autre camp a tort, et doit être puni ; parce que la démarche dialectique signifie que vous ne pouvez avoir raison que si l'autre a tort. Aussi sommes-nous réticents à laisser l'autre camp se tirer d'affaire. Il est à genoux : achevons-le. Les dédommagements colossaux réclamés à l'Allemagne après la Première Guerre mondiale ne furent jamais versés : ils créèrent une inflation galopante et furent directement responsables de l'avènement d'Hitler et de la Seconde Guerre mondiale. L'attitude nettement plus intelligente adoptée envers l'Allemagne et le Japon après le Seconde Guerre mondiale fit de ces deux ennemis de fidèles alliés.

Les concepts religieux de culpabilité, de péché et de punition sont déplacés lorsqu'il s'agit de résoudre des conflits. Il est nécessaire de montrer qu'un conflit est tout simplement un moyen inefficace et irréaliste d'obtenir quelque chose. Malheureusement dans de nombreux cas c'est la seule voie possible, parce que nous n'en avons pas encore trouvé de meilleures. Nous devons donc y réfléchir de façon constructive.

Une victoire complète n'a de sens que d'un point de vue logique, puisque la victoire est supposée être l'état final du conflit. Il n'y a pas d'autre raison qui puisse valoriser l'idée de victoire totale. L'humiliation n'est pas faite pour améliorer les relations entre les deux camps, et n'ajoute rien qui ait une valeur réelle.

DES ISSUES NON VICTORIEUSES

Il est parfaitement possible pour l'une des parties d'entrer en conflit avec une autre sans avoir l'intention d'en ressortir victorieuse. Il peut y avoir toute une variété d'autres objectifs. On peut désirer le compromis, ou même un *statu quo* permanent. On peut avoir besoin de faire le point et de régler tel problème.

Le conflit est parfois le seul moyen pratique de dynamiser le système et de faire évoluer une situation. On réclame une action, non la victoire. Il est regrettable que les Argentins n'aient pas signalé que telle était leur intention lorsqu'ils envahirent les Malouines.

On peut aussi adopter délibérément une stratégie rampante. Dans ce cas, le but du conflit n'est pas de parvenir à la victoire finale mais de faire avancer les choses petit à petit. Les campagnes pour les droits des Noirs et des femmes sont de ce type.

RÉSISTANCES

La question clé est de savoir si l'une des parties maîtrise la situation, ou bien si elle ne fait que résister pied à pied. Les événements vont parfois si vite que l'une des parties (voire les deux) se trouve totalement enfermée dans la situation et ne peut rien faire d'autre que de survivre. Les parties entreprennent toutes les actions nécessaires sur le moment, et espèrent qu'à la longue les choses s'arrangeront d'elles-mêmes.

Lorsque le conflit est devenu une sorte de Frankenstein monstrueux que les parties ne servent qu'à alimenter, on se trouve dans une situation totalement absurde.

Lorsque les réactions de l'une des parties sont hors du contrôle de l'autre, l'ensemble de la situation peut facilement échapper aux protagonistes, et prendre une tournure inattendue.

Il y a donc toutes les raisons pour que les parties s'adressent ensemble à une organisation telle que le S.I.T.O. pour reprendre le contrôle commun de la situation. Peu importe que la notion d'antagonisme ait prévalu au début du conflit : dès que la situation échappe à tout contrôle, le mode constructif de coopération devient essentiel. Si le ring prend feu, les deux boxeurs coopèrent pour éteindre les flammes.

CINQUIÈME PARTIE

STRUCTURES DE RÉSOLUTION DES CONFLITS

22
Pourquoi les structures actuelles ne sont pas adaptées à la résolution des conflits

« **J**e veux que vous conceviez pour moi la meilleure voiture de course possible, en tenant compte des connaissances et des recherches les plus récentes — effet de sol, etc. Mais il faut aussi qu'elle convienne à ma femme pour aller faire ses courses. Vous voyez, facile à garer, à manier dans les embouteillages, à rentrer et à sortir du garage, et à direction assistée.

— Vous voulez donc une voiture destinée à tous les usages, qui convienne aussi bien aux 24 heures du Mans qu'au marché du samedi matin ?

— Non, je ne veux pas une voiture destinée à tous les usages. Une telle machine serait parfaite pour chaque tâche, et serait par conséquent inadaptée à chacune de ces tâches.

— Alors, je vais mettre au point une voiture de course, et votre femme devra s'habituer à s'en servir pour aller en ville — elle n'aimera pas cela.

— Vous êtes renvoyé. Il doit être possible d'y arriver si je reste assis là et que je spécifie ce que je veux. Je vais trouver un autre concepteur. »

Le principe est évident. Si on destine une chose à un usage précis, il se peut qu'elle ne convienne pas bien à un autre usage. Ce n'est la faute ni de la structure ni du concepteur.

Il y a un second principe. Dire qu'une chose est « à usage multiple » ne la rend pas à usage multiple. Il sera peut-être impossible d'obtenir une structure de ce type, même si c'est ce qu'on vous demande.

J'entends, dans ce chapitre, examiner les structures dont nous disposons actuellement pour résoudre les conflits. Au mieux elles sont inadaptées, au pire elles sont indubitablement dangereuses et risquent en fait d'exacerber les conflits. Par leurs structures et leurs techniques, elles relèvent de notre approche des conflits grossière, primitive et dépassée. Je ne crois pas qu'il y ait le moindre espoir pour que la fonction ou l'efficacité de ces structures se modifie. Elles sont bloquées par la logique même de leurs structures, par la logique de leur histoire et par la logique de ceux qui les dirigent. Elle sont bloquées par la logique de l'attente : le besoin de perpétuer le fonctionnement auquel les gens s'attendent. Dans le prochain chapitre je proposerai une nouvelle structure : le S.I.T.O.

L'INADAPTATION

En examinant certaines structures, nous voyons qu'elles ne sont pas adaptées à l'usage qu'on en fait. Peut-être n'ont-elles jamais été destinées à cet usage-là. Peut-être les a-t-on contraintes à cette utilisation parce qu'il n'y avait tout simplement pas d'autre moyen. Un jour je dus repasser une chemise de soirée avec une poêle à frire enveloppée dans du papier d'aluminium parce qu'il n'y avait pas de fer. La structure était peut-être adaptée à un moment donné, mais la conception de la structure conduisit inévitablement à en modifier la nature, la rendant par conséquent inadaptée (c'est ce qui s'est produit avec les Nations unies). Peut-être est-ce l'utilisation elle-même qui a changé de nature. Peut-être le problème de la résolution des conflits est-il aujourd'hui très différent de ce qu'il était il y a trente ans.

Nous croyons souvent à tort que l'intelligence est « à usage multiple ». Cela signifie qu'une personne intelligente peut tout faire, et qu'un groupe de personnes intelligentes, réunies en une structure, peut lancer des actions dans n'importe quelle direction. C'est une grave erreur. Il existe une logique locale et des sphères de logique. La conception d'une organisation limitera énormément l'application multi-usages. La structure d'une organisation est aussi réelle que la structure d'une voiture.

Si les seules structures dont nous disposons sont inadaptées, cela signifie que les conflits ne seront pas très bien résolus. Nous ne devrions pas le tolérer, surtout lorsqu'il s'agit d'un domaine aussi vital. La résolution des conflits est probablement le domaine le plus important pour l'avenir de l'humanité et la pérennité du monde. Est-ce normal de ne pas se donner les moyens de progresser ?

L'AUTOSATISFACTION

Le plus grand danger de l'inadaptation est l'autosatisfaction. Avoir une structure qui accomplit son travail médiocrement ne nous empêchera pas d'en être satisfait, car nous ne parvenons pas à imaginer une meilleure façon de procéder. Ce manque d'anticipation et de compréhension de la pensée humaine est un handicap sérieux. L'homme qui n'a pas d'ambition et ne peut anticiper sur ce que serait un meilleur travail doit se satisfaire de son travail actuel. Il n'y a rien qui rende aveugle comme le manque d'anticipation. Si nous sommes réellement satisfaits de nos structures actuelles, ce doit être parce que nous croyons qu'elles sont magnifiques — ou parce que nous ne pouvons tout simplement rien envisager de mieux. Tout le propos de ce livre est de suggérer qu'il peut y avoir mieux : à la fois dans la méthode de résolution des conflits et dans une structure spécifiquement instituée dans ce but.

Par autosatisfaction, je n'entends pas seulement la tendance naturelle de toute organisation à se défendre contre les accusations d'inefficacité. Les membres des organisations dont je vais parler ici protesteront qu'ils sont parfaitement capables de remplir les fonctions décrites dans ce livre. C'est normal. Pourtant, croire qu'une structure inadaptée est adaptée est ce qu'il y a de plus dangereux. Cela bloque complètement la recherche d'une meilleure conception. Dans le domaine de la conception des moteurs de voiture, on a pris beaucoup de retard par rapport à ce qui est possible (en termes de matériaux, d'économies, de sécurité, de contrôle, etc.), car tout le monde est satisfait des conceptions existantes.

LE DANGER

Toute structure inadaptée est forcément imparfaite : si les choses ne se font pas, c'est simplement parce que la structure ne peut pas les faire. Le danger n'est pas là, mais dans le risque de dérapage. La voiture de course utilisée pour les achats en ville peut se révéler délicate à garer, mais l'accélération brutale de cette même voiture peut causer des accidents sérieux. De même, un grand nombre de nos structures liées à la résolution des conflits n'échouent pas seulement à remplir leur mission ; elles exacerbent et aggravent réellement les querelles. Par exemple, on ne peut empêcher la dialectique de la démocratie d'être transposée dans la pensée conflictuelle. Nous ne nous inquiéterons peut-être pas trop si notre voiture de course, telle qu'elle est conçue, ne gagne pas toutes les courses. Mais nous devrions nous inquiéter si la dame qui fait ses achats tue ses concitoyens dans la rue principale.

LA LOGIQUE STRUCTURELLE

Entendons-nous bien : ma critique des structures existantes n'est pas fondée sur le fait qu'elles sont dirigées par des personnes incompétentes, et je ne prétends pas qu'il suffirait d'une autre morale et d'une plus grande efficacité pour résoudre le problème. Je ne me plains pas non plus de ce que le type de pensée employée soit fondée sur l'argumentation, méthode inappropriée et inefficace. Si ce n'était que cela, un entraînement rigoureux pourrait arranger les choses. Ma critique est beaucoup plus fondamentale. De même qu'une personne possède sa propre bulle de logique, de même toute structure possède une logique propre inhérente à son objectif, à son organisation et à sa fonction. Il y a la logique de la voiture de course et la logique de la voiture de ville — et cela n'a rien à voir avec la technique du conducteur.

Si le gouvernement américain prévoit un déficit budgétaire (à cause des dépenses militaires et parce que la plupart des dépenses gouvernementales sont bloquées par la législation), il est logique que la Banque fédérale augmente ses taux d'intérêts. Ceci a un effet doublement désastreux sur les pays endettés du Tiers-Monde. Les effets déflationnistes de taux d'intérêts élevés ralentissent le redressement économique des pays du Tiers-Monde, ainsi que leurs chances de gagner de l'argent à l'exportation et par des hausses du prix de leurs produits. Plus les taux d'intérêts sont élevés, plus ce que les pays endettés doivent payer pour contracter des emprunts ralentit leur propre investissement productif. Cependant la Banque fédérale et le gouvernement américain sont dans une logique locale telle qu'ils se préoccupent avant tout de l'économie américaine et des élections démocratiques aux Etats-Unis. En fait, le reste du monde est également directement concerné, parce que le redressement mondial ne peut se faire que si l'économie des Etats-Unis est saine. Ainsi la structure de la situation sécrète-t-elle sa propre logique. Il faut insister encore et encore pour dire que les problèmes du monde viennent d'une part de ce que les méthodes de pensée de l'homme sont inadaptées (et de ce qu'il est obsédé par des solutions dépassées), d'autre part de ce qu'il est enfermé dans des structures qu'il a lui-même conçues, et qui maintenant l'asservissent. Nous ne sommes coupables que de notre ignorance et de notre autosatisfaction.

L'ORGANISATION DES NATIONS UNIES

C'est l'organisation que j'examinerai en premier, parce qu'elle semble avoir été créée pour remplir les fonctions que je propose d'attribuer au S.I.T.O.

L'idée d'une tribune pour les nations est une idée tout à fait naturelle et excellente. En examinant les échecs et les défauts des Nations unies, nous ne devons pas négliger ses succès considérables, ni le fait que les choses seraient bien pires si l'O.N.U n'existait pas. Je suis conscient de sa grande valeur. C'est donc sur le fond que je fais mes remarques.

Puisqu'il est inconcevable que le monde soit soumis à une autorité unique, il s'ensuit que toute organisation doit détenir son autorité d'une série de nations membres. Si toutes les nations du monde sont représentées, l'autorité détenue est complète. Ainsi en est-il de l'autorité traditionnelle d'une mairie ou de toute autre structure démocratique. Ce sont les membres de l'organisation qui lui confèrent son autorité.

Il faut donc un lieu où les nations membres peuvent débattre de leurs conflits actuels et potentiels. Il faut des circuits organisés de réunions et de communication. Les sujets peuvent être débattus en privé ou en public.

S'il est nécessaire de condamner quelque mauvaise action

commise par telle nation, l'O.N.U adopte une résolution, recommandant de faire cesser cette action (ou d'en substituer une autre). C'est le système normal du jury rendant un jugement. La force de ce jugement provient de l'influence des pairs, et occasionnellement de sanctions économiques (les troupes de l'O.N.U ayant un rôle de contrôle). C'est dans une large mesure une condamnation par influence des pairs.

Dans de nombreux pays, la justice fonctionne sur ce système de jury. Un groupe de personnes, n'ayant pas eu auparavant de liens directs avec le cas exposé, écoute la présentation qui en est faite puis donne son opinion sur la façon dont les choses se sont passées. Le juge fait ensuite appliquer la loi.

Le système de jury ne peut fonctionner que si les « pairs » ne sont pas impliqués dans la situation. Dans certains procès, la sélection du jury prend beaucoup de temps, car non seulement les jurés ne doivent pas être impliqués, mais ils ne doivent pas non plus avoir d'idées préconçues ou de préjugés sur la question (issus de la lecture des journaux, de leurs origines ethniques, etc.). On peut (aux Etats-Unis) rejeter les jurés l'un après l'autre : tout avocat de la défense peut déclarer que le juré n'est pas suffisamment détaché de la situation.

Lors de la fondation des Nations unies, cette notion de groupe de nations détachées était peut-être valable. Mais dès que les nations se mettent à former des alliances de fait, le concept de « jury » est tout simplement inopérant — il n'existe plus. Il y a à l'O.N.U des blocs de pouvoir Est/Ouest qui reflètent le conflit idéologique entre les deux grandes puissances. Il y a un partage Nord/Sud, en fonction duquel le Tiers-Monde et les nations développées votent contre ce qu'elles considèrent comme l'intérêt personnel des nations développées. Il y a des alliances spécifiques, telles que l'O.T.A.N. Le conflit des Malouines constituait une situation classique de deux pays pris dans des alliances croisées.

En tant que membre de l'O.T.A.N allié à la Grande-Bretagne, les Etats-Unis durent aider leur allié. D'autant plus qu'ils croyaient à la nécessité d'empêcher une agression évidente. Mais parce que l'Argentine est située dans le même hémisphère que les Etats-Unis, parce que les Etats-Unis sont extrêmement sensibles à leur image en Amérique Latine, et parce que certains, dans l'administration américaine, approuvaient la cause de l'Argentine (à défaut d'approuver sa méthode), les Etats-Unis se sentaient dans l'obligation de se ranger du côté de l'Argentine. Pour l'Italie, le conflit se situait entre le soutien à un allié européen membre de l'O.T.A.N , et la sympathie à l'égard des Argentins, puisque environ 35 % de la population argentine est d'origine italienne.

La très grande difficulté causée par ces divisions indique l'existence d'alliances de vote très puissantes. Sur les questions touchant Israël, il est certain que le monde islamique votera contre Israël et que les Etats-Unis (à cause du puissant lobby juif et des engagements américains envers Israël) voteront en sa faveur. Tous ces votes sont alignés de façon plus ou moins permanente, et se font indépendamment du problème traité, comme ce pourrait être le cas avec des nations non alignées. En fait, le non-alignement lui-même devient un groupe de nations votant en bloc contre les intérêts des grandes puissances. C'est devenu une sorte de gigantesque quadrille dans lequel les groupes se forment et se reforment au gré des événements.

Bref, l'O.N.U est devenu une sorte de parlement ou de maison des représentants. Cela a ses mérites propres, mais ce n'est absolument plus un système de jury adapté à la résolution des conflits.

Ainsi que je le montrerai ultérieurement dans ce chapitre, un parlement possède des inconvénients sérieux pour traiter des conflits. Le principe parlementaire est très simple. Ce que défend votre camp est automatiquement bien. Ce que défend l'autre camp est automatiquement mauvais. On ne peut plus prendre de décisions objectives, parce que la fidélité à son propre camp est primordiale. Celui qui ne manifeste pas de fidélité à son camp, quelque soit le sujet (même si cela va à l'encontre de son propre jugement), ne pourra plus à l'avenir compter sur la fidélité de son parti.

Il est superflu de préciser que dès que l'on passe du système juridique au système parlementaire, le type de pensée qui prévaut est alors l'argumentation critique, inadaptée et dangereuse, que j'ai condamnée dans ce livre. Il n'y a pas d'autre façon pour un parlement de fonctionner. Attaques, défenses et défilé de justifications remplacent le mode constructif. De ce fait, une grande partie de son activité n'est pas du tout consacrée à résoudre les conflits, mais à faire impression sur les autres nations présentes ou non à l'Assemblée. Cela devient une arène de représentation conflictuelle. Il n'y a absolument aucun des éléments de l'approche constructive des conflits que je défends dans ce livre.

Nous pourrions dire que dès que l'Organisation des Nations unies a cessé d'être un système juridique indépendant et est devenue un parlement, elle est passée d'un rôle de résolution des conflits à un rôle de *culture* des conflits : les conflits peuvent être ensemencés et nourris comme s'ils étaient le prolongement et le ciment des alliances du monde extérieur.

Il ne peut pas, évidemment, y avoir de retour en arrière.

Je voudrais mentionner brièvement ici un autre aspect. Dès que les Nations unies votent une « résolution », l'attitude qu'elles adoptent à propos de telle question est en fait un jugement. La résolution que l'O.N.U adopta à propos des Malouines eut pour effet de condamner l'action de l'Argentine. L'organisation ne peut pas se rendre indépendante des résolutions qu'elle a précédemment adoptées. Elle ne peut s'ériger en juge à un moment et en jury l'instant d'après. Toute tentative de neutralité de la part des Nations unies se trouve immédiatement annulée par un vote. Les aspects constructifs que j'attribuerai au S.I.T.O. dans le prochain chapitre ne pourraient pas être pris en charge par l'O.N.U après qu'un vote, quel qu'il soit, a eu lieu.

Nous devons donc en conclure que l'O.N.U est, en permanence et à cause de sa structure, incapable de mettre en œuvre l'approche constructive de résolution des conflits. En un sens cela tient obligatoirement au fait qu'elle est constituée en un corps représentatif. Les représentants doivent représenter leurs pays ; sinon ils sont remplacés par quelqu'un qui, lui, fera le travail correctement. Un représentant ne peut pas être indépendant des intérêts de son pays. A l'occasion — comme ce fut le cas de Jeane Kirkpatrick lors de la crise des Malouines — on peut encourager un représentant à adopter une attitude différente afin qu'un pays puisse être en même temps des deux côtés de la barrière.

LE SECRÉTAIRE GÉNÉRAL DES NATIONS UNIES

A la limite, la fonction de Secrétaire général des Nations unies peut être séparée de l'organisation elle-même. Le Secrétaire général n'est pas directement représentatif, bien que l'élection périodique à ce poste implique quelque dépendance à l'égard de ceux qui l'ont sélectionné. Même si la personne est indépendante après l'élection, l'élection elle-même peut refléter certains des intérêts d'un groupe.

Le Secrétaire général a un rôle de médiation du fait même de sa fonction, et parce que son statut lui confère une autorité reconnue. Il peut agir en tant que canal de communication, et prendre des initiatives en convoquant des réunions. Il a un rôle limité de médiation, et non un rôle directement constructif. Le fait même qu'on demande au Secrétaire général d'intervenir dans les conflits laisse fortement à penser qu'il y a un vide — et que le S.I.T.O. est nécessaire.

Soulignons que le Secrétaire général doit agir à titre personnel, car il n'est considéré que comme un carrefour de communication. Il ne peut faire appel aux ressources officielles de l'O.N.U. Cela l'opposerait immédiatement et inévitablement aux corps représentatifs ; ce ne serait pas le cas avec le S.I.T.O.

En effet, le rôle du Secrétaire général des Nations unies n'est utile que jusqu'à un certain point ; il est en réalité très faible et ne découle d'aucune utilité fonctionnelle, mais simplement du fait qu'il est le seul canal de communication existant. D'où la nécessité de quelque chose de beaucoup plus efficace que la bonne volonté d'un individu.

LA CROIX-ROUGE

Organisation neutre, indépendante et très respectée, la Croix-Rouge est fort bien placée pour jouer un rôle important dans la résolution des conflits.

De temps en temps elle se trouve impliquée dans des affaires comme l'échange de prisonniers israéliens et palestiniens. La Croix-Rouge veille à l'application de la convention de Genève. Elle a un rôle fondamental dans les opérations de secours et les actions humanitaires de toutes sortes. C'est une organisation remarquable et très efficace.

La Croix-Rouge est composée de deux parties. Il y a dans différents pays des organisations individuelles de la Croix-Rouge. Elles forment la Ligue de la Croix-Rouge qui sert à coordonner les activités de ces organisations indépendantes. D'un autre côté, il y a le Comité International de la Croix-Rouge (C.I.C.R.),qui est entièrement suisse et se trouve à Genève. En cas de guerres ou de conflits, c'est le C.I.C.R. qui peut agir par-delà les frontières.

Le C.I.C.R. est un corps non représentatif ; par conséquent il ne possède pas tous les désavantages, mentionnés dans ce chapitre à propos de l'O.N.U, d'un corps représentatif. Le fait d'être basé en Suisse est également un avantage : la Suisse a une longue réputation de neutralité, et sert de terre d'accueil à de nombreuses organisations internationales. Dans le domaine économique, la Suisse n'est pas neutre mais appartient clairement au camp des pays développés et des économies capitalistes — par opposition aux pays du Tiers-Monde.

Il serait naturel de souhaiter que la Croix-Rouge puisse étendre son domaine d'activité jusqu'à « l'humanitarisme intellectuel » — en d'autres termes aux applications de la pensée humaine dans la résolution des conflits. La Croix-Rouge n'a pas de compétences particulières dans le domaine de la pensée, mais elle est bien placée en tant qu'organisation neutre et indépendante.

C'est ce type de considérations qui a conduit un participant russe, lors de la réunion du C.I.C.R. qui s'est tenue à Moscou en 1984, à proposer que la Croix-Rouge forme une commission pour étudier mes travaux et le concept du S.I.T.O. Une réunion eut donc lieu à Oslo en juillet 1984, à l'initiative de la Croix-Rouge norvégienne. Au cours de cette réunion Jacques Moreillon, du C.I.C.R., affirma clairement que la Croix-Rouge se souciait beaucoup de sa réputation acquise au bout de cent vingt années d'actions humanitaires. Il estima que toute évolution vers l'arène intellectuelle de la résolution des conflits risquerait de ternir cette réputation : n'importe quelle partie pourrait, lors d'un conflit, accuser la Croix-Rouge d'avoir pris position en faveur de son adversaire.

Je respecte cette réserve, à mon avis tout à fait compréhensible. Ce risque serait permanent si l'organisation devait effectivement travailler dans le domaine de la résolution des conflits. Cependant, ce souci fait apparaître clairement que la Croix-Rouge n'est pas en mesure de prendre en charge l'approche constructive de résolution des conflits. Il y a donc toutes les raisons pour instituer une organisation nouvelle et spécifique comme le S.I.T.O.

La Croix-Rouge, à n'en pas douter, continuera à agir en tant qu'organisation au service des nations qui s'adressent à elle pour des missions telles que l'échange de prisonniers, et pour d'autres qui sont en rapport étroit avec sa vocation humanitaire première.

En un sens, le S.I.T.O. devra être une sorte de Croix-Rouge de la pensée.

MÉDIATION PRIVÉE

Sans bruit et à un niveau moindre, le groupe des Quakers s'est trouvé mêlé, depuis quelque temps, à des initiatives privées de médiation sur des questions comme la guerre du Biafra. Cette médiation modérée a la même fonction qu'un « lubrifiant » : elle permet de huiler les mécanismes de la négociation. Par exemple, si les parties en conflit ne s'adressent pas la parole, le représentant des Quakers servira d'intermédiaire et portera les messages de l'un à l'autre. Il cherchera à gagner la confiance des deux camps. Il cherchera à corriger les erreurs de perception et essayera, de façon personnelle et informelle, d'expliquer à l'un les mobiles et la position de l'autre.

Je ne doute pas de la validité de cette fonction, même si elle semble être accomplie pour répondre à des besoins immédiats. Une fois encore, ce type d'activité souligne la nécessité d'une organisation officielle comme le S.I.T.O. Celui-ci jouerait, par son existence permanente dans une perspective neutre et indépendante, le rôle du troisième participant dans la résolution des conflits. Il est possible que le S.I.T.O. puisse soutenir et coordonner les efforts précieux de ceux qui accomplissent des missions privées de médiation. Il est certainement nécessaire de les soutenir plus vigoureusement, sans qu'elles y perdent leurs note personnelle.

Je voudrais cependant souligner ceci : bien que le S.I.T.O. puisse, de temps à autre, remplir les fonctions de « lubrifiant » et d'intermédiaire, cela ne sera pas son unique fonction. Le S.I.T.O. ne se préoccupera pas uniquement de médiation dans les conflits. En accord avec le concept de « pensée triangulaire », le S.I.T.O. prendra part directement à l'élaboration de solutions. Pour cela, le S.I.T.O. agira non pas en tant que garçon de courses des adversaires, mais en tant qu'organisateur de l'équipe tripartite qu'il est nécessaire de mettre sur pied. C'est un point important à souligner. Se contenter de fournir un service de médiation de nature lubrifiante n'est pas suffisant. Bien sûr, cette action n'est pas dénuée de valeur, mais elle est trop faible. Elle laisse les combattants enfermés dans le mode combatif. Il faut jouer un rôle beaucoup plus actif dans la résolution des conflits.

J'ai mentionné ici l'initiative privée des Quakers comme un exemple de diplomatie privée. Bien sûr, de nombreuses personnes entreprennent depuis quelques années des médiations privées. Elles ont noué des contacts et assis leur crédibilité. Là où leur mission s'est révélée fructueuse, elles pourraient travailler avec le S.I.T.O., qui agirait en tant qu'organisation coordinatrice. En fait il serait bon que le S.I.T.O., pour accomplir sa mission, fasse appel à l'expérience de ces personnes. L'un des premiers principes de fonctionnement du S.I.T.O. sera de faire appel aux ressources de résolution des conflits, d'où qu'elles viennent.

Permettez-moi de répéter qu'un médiateur n'a pas le même rôle que la tierce personne qui participe à l'élaboration de solutions. Voilà pourquoi il est utile de créer le terme de « pensée triangulaire » : celui-ci implique une équipe de conception tripartite, et non pas quelqu'un qui se contente d'arbitrer le combat.

LES GOUVERNEMENTS

Il n'est pas dans la vocation des gouvernements de résoudre les conflits internationaux. Les gouvernements sont là pour gouverner leur pays. Il n'y a aucune raison de supposer que les exigences de cette mission soient identiques à celles requises pour résoudre les conflits internationaux.

Par exemple, l'extraordinaire manque de continuité dans les services diplomatiques américains reflète la méthode de gouvernement de ce pays : le changement de président (normalement tous les quatre ans) s'accompagne d'un changement de toute l'administration. Ce système a de nombreux avantages parce qu'il est porteur de changement et d'espoir, et qu'il permet de faire entrer au gouvernement des compétences extérieures (dans les systèmes britannique ou canadien, le pays peut être bloqué pendant une longue période avec les mêmes politiciens sans espoir de changement). Mais d'un point de vue international, ce manque de continuité a des effets déstabilisants. Cela pose probablement aussi des problèmes sur le plan des relations personnelles, sur lesquelles repose toute confiance. Comme je l'ai mentionné ailleurs, ceci contraste avec la stabilité extrême des services soviétiques des Affaires étrangères.

Le président Nixon fut perçu par le reste du monde comme une sorte de héros des affaires étrangères. Il mit fin à la guerre du Viêt-Nam et instaura une politique de relations avec la Chine. Cependant, il était totalement déconsidéré dans son propre pays.

De toute évidence, il n'est pas nécessaire de comptabiliser les besoins d'un gouvernement sur le plan intérieur, et ce dont on a besoin pour résoudre les conflits internationaux. Pour des raisons internes, et à cause de la façon dont les médias doivent simplifier les sujets pour le public, les gouvernements semblent, à un niveau international, manœuvrer dans un registre d'émotions qui ne seraient pas déplacées dans une cour d'école. On parle d'« amis », d'« ennemis », de« tyrans » et de « diables monstrueux ». Cela serait totalement absurde si ce n'était pour les besoins de la presse et du public. Il faut dire aussi (et je le ferai plus en détail ultérieurement) que ce langage est courant dans un système démocratique. De tels propos sont anodins lorsqu'ils sont tenus en famille, mais choquants lorsqu'ils le sont hors du cercle familial.

Je répète à plusieurs reprises dans ce livre que nous avons tort de supposer que les deux parties veulent résoudre le conflit ; un gouvernement peut tirer parti de la poursuite d'un conflit. Les conflits peuvent servir à détourner l'attention du public de certains sujets ; ce peut être un moyen de se créer un ennemi extérieur que l'on accusera de tous les maux, ou encore une façon de remonter le moral du pays ; etc. Il est évident que les gouvernements n'ont pas toujours intérêt à résoudre les conflits, même lorsqu'ils n'en sont pas vraiment à l'origine.

Tout gouvernement qui joue, à titre individuel, un rôle public dans la résolution des conflits est condamné à échouer. Il ne peut avoir aucune crédibilité réelle. On considérera qu'une grande puissance poursuit ses propres intérêts ou ceux de ses protégés, et qu'un petit pays fait preuve de présomption et protège les intérêts des petits pays. Car on pense automatiquement que tous les pays appartiennent, idéologiquement, économiquement, géographiquement ou militairement, à un bloc de pouvoir ou à un groupe d'intérêts. Il est évident que même la Suisse, qui est le symbole de la neutralité, appartient à un camp économique et ne sera jamais considérée par le Tiers-Monde comme neutre dans les affaires économiques. En effet, l'agitation considérable faite autour du secret des comptes bancaires — ce qui permet de cacher les fonds de criminels ou de dictateurs — est un bon exemple d'affrontements entre des intérêts nationaux et la moralité mondiale.

De même qu'aucun gouvernement ne peut, individuellement, être crédible lorsqu'il prend part à la résolution de conflits, de même aucun groupe de gouvernements ne pourrait tenir un tel rôle. Les raisons ayant conduit à ce regroupement seraient toujours suspectes. Il est évident que tout gouvernement est en place pour répondre aux besoins de son pays. Le mieux qu'un gouvernement puisse faire pour contribuer à résoudre les conflits est d'admettre que les structures existantes sont inappropriées, et de soutenir fermement et ostensiblement une organisation telle que le S.I.T.O. Celui-ci, par définition, peut faire ce que les gouvernements ne peuvent pas faire (mais chaque gouvernement tire profit de ce que quelqu'un, d'une façon ou d'une autre, fait le travail).

Venons-en maintenant à l'influence des types de gouvernement sur la résolution des conflits.

DÉMOCRATIE ET RÉSOLUTION DES CONFLITS

Les gouvernements démocratiques doivent être élus. Les politiciens et les partis politiques peuvent adopter certaines attitudes qui, pensent-ils, leur rapporteront des voix. Nous sommes là dans une logique locale. Il y a également la sphère de logique des politiciens qui luttent, à titre individuel, pour leur élection ou leur promotion à l'intérieur d'un parti. Cependant les électeurs perçoivent mieux les attitudes intransigeantes que les compromis, les négociations ou la résolution des conflits. L'idée de marcher la tête haute et de diriger le monde à la baguette fait partie de notre culture émotionnelle. Etre fort et ne pas avoir à se servir de sa force est un idéal universel. De cette façon on ne vous marche pas sur les pieds, et vous pouvez vous défendre. Il n'y a rien de mal dans cette méthode du gentil géant. Mais elle doit être menée à bien. Cela signifie des crédits pour la défense. Cela signifie jouer au dur tout le temps et utiliser la force de temps en temps. Menacer de recourir à la force est bien plus pratique que de le faire réellement. Cela coûte plus cher de prouver, au cours d'un combat, que vous êtes fort. Il est donc préférable que chacun le comprenne d'après vos propos et vos attitudes. Le règne animal connaît parfaitement ce comportement. Les animaux dominants menacent et gesticulent pour indiquer que cela ne vaut pas la peine de se battre réellement, puisque l'autre est assuré d'être vaincu.

Tout ceci est parfaitement logique tant en soi qu'en termes de voix gagnées. Si un camp n'utilise pas ces avantages, l'autre en tirera parti.

Chaque démocratie aimerait pratiquer la communication à double niveau dont j'ai parlé à plusieurs reprises dans ce livre. Il y a un niveau pour la communication interne, et un autre niveau pour les affaires internationales. La plupart des dirigeants politiques appliquent intuitivement ce concept. Il est pourtant difficile à mettre en œuvre, car tout manque de sincérité devient vite apparent, surtout à la télévision. Vous ne pouvez traiter quelqu'un de salaud que si votre attitude montre que vous en êtes vraiment convaincu.

Lorsqu'il s'agit des actes et non plus des propos, on ne peut pas s'offrir le luxe d'une communication à double niveau. Si vous envoyez des troupes à la Grenade, vous envoyez des troupes à la Grenade. Vous ne pouvez pas faire croire aux autres que vous n'avez pas envoyé de troupes à la Grenade.

Il est parfaitement vrai que la démocratie peut exercer un contrôle sur les tendances agressives. Le retrait des Américains du Viêt-Nam correspondait aux désirs, transmis démocratiquement, de l'opinion publique unanime. Le public n'était probablement pas contre la présence américaine au Viêt-Nam, mais contre le fait d'être impliqué dans une guerre difficile à gagner, ce qui rendait inutile le sacrifice de vies humaines.

En général cependant, dès qu'un conflit est déclaré, les démocraties ont tendance à resserrer les rangs dans une approche partisane bipartite. Toute autre attitude ressemble à une trahison. Saboter les efforts de guerre de votre pays, c'est du sabotage.

Ne pas encourager les soldats qui risquent leur vie pour leur pays est honteux.

Un pays peut avoir besoin de l'autorité et de la détermination d'un Ronald Reagan ou d'une Margaret Thatcher. Les décisions que prennent de tels dirigeants découlent plus de la volonté d'être cohérent avec leur style de gouvernement que de l'analyse de chaque situation. Cela peut être dangereux d'un point de vue international. Que ferait Mme Thatcher si un problème légèrement différent de celui des Malouines se posait avec un plus grand pays — supposons l'Espagne et Gilbratar ?

Il n'y a absolument aucune raison de croire que les cerveaux les plus sages ou les plus intelligents d'un pays sont ceux qui le gouvernent démocratiquement. Les dirigeants peuvent être les meilleurs politiciens, mais c'est une autre question. Beaucoup de gens intelligents n'ont ni les capacités, ni le courage nécessaires à un politicien, et n'éprouvent pas non plus de désir de gouverner. Même parmi les politiciens, les capacités demandées pour être élu ne sont pas du tout les mêmes que celles requises pour gouverner. Nous sommes donc devant une situation où les meilleurs cerveaux ne sont pas sollicités pour résoudre ces conflits majeurs qui exigent pourtant de disposer des meilleures compétences. Une organisation telle que le S.I.T.O. pourrait exploiter de telles ressources d'où qu'elles viennent, indépendamment de la couleur des partis.

On pourrait dire également qu'à cause de la nature auto-organisée de la perception (décrite dans un des premiers chapitres), aucun militant convaincu ne peut réellement utiliser au mieux les capacités de son cerveau ; il doit voir le monde à travers la ligne de son parti, et un bon cerveau sera capable d'étayer cette vision partisane du monde par de bons arguments.

J'ai mentionné les nombreuses limites de la démocratie vis-à-vis de la résolution internationale des conflits. Nous en arrivons maintenant à sa limite la plus fondamentale. Le mode de pensée de la démocratie est — et sera encore un certain temps — l'argumentation classique. Vous avez raison, et l'autre a entièrement tort. Ce style de pensée, et les vociférations qui l'accompagnent, vont de pair avec le mécanisme d'un conflit entre partis. Il est parfaitement irréaliste et absurde de croire que des personnes pratiquant cette méthode vont soudain la laisser tomber afin d'adopter l'approche constructive. Au mieux ils adopteront le style utilisé par les hommes de loi dans les négociations et les médiations. C'est une sorte de compromis et d'échange de valeurs auquel manque l'effort créatif qui permet de parvenir à l'issue constructive. Pour cela vous sortez du cadre prévu au lieu d'analyser et de débattre à l'intérieur de ce cadre.

LES BUREAUCRATES

Chaque bureaucrate est dans une sphère de logique clairement définie. Il a été sélectionné parce qu'il s'accordait avec la culture actuelle de l'organisation. Pour lui, le système doit fonctionner selon les règles et les procédures qui font partie de l'univers de l'action — et à la longue, ils passeront peut-être de la fonction de gardien des règles à celle de concepteurs de règles nouvelles. Les bureaucrates sont hostiles à la transparence. Les erreurs visibles doivent être évitées à tout prix. La façon la plus simple d'y parvenir est de se conformer strictement aux règles et, lorsque c'est possible, de se décharger de la responsabilité sur quelqu'un d'autre. De nombreux problèmes disparaîtraient, ou perdraient de leur intensité, si on utilisait le temps comme une arme positive.

Les récompenses attribuées pour avoir fait preuve d'initiative et d'esprit d'entreprise sont tellement contrebalancées par les pénalités subies en cas d'échec et d'erreur qu'aucun bureaucrate intelligent ne contredira sa sphère de logique pour être entreprenant. Même une initiative heureuse provoque des inimitiés et compromet les chances d'avancement, car les promotions sont attribuées aux gens « sensés » qui ne prennent pas le risque d'innover.

Rien de tout cela ne peut être imputé aux bureaucrates pour faute ou négligence. D'après mon expérience, ce sont des personnes fort talentueuses. Elles sont suffisamment intelligentes pour jouer les règles du jeu car celles-ci sont dictées par la nature même de la bureaucratie. Comme en politique, le seul objectif est de survivre.

Lorsque nous examinons les institutions ou les organisations susceptibles de jouer un rôle dans la résolution des conflits, nous devons nous demander si ces organisations sont gérées par les bureaucrates. Si tel est le cas, les initiatives constructives nécessaires pour résoudre les conflits feront probablement défaut. C'est un danger qui devra être évité au moment de l'instauration de toute nouvelle organisation telle que le S.I.T.O.

Le style de pensée que requiert *l'administration* n'est tout simplement pas le même que celui exigé pour *l'initiative et la conception*. Ceci est typique de l'administration des grandes fondations philanthropiques où la tendance, nécessaire, à administrer peut tuer complètement le rôle d'initiative sociale qui doit être la seule justification de telles fondations : entreprendre des choses qui sinon ne seraient jamais entreprises.

LES GOUVERNEMENTS CENTRALISÉS

J'inclus ici tous les types de gouvernements dans lesquels les décisions sont prises de manière centralisée. Il peut y avoir des élections démocratiques, mais auxquelles seuls les membres d'un parti peuvent participer ; elles ne sont pas ouvertes au public. Cela va des administrations sociales, qui essayent de faire au mieux pour la population, jusqu'aux dictatures classiques. La seule raison pour laquelle je regroupe ces diverses formes est que les politiciens n'ont pas à faire de promesses électorales pour être élus, et qu'il y a une certaine sécurité et stabilité du pouvoir.

Ces systèmes ne souffrent évidemment pas des nombreux désavantages que j'ai énumérés à propos des démocraties. Il y a davantage de stabilité. Il peut y avoir davantage de personnes compétentes au pouvoir. Il y a moins de dépendance vis-à-vis de la critique. Il n'est pas nécessaire de chercher à gagner les faveurs d'un électorat qui, sur certaines questions, est fort peu évolué. En un sens, de tels gouvernements sont mieux placés pour résoudre les conflits internationaux que les démocraties. Il y a cependant quelques inconvénients.

Avec les gouvernements centralisés, les jeux internes du pouvoir deviennent très importants. Toutes sortes de manœuvres ont lieu à l'intérieur d'un parti pour qu'il se place avantageusement. Par exemple, une faction militaire peut prendre le contrôle, ou offrir son soutien à l'un ou l'autre groupe. Tout groupe au pouvoir a ses propres priorités, sa propre perspective et sa propre façon d'agir. Seul un gouvernement militaire pouvait franchir le pas de la crise des Malouines. L'absence d'opinions contraires peut signifier qu'il est difficile d'avoir une vision plus large, ou différente, de la situation. Généralement la hiérarchie des valeurs est très stricte, et par conséquent il y a moins d'interaction entre différentes valeurs en fonction de chaque situation.

En démocratie, les erreurs sont généralement fatales aux gouvernements ou aux individus. Par conséquent on s'efforce de les éviter. L'affaire de l'avion coréen aurait eu des répercussions colossales si cela s'était produit aux Etats-Unis. En démocratie, les politiciens doivent toujours surveiller le public pour voir comment il va réagir, ce qui a généralement une influence apaisante et limite les aventures extravagantes. Dans certains cas cela peut encourager les attitudes belliqueuses. Mais celles-ci sont encore plus facilement encouragées dans une dictature charismatique.

Pour être honnête, disons que si un gouvernement centralisé essayait sincèrement de résoudre les conflits, il y réussirait probablement mieux qu'une démocratie. En effet, un gouvernement centralisé a davantage de pouvoir pour agir tant sur le bien que sur le mal. Le but de la démocratie est de trouver une moyenne : renoncer à une partie du bien afin d'éviter les plus grands maux.

LE VATICAN

A une certaine époque, le Vatican pouvait jouer le rôle du troisième participant d'un conflit. C'était lorsque la plupart des nations européennes en conflit étaient catholiques, et acceptaient par conséquent l'autorité du Vatican. A leurs yeux le Vatican était neutre et se situait au-dessus des intérêts nationaux. A d'autres moments, le Vatican fut directement impliqué dans les jeux du pouvoir temporel. Le Vatican traça la ligne qui mit un terme aux combats entre Espagnols et Portugais dans leur conquête de nouveaux territoires. Et si les Brésiliens sont les seuls de toute l'Amérique du Sud à parler portugais, c'est parce qu'ils se trouvaient de l'autre côté de cette ligne. Aujourd'hui encore, le Vatican tente de régler le différend qui oppose l'Argentine et le Chili à propos du canal de Beagle.

Aujourd'hui, le Vatican provoque toujours une sorte de respect supranational, mais la frontière idéologique le place dans le camp occidental. De plus, le monde entretient davantage de relations avec les grands partenaires comme la Chine, qui regroupe le quart de la population mondiale. L'autorité naturelle du Vatican ne s'étend pas automatiquement aussi loin.

Cependant, deux remarques sont à faire concernant l'engagement passé du Vatican. La première est que le Vatican agissait à un niveau supérieur — comme partenaire de la résolution des conflits, et non comme garçon de courses. C'est bien là le type de rôle qui incombe au troisième partenaire et que j'ai défendu dans ce livre sous le terme de « pensée triangulaire ».

La seconde remarque est que le Vatican existe en tant qu'*Etat spécial* de plein droit. Il ne doit allégeance à personne. Nous pourrons peut-être un jour créer réellement un mini-Etat qui serait une sorte de refuge intellectuel, et dont les citoyens ne seraient pas soumis à des pressions patriotiques. Ce serait un emplacement idéal pour le S.I.T.O.

Un tel concept n'est pas impossible dès lors que nous comprenons l'importance fondamentale de la pensée humaine et la nature de sa contribution à l'avenir du monde. Ce fut probablement une erreur fatale que de situer le siège des Nations unies à New York.

RÉSUMÉ

Il y a un vide. Il y a un trou. Il y a un besoin. J'ai essayé de montrer dans ce chapitre que nous ne disposons pas des structures nécessaires pour résoudre les conflits. Cela n'est le fait d'aucune malveillance ni d'aucune incompétence. Il se trouve simplement que des structures conçues dans un objectif précis ne sont peut-être pas adaptées à d'autres objectifs.

J'ai expliqué pourquoi l'Organisation des Nations unies ne peut pas remplir le rôle du troisième partenaire dans l'élaboration de l'issue d'un conflit. Sa nature représentative l'en empêche, à cause de l'existence de groupes d'allégeances différentes. La Croix-Rouge est trop soucieuse de préserver sa réputation et l'étroitesse de son champ d'activités. Les gouvernements individuels ne peuvent endosser ce rôle à cause de leur manque d'indépendance, et parce que les premiers devoirs de tout gouvernement sont envers son peuple. La Cour internationale de justice de La Haye ne peut s'occuper que de questions de droit strictement définies. La diplomatie privée aura toujours un rôle à jouer, mais elle est par nature trop faible et de type trop « garçon de courses » pour jouer un rôle constructif et positif. Quant au Vatican, il ne peut plus assumer cette fonction.

Nous avons donc besoin d'une nouvelle structure pour mettre en œuvre l'approche constructive de résolution des conflits, approche qui est à l'opposé de l'argumentation.

Si nous ne percevons pas ce besoin et si nous tirons orgueil des structures existantes, c'est que nous sommes totalement aveugles.

J'exposerai dans le prochain chapitre ma proposition concernant le S.I.T.O.

Cette proposition concrète est l'aboutissement de ce livre. Critiquer un état de fait sans proposer une solution concrète c'est avoir confiance, à tort, en la capacité d'un système à s'améliorer lui-même.

23
Le S.I.T.O.

Nous en arrivons maintenant à la partie la plus importante de ce livre: la méthode pratique permettant de mettre en œuvre les concepts qui y sont exprimés. Si notre méthode critique traditionnelle n'est pas adaptée à la résolution des conflits et si les structures existantes sont inefficaces pour atteindre cet objectif, il nous faut quelque chose de nouveau.

La nouvelle méthode de pensée est la méthode consistant à élaborer une issue. La nouvelle structure permettant d'appliquer cette méthode est le S.I.T.O. L'accent sera donc mis sur l'élaboration créative, et non sur l'affrontement dialectique.

Au cours de ce chapitre je tracerai les grandes lignes de la nature et de la fonction du S.I.T.O. Il n'est pas nécessaire d'entrer véritablement dans le détail. Ce qui fait la valeur du S.I.T.O., c'est qu'il indique les *directions* à prendre. Une organisation comme le S.I.T.O. est absolument essentielle. Ce que je mettrai en avant ici, ce sont des propositions de structure et de fonction. Mais la valeur du S.I.T.O. ne dépend pas de ces propositions particulières. La forme finale sera peut-être très différente. Ces questions sont toujours au stade de la mise en forme, stade auquel il est nécessaire que participent les parties susceptibles d'utiliser réellement le S.I.T.O. pour résoudre les conflits. Comment le S.I.T.O. pourrait-il revêtir pour elles la valeur maximum? Comment le S.I.T.O. pourrait-il éviter ces pièges dont l'expérience a montré qu'ils affaiblissent les initiatives prises pour résoudre les conflits?

Un début a été réalisé. Le S.I.T.O. est une fondation établie à La Haye avec une première base opérationnelle située au Palais Marnisi, à Malte (petit pays neutre et non aligné).

Le sigle S.I.T.O. signifie *Supranational Independent Thinking Organisation* (Centre de réflexion supranational et indépendant).

SUPRANATIONAL

Le S.I.T.O. doit exister et fonctionner hors de toute considération politique, idéologique et nationale — comme une sorte de Croix-Rouge à vocation intellectuelle. Ce ne sera pas une structure représentative comme les Nations unies, et il n'y aura pas de nations membres dans l'organe de direction ; il n'y aura pas non plus de votes de délégués. J'en ai pleinement expliqué les raisons dans un précédent chapitre. Aucune structure représentative ne peut agir indépendamment des souhaits de ceux qu'elle représente, qui à leur tour ne peuvent être indépendants des intérêts de leur propre pays. Une telle pratique irait totalement à l'encontre des objectifs du S.I.T.O., institué spécifiquement pour échapper à ces limites. Le S.I.T.O. se veut structure supranationale, et agira comme telle.

INDÉPENDANT

Le S.I.T.O. doit être libre de toute allégeance et de toute dépendance. Il ne peut en particulier être financé de façon permanente par qui que ce soit. Si le S.I.T.O. dépendait financièrement d'un organisme particulier, on croirait toujours que ses actions sont influencées par cette dépendance. Le fait que les Etats-Unis se soient retirés de l'U.N.E.S.C.O. indique que cet organisme est censé satisfaire ses Etats membres, et que si ce n'est pas le cas, n'importe quel membre peut retirer son appui financier. Le S.I.T.O. doit pouvoir travailler librement à la résolution des conflits, sans manifester la moindre tentative pour satisfaire l'une ou l'autre partie. Si le S.I.T.O. n'a pas la réputation de penser en toute indépendance, sa façon de penser ne vaudra pas mieux que la pensée partisane qui prévaut déjà. Le S.I.T.O. doit être indépendant de votes et d'aides financières permanentes. Les individus qui fournissent une contribution intellectuelle au S.I.T.O. le feront en tant qu'individus. Bien que le S.I.T.O. soit appelé à coopérer volontiers avec des structures existantes telles que les Nations unies ou la Croix-Rouge, il maintiendra en toutes circonstances son indépendance de pensée.

UN CENTRE DE RÉFLEXION

L'objectif principal du S.I.T.O. est de fournir une structure qui se consacrera *directement à la réflexion*. C'est ce qui fait son originalité. Certaines structures se consacrent à des intérêts nationaux, d'autres à des domaines définis, comme l'agriculture ou la santé. L'objectif du S.I.T.O. est de se consacrer à la pensée. Bien qu'il doive mener une réflexion axée notamment sur la résolution des conflits, ce sera toujours une contribution de la pensée à la résolution des conflits. Pour cette raison, le S.I.T.O. ne peut pas être une simple structure administrative dirigée par des bureaucrates. L'accent mis sur la pensée signifie qu'une telle structure doit être prise en charge par ceux qui ont une expérience dans ce domaine.

ORGANISATION

Une organisation, ce n'est pas un individu. Elle a davantage de pouvoir et d'efficacité. Elle dispose d'une certaine stabilité et ses possibilités sont décuplées. Je ne pense pas que les concepts de résolution des conflits exposés dans ce livre puissent être effectivement appliqués s'il n'y a pas pour le faire d'organisation structurée. Le S.I.T.O. doit exister en lui-même. Il ne s'agit pas simplement de faire appel à un consultant, quelles que soient ses compétences. Un consultant est toujours une sorte de serviteur. Le S.I.T.O. doit détenir une autorité propre et intervenir en tant que partenaire dans le concept de pensée triangulaire. Le S.I.T.O. doit être capable de prendre des initiatives, de constituer des équipes de travail et d'organiser des conférences. Il doit être en mesure de préparer et de publier des rapports. S'il pouvait également agir en tant qu'organisation mère pour coordonner les efforts diplomatiques individuels, cela lui conférerait une valeur supplémentaire. L'organisation du S.I.T.O. doit être légère et efficace plutôt que bureaucratique et jouant les bâtisseurs d'empire.

NOM ET LOGO

Le nom de S.I.T.O. a été inventé pour qu'il soit prononçable dans la plupart des langues (anglais, espagnol, japonais, etc.). Les sons utilisés ne subissent que d'infimes variations d'une langue à l'autre.

LE MÉRITE D'EXISTER

Le premier mérite du S.I.T.O. est d'exister. Dans un chapitre précédent j'ai indiqué qu'un concept devait acquérir une identité en tant que « concept ». Une phrase descriptive d'ordre général ou un encouragement pouvait parfaitement servir à communiquer, mais ne pouvait pas fonctionner en tant que concept. Considérez la description suivante :

> « Nous n'avons pas développé de méthodes efficaces pour résoudre les conflits. Nous avons tendance à nous fier à la critique, qui est une prolongation du conflit. Nous devons évoluer vers le mode constructif, qui consiste à trouver une issue par une cartographie exploratoire suivie d'une élaboration créative. Les organismes dont nous disposons actuellement pour résoudre les conflits sont, de par leur structure, inadaptés ; nous avons besoin de nouvelles structures pour mettre en pratique cette approche différente. »

Voilà beaucoup de choses à dire à la fois. Cependant, tout le paragraphe peut être résumé par le concept de S.I.T.O. C'est en tant que tel que l'on peut par la suite s'y référer. Il devient possible de parler, à propos de la résolution des conflits, de l'approche du S.I.T.O.. Il devient possible d'opposer le mode critique à l'approche du S.I.T.O. (élaboration d'une issue, pensée triangulaire).

Dès qu'un concept est perçu comme un « nœud », l'expérience peut commencer à s'organiser autour de ce concept. Ce sont comme les premières maisons que l'on bâtit à un carrefour important. Dès qu'elles sont là il se développe un petit village, puis une ville. A la longue cela devient une ville importante avec des banlieues et un réseau de communications vers les autres villes.

Ainsi, le fait même que le concept de S.I.T.O. existe fournit un point de référence et un point de départ. Il devient possible de penser dans cette direction. Il devient possible de penser en termes d'alternative à l'argumentation. Il devient possible de penser au rôle d'une tierce personne, à la pensée triangulaire et à l'élaboration d'issues. C'est lorsqu'il existe une nouvelle route que nous nous apercevons que l'ancienne route *n'est pas la seule possible*.

NIVEAU D'OPÉRATION

J'ai indiqué clairement tout au long de cet ouvrage que l'approche constructive nécessite une équipe tripartite. C'est la notion de pensée triangulaire. Le S.I.T.O. agit en tant que troisième partenaire et en tant que contremaître de la pensée (c'est ce qu'indique le dessin normal d'un triangle). J'ai expliqué que l'élément clé de la résolution des conflits est la pensée.

J'ai également souligné que les fonctions proposées ne sont pas celles d'un médiateur de bas niveau, d'un messager ou d'un garçon de courses (aussi valables qu'elles puissent être). Pas plus que je ne me réfère au concept habituel de négociation, qui est un marchandage. J'ai essayé de montrer que le mode constructif est différent. Comme dans tout processus constructif, les clients ont le droit de rejeter le produit final, mais tout au long du processus le penseur constructif n'est pas au service du client.

Ce point est très important car il conditionne tout le succès de l'approche constructive. Si le médiateur est considéré uniquement comme une personne susceptible d'aider les combattants, il n'y aura pas de tentative réelle pour trouver une issue. Les combattants et leur pensée seront toujours les maîtres de la situation. Pour que la méthode constructive fonctionne, il faut que ce soit elle qui soit aux commandes — pour un certain temps.

Le propriétaire d'une maison qui fait appel à un décorateur d'intérieur et lui dicte ce qu'il faut faire n'en tirera rien de valable, et obtiendra pour tout résultat une belle pagaïe. N'importe quel décorateur consciencieux partirait tout simplement, car il est impossible de travailler dans de telles conditions. Le rôle du client est de fournir un état de la situation et les informations qu'on lui demande. Il aura ensuite à approuver le produit final.

Dans le cas du S.I.T.O. les clients feront partie de l'équipe tripartite mais les trois parties travailleront ensemble.

LA STRUCTURE DU S.I.T.O.

Un petit secrétariat central s'occupera de l'administration, de l'organisation, des communications et de la préparation des réunions. Ce secrétariat s'occupera des questions matérielles, afin que l'ensemble de l'organisation puisse fonctionner.

Le conseil central sera constitué d'une équipe de penseurs qui croient au concept de S.I.T.O., possèdent une certaine qualification pour l'approche constructive et ont de l'expérience dans le domaine de la résolution des conflits. Certains membres de cette équipe seront plus activement impliqués que d'autres.

Dans chaque pays il y aura par la suite un comité national qui organisera et remplira les fonctions du S.I.T.O. pour son pays. Il incombera aussi à ce comité national d'identifier les ressources intellectuelles de son pays et d'être en contact avec elles.

Le S.I.T.O. établira un *inventaire des ressources* constitué de penseurs qui interviendront toujours en tant qu'individus, et qui auront manifesté leurs compétences dans l'approche constructive de la résolution des conflits. Ces personnes pourront à tout moment être sollicitées en tant que « ressources intellectuelles ». Elles seront intégrées directement à une équipe constructive, ou mises à contribution pour des tâches intellectuelles bien précises. Il n'existe pas de limites à la taille de l'inventaire des ressources.

ENGAGEMENT DES NATIONS

L'aide et l'engagement des nations sont d'une importance capitale pour le S.I.T.O. Les nations doivent voir que le

S.I.T.O. peut répondre à leurs besoins en cas de conflits. D'après certaines indications, plusieurs pays accordent déjà une grande valeur au concept du S.I.T.O. Comme je l'ai déjà dit, il est important de travailler avec plusieurs pays pour élaborer la forme définitive que prendra le S.I.T.O. J'espère également que les pays plus petits, ainsi que le Tiers-Monde, comprendront que le S.I.T.O. leur offre une occasion unique d'acquisition de valeurs qui ne dépendra pas d'un pouvoir économique ou militaire.

Le S.I.T.O. ne sera pas une assemblée représentative. Néanmoins, on demandera à chaque nation d'avoir un délégué au S.I.T.O. ; celui-ci sera son agent de liaison et de communication pour les questions relatives au S.I.T.O. De plus, chaque nation désignera un penseur auquel on pourra faire appel pour représenter le point de vue de ce pays.

Souhaitons que les gouvernements nationaux apprécient l'indépendance du S.I.T.O. tout en collaborant étroitement avec lui, comme cela se passe actuellement avec la Croix-Rouge.

LE MÉRITE D'UN REGARD EXTÉRIEUR

Les parties impliquées dans un conflit ne peuvent pas envisager la situation d'un point de vue extérieur. Quels que soient leur degré d'intelligence et leurs tentatives d'objectivité, il est tout simplement impossible d'être en même temps à l'intérieur et à l'extérieur d'un conflit.

Le S.I.TO. est dans la position idéale pour avoir ce regard extérieur. Cet avantage est inhérent à l'existence même du S.I.T.O., organisme indépendant. Dans la pratique, ce n'est pas toujours facile d'obtenir un point de vue extérieur ; vos amis ne sont pas réellement extérieurs à la situation, et les journalistes doivent rendre compte de la situation sous un angle particulier. A qui demander un regard extérieur ? Il n'existe pas encore de structure officielle pouvant le faire. Ce sera le rôle du S.I.T.O.

LE MÉRITE DE LA COMMODITÉ

Avant tout, je veux parler de la *commodité* que représente le S.I.T.O. pour les parties impliquées dans un conflit. En effet, la simple existence du S.I.T.O. permet aux adversaires de faire des choses que sans lui ils ne pourraient pas faire. J'insiste sur le fait que cette fonction est tout à fait distincte de la fonction principale du S.I.T.O., la fonction *constructive*. La commodité ne dépend en aucune façon de l'utilisation par le S.I.T.O. de techniques de pensée utiles. L'existence même du S.I.T.O. suffit à en faire une commodité.

Le S.I.T.O. peut servir de canal de communication là où rien d'autre n'existe. Par exemple, les Anglais auraient pu dialoguer avec les Argentins par l'intermédiaire du S.I.T.O. Cette fonction est similaire à une fonction normale de médiation.

Comme je l'ai déjà dit, le S.I.T.O. peut offrir un *biais* pour demander des éclaircissements, faire des propositions et des suggestions. Si un des adversaires ne souhaite pas présenter lui-même sa propre suggestion, il en fera part au S.I.T.O., qui la présentera comme s'il s'agissait d'une proposition émanant de lui.

Conférences et réunions peuvent se dérouler sous les auspices du S.I.T.O. lorsqu'aucune des parties en conflit ne veut être accueillie par son adversaire. Le S.I.T.O. peut servir à des rencontres prépréliminaires, comme des réunions au sommet, lorsqu'aucune des parties ne veut envoyer une invitation directe par peur qu'elle ne soit rejetée.

Si l'une des parties s'aperçoit qu'elle est sur le point de perdre, il est peut-être préférable (pour lui permettre de sauver la face) qu'elle accepte une recommandation faite par le S.I.T.O. plutôt que de capituler devant son adversaire.

Toute initiative peut être communiquée par le canal du S.I.T.O. plutôt qu'exposée par l'un des adversaires.

Afin de détendre une situation qui s'est dégradée jusqu'à devenir une crise aiguë, on peut porter la question devant le S.I.T.O. : cela constitue mesure d'apaisement.

On peut demander au S.I.T.O. de préparer un rapport sur le conflit, rapport qui servira de base aux négociations.

On peut demander au S.I.T.O. de requérir l'opinion d'une tierce personne sur certaines propositions.

Ces fonctions, ainsi que d'autres similaires, ont le mérite d'être pratiques pour les parties impliquées dans le conflit. Aucune de ces situations ne dépend d'un quelconque talent manifesté par le S.I.T.O. dans le domaine de la pensée. Le S.I.T.O. n'intervient pas ici en tant que constructeur d'issues. Néanmoins de telles situations permettent d'appréhender le mérite réel du S.I.T.O. : un mérite qui doit apparaître même à ceux qui doutent que l'approche constructive offre un quelconque avantage par rapport à l'argumentation traditionnelle. A elle seule, la commodité pourrait justifier l'existence du S.I.T.O. Et à partir du moment où il existe, le S.I.T.O. peut prouver qu'il a d'autres mérites, plus importants.

EXPLORATION ET CARTOGRAPHIE

Nous en arrivons maintenant à l'objectif réel du S.I.T.O. : fournir un type de pensée qu'on ne pourrait pas utiliser dans des situations conflictuelles. Dans un des premiers chapitres j'ai décrit la pensée de type exploratoire, ou pensée cartographiée. Elle utilise des outils permettant de forcer l'attention à prendre une certaine direction. Ces outils servent à « démêler » la pensée, de sorte qu'au besoin de maintenir la position reposant sur l'affrontement se substitue une carte de l'ensemble de la situation. Le rôle du S.I.T.O. serait de faire effectuer et de surveiller ces exercices de cartographie, en travaillant avec chaque partie individuellement aussi bien qu'avec les deux ensemble.

Il serait normal qu'un exercice de cartographie se prolonge par un effort constructif en grandeur réelle. Cependant tout exercice de cartographie se justifie par lui-même et il est possible de s'arrêter à cette étape. Les adversaires se retireraient alors avec une vision plus claire de la situation, de leur propre position et de celle de l'autre.

L'exercice de cartographie doit être supervisé par une tierce personne, même si ce sont les parties impliquées qui font l'effort de réflexion. Il est possible de faire un effort de cartographie de l'intérieur du conflit, en étant dans la position de l'une ou l'autre partie. Mais c'est nettement moins efficace que lorsque l'exercice est supervisé par une tierce personne.

L'APPROCHE CONSTRUCTIVE

C'est la fonction principale du S.I.T.O., celle qui a fourni le thème central de ce livre. Le mode constructif de recherche d'une issue remplace le mode critique. Tout conflit doit être envisagé comme une occasion d'adopter la démarche constructive. Dans le plein exercice de la « pensée triangulaire », le S.I.T.O. travaillera avec les deux parties au sein d'une équipe créative tripartite. Comme je l'ai mentionné à plusieurs reprises, le S.I.T.O. travaillera à égalité avec les autres membres de l'équipe. Mais en même temps il organisera la pensée : il définira les tâches créatives et fixera l'ordre du jour.

Il faut noter que l'objectif de cet effort constructif est de parvenir à trouver une issue acceptable pour les deux parties.

Produire à tout moment un éventail de possibilités fait également partie de l'effort constructif. Il n'y a pas de limites aux possibilités créatives que l'on peut produire, mais il est absurde de supposer que les parties en conflit généreront toutes les alternatives possibles. Ce qui fait la valeur d'une alternative, c'est qu'elle enrichit la carte perceptuelle. Même si elle n'est pas utilisée par la suite, elle peut avoir une influence sur la perception des choses. Le fait d'avoir pensé à une autre possibilité empêche qu'elle ne soit *dé-pensée*. Elle est accessible en permanence en tant qu'élément de la carte.

Moins précises que les possibilités sont ce que j'ai appelé des « suggestions de direction en vue de solutions ». Il ne s'agit que des directions que pourraient prendre les pensées, rien de plus. Il ne s'agit en aucune façon d'idées précises. Mais lorsqu'une direction a été fixée, la pensée peut avancer dans cette direction (comme les frères Wright se fixant comme direction « des avions instables »).

Recueillir le fruit de l'effort créatif incombe également au S.I.T.O. Tout effort créatif débouche sur une issue utile — à condition de savoir en tirer profit. Il est tout à fait erroné de croire qu'un effort créatif qui n'a pas débouché sur l'issue finale est une perte de temps.

Même lorsqu'une issue a été trouvée, celle-ci peut généralement être améliorée ou être échangée contre une autre, meilleure. Concevoir est un processus continu. Néanmoins il est impossible de rester constamment assis à travailler pour obtenir l'idée finale. L'action doit avoir sa place. Comme dans toute fabrication de produit, il y a un moment où le processus d'élaboration doit être « gelé » pour pouvoir être mis en application.

Il va sans dire qu'une élaboration n'est pas qu'une utopie

abstraite. Les conditions d'approbation de l'issue, les étapes de transition, le principe de la pente savonneuse et la procédure de réalisation en font partie. Il ne s'agit pas de choses simplement rajoutées après coup. L'élaboration d'une étape de transition peut être la part la plus importante du processus.

Dans cet aspect créatif, le S.I.T.O. pourrait travailler de deux façons. La première serait que le S.I.T.O. travaille directement avec les parties engagées dans le conflit en adoptant le procédé de la pensée triangulaire. La seconde serait que le S.I.T.O. fasse appel à son inventaire de ressources, et constitue une force de réflexion autonome qui concevrait d'autres approches du conflit. En certaines occasions, le S.I.T.O. pourrait adopter cette voie même si on ne l'a pas impliqué directement dans un conflit.

RÉSOUDRE UN PROBLÈME

Bien que ce livre se soit attaché à l'approche constructive permettant de résoudre les conflits, il existe d'autres domaines qui nécessitent également une pensée créative et qui pourraient bénéficier des nouveaux concepts et de la nouvelle perception véhiculés par ce type de pensée. Il peut s'agir de problèmes spécifiques ou simplement de sujets préoccupants. Cela pourrait s'appliquer au chômage ou aux dettes des pays du Tiers-Monde. Dans certains domaines le S.I.T.O., du fait de son rôle de réflexion indépendante, pourrait fournir une information, par exemple en organisant des conférences d'examen des concepts (je m'en expliquerai plus tard).

Un conflit est une situation particulièrement frustrante. Il présente les caractéristiques d'une crise, et peut être dommageable et inutile pour les deux parties. C'est pourquoi nous avons besoin d'une meilleure approche de la résolution des conflits. Il se trouve que l'approche critique est inadaptée. Aussi ce livre traite-t-il de l'approche constructive et du S.I.T.O., moyen de mise en œuvre de cette approche. Cependant, les applications de ce type de pensée dépassent largement ce cadre.

EXAMEN DES CONCEPTS

Il y a des informations, des détails et des concepts. Les concepts sont une manière d'organiser d'autres concepts dans le but de faciliter une description ou de faire en sorte que les choses se passent. Une police d'assurance véhicule le concept de risque encouru. La taxe à la valeur ajoutée est un concept. La « taxe » elle-même est un concept. Certains pays, comme Singapour, fonctionnent sur le concept d'économies forcées : il s'agit en partie d'un impôt et en partie d'économies.

C'est à un niveau conceptuel qu'a lieu l'examen des concepts. Quels sont les concepts révélés par cette situation ? Quels sont les concepts en train de s'affaiblir ? Quels sont les concepts dominants ? Quels sont les concepts en évolution ? Quels nouveaux concepts commencent à apparaître ? Quels concepts empêchent la situation de progresser ? De quels concepts a-t-on besoin (quels sont les domaines dans lesquels nous avons besoin de concepts qui n'existent pas encore) ? C'est en ces termes qu'un examen des concepts rend compte de la situation actuelle.

Un examen des concepts peut se présenter sous la forme d'un rapport. Il pourrait également y avoir une Conférence d'examen des concepts, au cours de laquelle des personnes se réuniraient précisément pour examiner les concepts d'un domaine particulier. Le S.I.T.O. pourrait organiser de telles conférences en association avec une organisation spécialisée dans ce domaine. Le S.I.T.O. fournirait le cadre de réflexion et mettrait l'accent sur les concepts. L'organisation fournirait ses compétences dans le domaine en question.

SOUS LES AUSPICES DU S.I.T.O.

Le S.I.T.O. peut prendre l'initiative d'organiser des réunions qui se dérouleraient sous ses auspices. D'autres organismes peuvent également être créés sous la protection du S.I.T.O., comme par exemple le Conseil permanent Etats-Unis/U.R.S.S., déjà mentionné. Dès que le S.I.T.O. sera devenu, grâce à l'importance qu'il donne à la pensée, un organisme totalement crédible, sa crédibilité pourra être utile de bien des façons.

CONVENTION

Le S.I.T.O. peut participer à la constitution d'une sorte de convention de Genève sur le traitement des conflits. Celle-ci pourrait prendre la forme d'une charte ratifiée par différentes nations. La constitution d'une telle charte ferait elle-même l'objet d'une conférence. La charte pourrait contenir les points suivants:

1. Dès le début d'un conflit potentiel, un pays signataire enverrait une délégation rencontrer, sous les auspices du S.I.T.O., la délégation adverse.
2. Les deux parties entretiendraient un dialogue permanent même au plus fort d'un conflit ou d'une guerre.
3. Aucune « rupture » des relations, aucune absence ne seraient permises.
4. Il serait fait appel au S.I.T.O. pour trouver une issue à un conflit même si cela n'est souhaité que par l'une des parties.
5. L'on publierait périodiquement les positions et les changements de position tels que les voit le S.I.T.O.
6. Chaque partie exposerait ses valeurs, ses principes et ses craintes.
7. L'on ferait connaître avec précision les offres toujours valables.
8. Une liste actualisée des possibilités serait disponible en permanence.
9. Tout langage, toute terminologie offensants seraient exclu des discussions du S.I.T.O.
10. Les objections devraient être détaillées et ne pourraient être prises en compte de façon globale.

Il pourrait y avoir bien d'autres points encore. L'objet d'une convention est de transformer un comportement improductif en un « péché » manifeste, et d'éviter d'avoir à le condamner de façon ponctuelle. Les gens savent ainsi ce qu'ils doivent faire et ce qu'ils ne doivent pas faire. Une convention permet également de fixer un cadre.

MODE DE FONCTIONNEMENT

Le S.I.T.O. a quatre modes de fonctionnement principaux:

1. « Le fonctionnement complet ». Le S.I.T.O. travaillera

avec les parties engagées dans le conflit au sein d'une équipe tripartite dans le but de trouver une issue au conflit. C'est la pensée triangulaire classique. Les adversaires viendraient au S.I.T.O. et les exercices constructifs se dérouleraient sur le territoire du S.I.T.O. C'est important, car le ton et le vocabulaire employés au cours des discussions doivent être différents de ceux utilisés auparavant dans l'argumentation. Un tel changement d'atmosphère et de contexte ne pourrait pas se produire si les adversaires restaient au même endroit que précédemment. Il est préférable que les adversaires viennent au S.I.T.O. plutôt que le S.I.T.O. aille à eux. Dans ce dernier cas le S.I.T.O. opère en tant que simple consultant. Dans le premier cas le S.I.T.O. a le rôle de premier penseur constructif.

2. Le « fonctionnement parallèle ». L'engagement du S.I.T.O. a lieu ici parallèlement à tous les autres moyens, quels qu'ils soient, mis en œuvre pour résoudre le conflit. Le fonctionnement du S.I.T.O. est donc parallèle aux efforts déployés par ailleurs. Dans ce cas, le S.I.T.O. ne prend pas totalement en charge le déroulement des opérations. Les deux parties devront réunir leurs délégations qui rencontreront ensuite le S.I.T.O. Il est même possible que cette délégation fasse une pause dans ses autres démarches pour participer à la session du S.I.T.O., puis revienne à la négociation directe.

3. Le « fonctionnement d'observateur ». Ici, le S.I.T.O. assiste aux discussions concernant le conflit en tant qu'observateur. L'observateur examine ce qui se passe et de temps en temps fournit soit une information fondée sur les conclusions de cet examen, soit des propositions et des suggestions en vue de solutions. La fonction du S.I.T.O. est donc de fournir une information complémentaire.

4. Le « fonctionnement direct ». Le S.I.T.O. peut agir de son propre chef. Il peut proposer des conférences, des rapports publics et créer des équipes de travail pour envisager différentes issues aux conflits. Le S.I.T.O. n'as pas à attendre qu'on fasse appel à lui. Il peut utiliser son propre inventaire de ressources intellectuelles pour

trouver des issues. Celles-ci seront publiées, et constitue-ront des possibilités manifestes mises à la disposition de ceux qui prennent part au conflit. Les parties engagées, de même que le public, peuvent prendre acte de ces solutions.

En certaines occasions le S.I.T.O. devra agir d'une manière hautement confidentielle. En d'autres occasions il devra le faire de manière parfaitement visible. Tout dépend de la situation et de l'engagement des parties en conflit. C'est évidemment au début qu'il faut prendre cette décision. Il va sans dire qu'une information confidentielle ne sera jamais divulguée. Parfois le fait d'ébruiter certaines choses bénéficie aux parties impliquées. Par exemple, une issue possible peut faire l'objet d'un « ballon d'essai » ou d'une « fuite » afin de préparer le terrain. Le secret a ses mérites, de même que la transparence.

FORMATION

L'un des rôles du S.I.T.O. pourrait être de mettre en place un système de formation permettant aux négociateurs de se former aux méthodes de pensée recommandées dans ce livre. En soi, cela vaudra toujours la peine. Néanmoins, une telle formation interne n'aura jamais autant de valeur que l'indépendance d'une tierce personne — comme celle du S.I.T.O.

Il serait d'une grande utilité pour tous ceux engagés dans l'approche constructive des conflits d'en comprendre les bases.

FINANCEMENT

Il s'agit là d'une question délicate, car toute contribution financière permanente détruirait le concept d'indépendance. Dans l'idéal, le financement devrait relever de la dotation.

Le coût colossal des conflits devrait permettre de souligner la modicité des fonds nécessaires au fonctionnement du S.I.T.O. Celui-ci aurait besoin de personnel et de matériel. Comme je l'ai dit précédemment, la grève des mineurs anglais fut estimée à environ 100 millions de francs par jour, et à 35 milliards au total.

La guerre des Malouines coûta probablement environ 20 milliards (peut-être beaucoup plus) avec des coûts résiduels pour la Grande-Bretagne de 6 milliards de francs par an. Un seul avion de guerre F-18 coûte environ 132 millions de francs. Un seul jour de combat sérieux reviendrait au minimum à 300 millions de francs. C'est en fonction de ces données que nous devons envisager les sommes que nous sommes prêts à engager pour éviter les conflits. Si chaque nation versait 0,01 % de son budget de la défense pour éviter les conflits, cela permettrait de faire des économies monumentales.

LE STYLE DU S.I.T.O.

Il est très important que le S.I.T.O. ait, aux yeux de tous, un style clairement défini. Celui-ci pourrait être caractérisé par :

— Une honnêteté intellectuelle à toute épreuve, qui conduirait à l'impartialité et à l'objectivité. Les problèmes seraient à étudier en fonction des systèmes de valeurs radicalement différents auxquels ils se rattachent.

— Une absence de jugement, au sens de jugement de valeur. En ce qui concerne les prévisions (cela va-t-il marcher) et l'adéquation (cela répond-il à l'objectif), on porterait le jugement normal de tout processus constructif.

— Un foisonnement de possibilités. Même lorsque certaines d'entre elles sont moins attirantes que d'autres, on ne doit pas les éliminer car elles font partie du répertoire conceptuel.

— Une production d'idées nouvelles, de perspectives nouvelles et de directions nouvelles.

— Une grande attention portée aux bénéfices, valeurs et opportunités.

— Une grande attention portée à l'effet de « pente savonneuse », aux étapes de transition et à la réalisation pratique des idées.

— Une grande importance accordée à l'approbation de l'issue dégagée.

— Une carte claire et compréhensible de la situation.

En règle générale, le S.I.T.O. devra fonctionner dans un style clair et précis. Il ne devrait pas y avoir de verbiage ni d'atermoiements. Le S.I.T.O. doit organiser et mener la réflexion plutôt que se contenter de l'accompagner. Le S.I.T.O. doit développer son autorité constructive.

CRÉDIBILITÉ

C'est un peu la situation de l'œuf et de la poule. Le S.I.T.O. doit commencer à fonctionner afin de prouver sa valeur. Mais tant qu'il n'a pas prouvé sa valeur, il lui est difficile de commencer à fonctionner. L'idée du S.I.T.O. est née de l'inadéquation de notre système actuel à la résolution des conflits. Si nous nions que quelque chose ressemblant au S.I.T.O. soit nécessaire, cela veut dire que nous sommes d'un optimisme béat pour ce qui est du système actuel de résolution des conflits. Nous pouvons aussi adopter une attitude défaitiste, qui consiste à penser que nos méthodes de résolution des conflits sont aussi bonnes que possible mais que les conflits sont insolubles à cause de la nature humaine. Cela masque le fait que nos structures actuelles de résolution des conflits (quel que soit le type de pensée) ne sont pas adaptées pour résoudre les conflits.

Si nous nous satisfaisons de nos méthodes de résolution des conflits, nous nous préparons un avenir difficile.

Le S.I.T.O. mettra peut-être du temps à imposer sa crédibilité, sa valeur et ses compétences constructives. Cependant, je suis convaincu qu'il faut aller dans cette direction. Et si ce n'est pas maintenant, alors quand ?

L'important est que ce qui émane du S.I.T.O. dépend entièrement de ce que nous sommes disposés à y investir. Si nous croyons que le S.I.T.O. peut nous aider, il nous aidera. C'est une évidence que nous ne pouvons pas ignorer.

Finalement le dilemme est très simple : si les parties engagées dans un conflit ne sont pas les mieux placées pour trouver une porte de sortie, comment doit-on faire ? Le S.I.T.O. est une réponse.

Le coût des conflits peut atteindre des proportions si énormes que cela vaut la peine d'apporter ne serait-ce que quelques améliorations à nos méthodes. Dès que nous comprendrons que notre méthode de pensée habituelle est inadaptée, nous pourrons nous attendre à des améliorations considérables.

Il n'y a rien de plus important pour l'avenir du monde que la résolution des conflits.

Epilogue

Certains diront que l'agressivité de la nature humaine, l'arrogance que donne la certitude d'avoir raison et la soif de pouvoir entraîneront toujours des conflits en vertu du fait qu'on pourra peut-être s'en tirer à bon compte. D'autres diront que la seule vraie sécurité réside dans une défense suffisamment énergique pour dissuader un agresseur. Rien de ce que j'ai écrit dans ce livre n'est en désaccord avec ces opinions. Mais tel n'était pas mon propos.

J'ai affirmé que la pensée conflictuelle est une forme de pensée limitée qui exacerbe les conflits et les rend difficiles à résoudre, même lorsque les deux parties ont réellement intérêt à résoudre leur conflit. J'ai dit que nous avons besoin de passer du mode argumentation/affrontement au mode constructif. Lorsque vous entreprenez de construire un avion de ligne vous devez prendre en compte différentes valeurs (l'autonomie, la charge, la consommation de carburant, la sécurité, le bruit, les sièges, le confort), différents principes (aéronautiques et économiques) et différents intérêts (ceux des organisateurs de voyages, des passagers, des fabricants et des écologistes). Cependant, à la fin, l'avion doit *fonctionner*. L'approche constructive de résolution des conflits est similaire à celle-ci. Différentes valeurs, différents principes et différents intérêts sont en jeu, mais ce qui en ressort doit *fonctionner*.

Dès que nous avons pris la décision de trouver une issue à un conflit, nous devons utiliser le type de pensée approprié. Le mode argumentation/affrontement n'est tout simplement pas un mode constructif. Il faut que cela soit bien clair. Nous utilisons le mode argumentation/affrontement par manque d'autre chose, et parce qu'il est impossible aux parties engagées de passer d'une méthode conflictuelle à une méthode constructive (car elles sont enfermées dans leurs positions respectives).

Le mode constructif *exige* un effort créateur considérable. Il ne s'agit pas seulement d'étudier les concepts et les perceptions mis en jeu, mais également d'en créer de nouveaux. Il est nécessaire de créer de nouvelles options. Le mode de l'argumentation ne peut le faire que dans des proportions limitées.

L'objectif du S.I.T.O. n'est pas de fournir des propositions instantanées, mais de constituer un centre destiné précisément à ce type de pensée constructive et à ses besoins créatifs. En pratique, il y a trois façons d'utiliser le S.I.T.O. Dans la première, le S.I.T.O. ne serait qu'un élément de n'importe quel processus, déjà en cours, de résolution des conflits. Le S.I.T.O. chercherait alors à fournir de nouvelles options et de nouvelles possibilités, sachant que dès qu'une pensée a été exprimée elle ne peut en aucun cas être dé-pensée. La deuxième consiste à faire appel au S.I.T.O. pour trouver une issue. Les deux adversaires examinent ensuite cette issue. La troisième permet au S.I.T.O. d'agir de sa propre initiative en organisant des conférences d'« examen des concepts » et en rédigeant des rapports.

Afin d'éviter toute mauvaise interprétation du rôle du S.I.T.O. je dois insister sur deux points. Le premier est que négocier n'est pas la même chose que construire. Une négociation est une sorte de marchandage « donnant-donnant » entre des adversaires. La construction de solutions prend appui sur la totalité du domaine concerné — dans lequel les deux adversaires ne sont que des facteurs parmi tant d'autres. Le second point est que le S.I.T.O. n'est pas là pour faire office de médiateur, de négociateur ou de juge. Le rôle spécifique du S.I.T.O. est de fournir une approche créative, en mettant l'accent sur cette créativité.

On dira que les parties en conflit n'écouteront jamais le S.I.T.O. parce qu'il n'a pas de pouvoir réel. Il existe deux réponses à cette objection parfaitement sensée. La première est que le S.I.T.O. doit avoir une certaine *valeur*, et non un quelconque pouvoir. Un comprimé de vitamine n'a pas de pouvoir. Le S.I.T.O. se veut une aide et une ressource — on doit pouvoir l'utiliser selon ses besoins. La seconde réponse est que le S.I.T.O. aura toujours « le pouvoir des idées ». Dès qu'une perception acquiert de la valeur il en découle un pouvoir (comme dans le cas du christianisme ou du marxisme). En fin de compte il y a un pouvoir de référence : si on se réfère au S.I.T.O. lors d'un conflit, le S.I.T.O. pourra fournir une opinion constructive.

Il n'est pas dans les objectifs du S.I.T.O. de fournir des solutions instantanées à tous les problèmes du monde. La valeur du S.I.T.O. tient au fait qu'il constitue un moyen d'axer sur ces problèmes la pensée créative et constructive. La valeur ultime du S.I.T.O. viendra à la fois de son propre travail et de la façon dont les autres percoivent une telle ressource.

Je dois préciser qu'aucune des objections que j'ai entendues ne constitue une raison suffisante pour renoncer à ce projet. Le bénéfice potentiel (l'endroit) est immense et les dangers (l'envers) sont nuls. Ce qu'il nous faut c'est de la perspicacité et le courage de passer à l'acte.

Bien que ce livre conduise au concept du S.I.T.O., la majeure partie de l'ouvrage trouve en elle-même sa propre justification. J'ai entrepris de montrer qu'il nous faut passer de l'approche dialectique des conflits à l'approche constructive. Et pour cela il nous faut un nouveau type de pensée.

www.ingramcontent.com/pod-product-compliance
Lightning Source LLC
LaVergne TN
LVHW020115060726
842526LV00004B/1140